마흔 이후,
인생길

독서 100권으로 찾는

마흔 이후,
인생길

한기호 지음

다산
호랑

'10차선 도로'와 '오솔길'

세월호 여객선 침몰 사고는 '한국전쟁 이후 최대의 참사'로 일컬어집니다. 배가 가라앉은 후에는 300명이 넘는 사람을 단 한 사람도 구조하지 못했습니다. 우리는 기울어지는 배 안에서 막연히 구조를 기다리면서 천진하게 장난을 치다가 가만히 있으라는 일곱 번의 방송을 그대로 믿는 바람에 결국 죽어갈 수밖에 없었던 학생들의 모습을 휴대전화 영상으로 확인하고는 한없이 통곡했습니다.

저는 그 영상을 보고 주입식 교육의 한계를 절감했습니다. 승객을 방치한 채 줄행랑을 놓은 선장과 선원이 무엇보다 문제이지만 배가 기울어가는 상황에서는 무조건 선실에서 뛰쳐나와야 한다는 사실을 알았다면 그런 비참한 희생은 피할 수도 있었을 것입니다. 무조건 외워 정답만 찍어대던 아이들은 스스로 판단하고, 주어진 정보를 의심하고, 자기 의사를 적극 표현하고, 모든 일에 적극적으로 행동할 줄 몰랐다고 볼 수밖에 없었습니다. 이제 우리 교육 시스템을 혁명적으로 뜯어고쳐야 합니다.

세월호 참사는 전형적인 '임계(臨界) 사고'였습니다. "노후 선박의 운항이라는 근본적인 취약성에 더해 무리한 개조와 증축, 과적, 균형수 부족, 화물 고박(固縛) 미비 등의 불법적 관행이 중첩되어 이미 안전의 임계치에 달한 배가 맹골수로의 가파른 물살을 통과할 때 선원들의 운항 실수로 돌이킬 수 없는 사고를 낸 것"(한기욱, 〈세월호 참사와 '임계 사회' 혁신의 과제〉,《창작과비평》2014년 여름호)입니다.

게다가 재난 구조 사령탑은 거의 작동하지 않았습니다. 선박과 운항의 안전을 무시하는 온갖 불법·편법의 관행과 이른바 '해피아'(해양수산부 마피아)의 '적폐', 국민과 소통할 줄 모르는 대통령의 제왕적인 통치 스타일, 받아쓰기만 할 줄 아는 국무위원과 청와대 비서들, '기레기'(기자+쓰레기)란 비난을 들어야만 했던 언론, 생명보다 돈을 중시하는 사회 체제와 삶의 방식 등 상시적인 임계 상태에 이른 우리 사회의 민낯이 모두 드러났습니다. 임계 사고의 가능성이 확인되는 것은 원자력발전소, 지하철, KTX, 선박, 항공기, 케이블카, 건물, 공장, 다리 등 우리 주변에 널려 있습니다. 세월호 참사 이후에도 화재가 줄줄이 나서 많은 생명이 희생되었습니다.

사고 현장으로 달려가신 박근혜 대통령의 얼굴이 텔레비전 화면에 비친 모습이 올해 들어 갑자기 세월호처럼 방향을 급선회하여 '규제와의 전쟁'을 선포하신 모습과 오버랩되어 나타났습니다. 세월호 참사는 이명박 정권이 허용한 엉터리 선박 개조와 기업 하기 좋은 '비즈니스 프렌들리'의 결과이기도 하지만, '중소기업 육성만이 우리 경제의 살길이다'라고 외쳐서 당선된 박근혜 대통령이 경제민주화와 각종 복지 공약을 헌신짝처럼 내던지고 '규제는 암 덩어리'라면서 하루아침에 재벌 편으로 돌아선 결과이기도 합니다.

박근혜 대통령은 분노한 민심을 수습하기 위해 안대희 전 대법관을 국무총리에 지명했습니다. 하지만 그는 작년 7월부터 초보 변호사임에도 불과 5개월 만에 비용을 제하고도 16억 원의 수임료 수익을 올렸습니다. '관피아' 척결의 임무를 수행해야 할 총리로 '전관예우'로 호가호위하며 지내던 사람을 추천했지만 그는 '국민정서법'을 통과하지 못해 6일 만에 낙마하고 말았습니다.

세상이 이러니 우리가 마음 편하게 살 수 없습니다. 분명 국가 개조 수준의 사회 혁신이 이뤄져야 합니다. 그러기 위해서는 "공공운송수단과 공공시설의 상태를 진단하여 임계점에 이른 것들을 갈아치우고 온갖 '적폐'들을 청산하는 실제적인 작업과 시장만능주의와 성장제일주의, 배금주의에 젖어 있는 사회 전반의 체질을 바꿔나가는 두 차원의 혁신이 병행되어야 할 것"(한기욱, 앞의 글)입니다.

우리와 마찬가지로 일본 사회의 본질이 드러난 계기는 2011년의 '동일본 대지진'입니다. 대지진 이후 곧바로 이어진 후쿠시마 원전 사고로 엄청난 사람들이 희생되면서 일본 사회는 공황 상태에 빠져들었습니다. 엄청난 재난이 벌어졌음에도 불구하고 아베 정권이 국민의 건강이나 안전을 저버리면서 대기업의 수익을 우선적으로 확보하려는 행태를 저지르자 시민들은 거리로 나서 시위를 벌였습니다.

일본이나 한국뿐만 아니라 신자유주의 경쟁을 벌이는 세계 모든 나라들이 임계점에 도달한 것 같습니다. 《사회를 바꾸려면》(동아시아)의 저자인 오구마 에이지는 '글로벌화'나 '리스크 사회화'라는 용어 대신 '탈공업화'라는 용어를 씁니다. 제조업 공장의 해외 이전이 많아지고, 정보산업이나 IT 기술을 기반으로 한 글로벌 금융업이 융성하게 되며, 사회 전반으로 비정규직이 크게 늘어나고, 한 사람의 핵심 엘리트 사원을 지원하기 위한 단순 사무직이나 빌딩 청소원, 편의점이나 외식산업 등에서 일하는 점원들이 늘어나는 사회가 바로 '탈공업 사회'입니다. 이런 사회에는 어김없이 맥도날드의 아르바이트로 상징되는 '맥잡'처럼 단기 고용되는 노동자가 많아집니다.

에이지는 세계 각지의 모든 사람들이 "고용과 가족의 불안정화, 격차의 확대, 정치의 기능 부전, 의회제 민주주의의 한계 봉착, 공동체의 붕괴, 노조의 약체화, 우울증이나 식이장애의 만연, 편협한 민족주의와 포퓰리즘의 증대, 이민자 배척 운동이나 원리주의의 대두" 등의 비슷한 상황에 놓여 있다고 말합니다.

《절망의 시대를 건너는 법》(메멘토)의 공동 저자인 우치다 다츠루와 오카다 도시오는 "한국에서도 사정은 그다지 다르지 않으리라 생각합니다만, 1980년대부터 일본 사회에서는 모든 공동체가 무너져버렸습니다. 친족 공동체의 유대는 약해졌고, 도시에서는 지역공동체가 거의 기능을 상실해버렸습니다. 예전처럼 회사가 종신고용제를 채용한 시대에는 몇십 년이나 함께 기거하는 사원들이 의사(擬似) 가족 같았습니다. 그러나 성과주의, 능력주의의 도입으로 점차 연봉계약 사원이 늘어감으로써 가족적인 친밀감은 찾아볼 수 없어졌지요. 도회지의 임노동자들은 일반적으로 귀속할 공동체가 아무것도 없는 상태가 되었습니다"라고 우리에게 충고했습니다.

이것은 무엇을 말하는 걸까요? 우리가 지금 또 다른 의미의 '세월호'에 탑승해 칠흑 같은 어둠 속에서 맹골수로를 향해 달려가고 있는 것은 아닐까요? 그동안 우리는 돈 버는 일에만 집중하는 것이 효율적이고 똑똑한 삶의 방식이라 생각하며 정말 열심히 살아냈습니다. 그런데 어느 날 문득 정신을 차려 보니 안전하지도 풍요롭지도 않은 나라에 살고 있다는 것을 깨닫게 되었습니다. "아무리 열심히 일을 해도 절망적일 만큼 저임금인 데다 잠잘 시간도 확보하기 어려운 지경"《절망의 시대를 건너는 법》)에 이르렀습니다. 과거에는 가장이 혼자 일해서 몇 십 명의 대가족을 먹여 살릴 수 있었지만 지금은 부부가 맞벌이를 해도 살기가 힘들어 결혼마저 포기하는 사태가 속출합니다. 사상 초유의 '저출산'이 계속 이어지고 있습니다.

이제 우리는 불안한 '세월호'에서 하루빨리 내려야 합니다. 그리고 비참한 생활에서 서둘러 벗어나야 합니다. 인간이 비참하게 된 것은 크게 두 가지 이유 때문입니다. 하나는 기술의 발달입니다. 일을 잘게 쪼개 아웃소싱 할 수 있게 만든 '디지털 테일러리즘'으로 말미암아 기업은 비용 절감이 가능하겠지만 그곳에 종사하는 인간의 가치는 급전직하 추락하고 있습니다. 인간의 가치를 파괴하는 다른 요인은 조르조 아감벤이 말하는 '예외상태'입니다. 9 · 11이나 3 · 11, 그리고 세월호 참사 같은 비상 상태나 환경 재해는 권력자의 초법적인 결정을 제어하지 못하게 만들고 있습니다. 덕분에 인간은 이성이 마비되면서 감성의 지배를 받는 동물로 전락하다시피 했습니다. 간단하게 정리하면 두 변화는 인간을 노예로 전락시키고 있습니다.

이런 환경에서 벗어나기 위해서 우리는 어떤 노력을 경주해야 할까요? 좋은 대학을 졸업하고, 석 · 박사 학위를 취득하고, 되도록 많은 스펙을 쌓는 것도 중요합니다. 하지만 그것만으로는 한계가 분명합니다. 대학의 전문 과정에서 배우는 것과 스펙은 경쟁자가 많아 너무 빨리 진부해집니다. 무엇보다 극심한 시대 변화를 기술이 따라갈 수 없습니다. 그리고 아무리 실력을 쌓아도 신흥국의 노동자에게 일자리를 빼앗기기 십상입니다.

그런 한계에서 벗어나려면 우리는 주로 '인문학'이라 부르는 '교양'을 쌓아야 합니다. 일반 교양은 원래 '리버럴 아트'(liberal arts), 즉 '인간을 자유롭게 하는 학문'이라고 부릅니다. 교양은 어떤 상황에서도 역경을 이겨낼 수 있는 보편적인 내용을 담고 있습니다. 또 세상을 구조적으로 이해하는 방법론을 담고 있기에 인간성이나 상상력을 키울 수 있을 뿐만 아니라 양질의 인맥을 형성하게 만듭니다. 좋은 지인, 좋은 친구가 늘어나면 이루지 못할 일이란 없는 법이 아닌가요?

유럽의 초기 대학에서 가르쳤던 '리버럴 아트'는 수사학, 문법, 논리학, 음악, 산수, 기하학, 천문학 등 일곱 과목이었습니다. 그때보다 세월이 많이 지났지만 지금은 그 중요성이 더욱 부각되고 있습니다. 2015년부터 고등학교 교과과정에 '고전' 과목을 새롭게 편성한 것도 같은 이유일 것입니다. 아직 학교교육이 점수 경쟁만 부추기고 있음에도 불구하고 이런 교과목을 새로 도입한 것은 천만다행이라 할 것입니다.

우리가 '리버럴 아트'를 공부하는 것은 노예에서 벗어나 자유롭게 살기 위함입니다. 그렇습니다. 우리는 인간다운 삶을 살아가야 합니다. 그러기 위해서는 누구나 달리고자 하는 '10차선 도로'를 버리고 나만이 평생 걸을 수 있는 '오솔길'부터 찾아야 합니다. 정보 기술은 근본적으로 '고용 없는 성장'을 추구하게 만듭니다. 이제 어느 분야나 1등만 살아남는 구조로 변화하고 있습니다. 그리고 지금 잘 나가는 모든 직업이 언제 사라질지 모르는 위기에 처해 있습니다. 이런 세상에서 살아남기 위해서는 나 자신이 평생 하고 싶고, 남보다 잘할 수 있고, 해서 즐거운 일부터 선택해야 합니다. 남들이 한 번도 걷지 않은 미답의 길이면 더욱 좋습니다. 그게 바로 '오솔길'입니다.

오솔길을 정한 다음에는 그 분야에 대한 책을 입문서부터 전문서까지 100권을 골라 읽을 필요가 있습니다. 그리고 앞에서 말한 '교양'에 관한 책을 적어도 100권은 읽어야 합니다. 그걸 우리는 줄여서 고전이라고 부르기도 합니다. 25년간 대학에서 '인간학'을 가르친 《인문학은 밥이다》(RHK)의 저자 김경집은 "고전은 인간과 삶, 그리고 세상에 대한 보편적 가치를 대가의 시선으로 해석하고 표현한 것이다. 그것은 텍스트로서의 답을 가르치지도 요구하지도 않는다. 읽는 이로 하여금 스스로 자신의 삶과 세상을 읽어내는 시선을 보여줄 뿐이다. 하지만 그 안에는 수많은 진실과 가치가 깔려 있다. 그 힘은 우리의 삶을 관통하고 우리에게 인간의 가치와 삶의 의미에 대해 성찰하게 함으로써 자신을 키우고 버텨낼 수 있는 힘을 준다"고 고전이 지닌 중요성과 가치를 설명했습니다.

이번 책의 제목은 《마흔 이후, 인생길》로 정했습니다. 이 책은 제가 2009년에 펴냈던 《20대, 컨셉력에 목숨 걸어라》(다산초당)의 후속 심화편이라 할 수 있습니다. 앞의 책은 학교를 마치고 세상에 나서는 20대를 위한 책이지만, 이번 책은 마흔 이후 모든 분들을 위한 책입니다. '100세 시대'에는 환갑의 나이에도 2년 정도만 투자해 새 '오솔길'을 찾기만 하면 인생의 말년을 풍요롭고 행복하게 지낼 수 있습니다. 아무쪼록 이 책을 통해 자신만이 평생 걸을 수 있는 '오솔길'을 찾으시길 진정으로 기원합니다.

이 책은 3부로 나뉘어 있습니다. 1부 '혼돈의 세상에서 길찾기'는 정보 기술 혁명 시대에 인간이 발상의 전환을 통해 새로운 공부를 해야 하는 진정한 이유를 제시합니다. 2부 '공조 사회를 여는 지혜를 찾아'에서 어떤 책을 어떻게 읽고 어떤 글을 써야 하는가에 대해 이야기했습니다. 문학, 역사, 철학, 과학에 대한 책을 주로 언급하면서 책을 읽는 이유에 대해 설명했지만 예술이나 정치, 경제, 사회를 다룬 책도 함께 읽어야 할 것입니다. 3부 '어떻게 살 것인가'는 세대별 과제를 언급하면서 우리가 추구하는 삶이 어떠해야 하는가를 정리했습니다.

마지막으로《20대, 컨셉력에 목숨 걸어라》에 이어 부족한 제 책을 맡아주신 다산북스의 김선식 사장님과 임직원 여러분께 고맙다는 말씀을 전하고자 합니다. 그리고 바쁜 저를 묵묵히 기다려주신 어머니와 나를 도와주고 있는 한국출판마케팅연구소와 (주)학교도서관저널의 직원 모두에게 고맙다는 말을 전합니다.

2014년 6월

한기호 올림

프롤로그 '10차선 도로'와 '오솔길' ─────── 6

1부 혼돈의 세상 속에서 길찾기

이케아 세대와 진정한 공부 18 정보 기술 혁명과 삶의 변화 27 멘붕—열정—냉정—냉소—멘붕…… 47 '엑스퍼트'가 아닌 '프로페셔널'이 되라 68 지식을 쌓기보다 사고하는 법을 배우자 76

2부 공조 사회를 여는 지혜를 찾아

자기계발서부터 버려라 92 나만의 책, 나만의 글쓰기 103 철학을 공부해야 하는 이유 118 역사에서 무엇을 배울 것인가 130 스마트 시대의 글쓰기 146 두 문화의 만남을 위해 158

3부 어떻게 살 것인가

99퍼센트의 계란이 뭉치면…… 176 '마케이누'와 '이케아 세대' 198 아라포와 '어른 아이' 211 일본의 단카이 세대와 한국의 1차 베이비부머 228

에필로그 100세 시대, 100권의 책 ─────── 254

혼돈의 세상 속에서 길찾기

이케아 세대와
진정한 공부

일본 대학들은 1~2학년 교양과정에서 인문과학부터 사회과학, 자연과학 그리고 예술에 이르기까지 폭넓은 '일반 교양(기초 소양)'을 쌓을 수 있는 커리큘럼을 짜서 실행하고 있습니다. 이 교양과정을 영어로는 '리버럴 아트'라고 부릅니다. 리버럴은 '자유'를 의미하고 아트는 '기술'을 뜻하니, 리버럴 아트는 "인간을 자유롭게 하는 학문"으로 번역합니다. 이 단어의 기원은 고대 그리스로 거슬러 올라갑니다. 당시 그리스에는 노예제도가 있어 노예와 비노예를 구분하는 방법으로 학문의 중요성이 강조되었습니다. 간단히 말해 배움이 없는 자는 노예로 산다 해도 어쩔 수 없다는 뜻입니다.

교토 대학에서 '의사결정론'과 '기업론'을 강의하던 다키모토 데쓰후미(瀧本哲史)는 벤처기업의 성공 사례를 중심으로 한 실천적인 기업 경영 방법과 이것의 근거로 삼아야 할 사고를 가르쳤습니다. 그런데 수강생 중에 도쿄 대학 의학부와 쌍벽을 이루는 교토 대학 의학부 학생이 40퍼센트나 된다는 사실을 알게 됐습니다.

졸업 후에 전원이 의사가 되는 학생들이 왜 이 강의를 들었을까요? 일의 보람을 느끼면서 높은 사회적 지위와 많은 보수까지 얻을 수 있어 그야말로 평생 떵떵거리며 살 수 있는 엘리트 중의 엘리트들이 말입니다. 데쓰후미가 학생들에게 설문조사를 해보니 "의사가 되어도 행복해질 수 없다"거나 "의사가 부자가 되는 시대는 끝났다", 그리고 "일에서 느끼는 보람만으로 먹고살 수는·없으니 새로운 길을 찾아야 한다"는 등의 대답이 나왔습니다. 그가 강의를 토대로 해 쓴 《무기로서의 결단사고》에 나오는 이야기입니다.

의료민영화를 반대하는 의사들이 파업을 하기도 했습니다. 원격진료가 허용되면 의사는 기계만 못한 존재가 될 것입니다. 엄청난 돈이 드는 대형 의료기기를 갖추기 어렵고 환자와 연결되는 거대한 네트워크를 조성할 수 없는 동네 병원은 모두 망할 수밖에 없습니다. 하지만 바이오 기술은 어디까지 발전할지 아무도 모릅니다.

지금 인턴의 노동환경은 매우 열악합니다. 또 의사가 되어도 마녀사냥과 같은 의료소송에 휘말릴 수도 있습니다. 원격진료가 허용되면 대학병원에서 근무하는 이들은 격무에 시달리며 책임은 무거운데 연봉은 형편없이 적어지는 처지에 놓일 것입니다. 병원을 열어도 시장 경쟁에서 살아남을 확률이 아주 낮습니다.

저는 《20대, 컨셉력에 목숨 걸어라》에서 이과계를 대표하는 의사들의 미래가 밝지 않을 거라고 지적했습니다. 인문사회계를 대표하는 사법시험 합격자와 함께 말입니다. 의사나 사법시험 합격자나 국가고시에 힘들게 합격해도 평생의 삶이 보장되지 않을 뿐만 아니라 행복해지지도 않을 거라고 말했습니다. 오히려 데쓰후미의 지적처럼 "노예가 되어 기성세대가 만들어놓은 시스템에 얽매여 살" 개연성이 큽니다.

나만의 오솔길을 찾아라

자신이 행복하게 살려면 새로운 길을 선택해야 합니다. 저는 《20대, 컨셉력에 목숨 걸어라》에서 남들이 모두 달리고 싶어 하는 10차선 도로가 아니라 평생 걸을 수 있는 나만의 오솔길을 찾으라고 했습니다. 정보 기술은 근본적으로 '고용 없는 성장'을 추구하게 마련입니다. 이제 어느 분야나 1등만 살아남는 구조로 변화하고 있습니다. 이런 세상에서 살아남으려면 누구나 달리고 싶어 하는 '10차선 도로'를 버리고 '나만의 오솔길'을 찾아야 합니다. 그러기 위해서는 자신이 평생 잘할 수 있는 분야부터 선택해야 합니다.

고도성장기에는 고등학교를 졸업하면서 어떤 선택을 하느냐에 따라 개인의 운명이 결정되었습니다. 열아홉 살에 이른바 '스카이'에 입학하고, 졸업 후에는 '대기업'에 입사하기만 하면 퇴직의 출구까지 안전하게 나올 수 있었습니다. 졸업 후 대기업에 취업하면 계장, 대리, 과장, 부장, 이사의 수순을 밟으며 정년을 맞을 수 있었습니다. 하지만 지금은 어떤가요? 스카이가 아니라 하버드나 스탠퍼드 대학을 나와도 직장을 잡기가 쉽지 않습니다. 60세 정년은커녕 오륙도, 사오정, 삼팔선으로 정년의 나이가 낮아진 지 오래입니다. 정말 운이 좋아 정년의 관문을 잘 통과해도 정년 이후가 다시 문제입니다. 이른바 100세 시대 아닌가요? 60세 이후 100세까지 40년을 산에 오르거나 낚시만 할 수는 없지 않겠습니까?

이 케 아 세 대 의 어 두 운 초 상

의료 환경뿐만 아니라 사회 전반의 변화가 극심합니다. 따라서 과거의 사고를 붙들고 있으면 결코 잘 살아갈 수 없습니다. 좋은 대학을 졸업하고 최고의 직장에 입사해도 개인의 행복은 보장되지 않습니다. '이케아 세대'를 보십시오. 《이케아 세대 그들의 역습이 시작됐다》(중앙북스)의 저자 전영수는 1978년생(2013 기준 만 35세)을 중심으로 한 30대를 이케아 가구와 특성이 비슷하다며 '이케아 세대'라는 별칭을 붙였습니다.

스웨덴의 이케아 가구는 값이 싸고 품질이 좋으며 매력적인 디자인이 장점입니다. 반면 미완성 제품이라 직접 조립해야 하는 수고로움이 있으며, 먼 미래를 내다보고 구입하는 가구가 아닙니다. 단군 이래 최고의 스펙을 쌓은 이케아 세대는 낮은 몸값에 팔려나갑니다. 이들은 해외여행이나 어학연수, 유학 등을 경험해 해외 문화에 익숙하고, 높은 안목을 지니고 있으며, 스펙 대비 단기 고용이 가능하고, 삶의 중간 단계에서 헤매고 있으며, 미래를 계획할 수 없는 삶을 살고 있습니다.

고용불안에 지치고 미래가 암담해 절망에 빠진 이케아 세대는 취업—연애—결혼—출산—양육이라는 정규 코스를 거부하기 시작했습니다. "지금 이 순간 잘 사는 것"을 선택한 그들이 싱글로만 살아간다면 이 나라에 미래가 있을까요? 이미 우리나라의 저출산 고령화의 수준은 세계 1위를 달리는 지경입니다. 전영수는《로마인 이야기》(한길사)의 저자인 시오노 나나미의 "과거에 출산 감소 문제를 방치한 나라 중 부흥한 예가 없다"는 말을 인용하고 있습니다. "출산 감소로 현역 인구가 줄어들면서 국가 경제의 기둥이 흔들리기 시작한 것이 로마 멸망의 직접적 원인"이라고《로마제국 쇠망사》(민음사)의 에드워드 기번과 나나미가 입을 모아 지적했다는 근거를 들었지요.

"출생률이 오르지 않으면 2100년에는 한국 인구가 3분의 1 이하로 감소하고, 2200년에는 140만 명에 불과할 것"이라고 미국고령화협회 설립자인 폴 휴이트가 경고했다는 사실도 적시하고 있습니다. "사회의 요구와 인간의 본능, 국가의 경제성장에 맞춘 제도적 라이프스타일 대신 철저히 자신들의 상황과 눈높이에 맞춘 생존법"으로 살아가는 이케아 세대의 역습에 잘 대응하지 않으면 이 나라의 미래가 없다는 것입니다.

　젊은이들이 맘껏 사랑하고, 결혼하고, 아이도 낳을 수 있는 세상을 만들어야 합니다. 하지만 이들 세대의 90퍼센트가 비정규직 노동자입니다. 예측할 수 없는 미래를 살아가야 하는 그들은 '완벽한 싱글'을 꿈꿉니다. 설사 결혼하더라도 아이를 낳지 않으니 이 나라의 미래가 어두울 수밖에 없습니다. 이들의 좌절을 지켜본 다음 세대는 처음부터 흔들리고 있습니다.

　이케아 세대에게 스펙을 쌓으라고 '강요'한 이들은 부모입니다. 자식 잘되라고 그랬겠지만 이젠 스펙으로는 한계에 부딪힐 수밖에 없습니다. 한때 그들은 '성공'을 꿈꾸며 자기계발서를 열심히 읽었습니다. 그러나 자기계발서 또한 노예가 되는 가르침만 담았습니다.

　이원석은 《거대한 사기극》(북바이북)에서 우리 사회에서 열광적으로 소비되었던 자기계발서가 담고 있는 이데올로기는 "국가와 학교와 기업이 담당해야 할 몫을 개인에게 떠넘김으로써(민영화, 사교육, 비정규직 등), 사회 발전의 동력을 확보"하는 데 기여할 뿐으로 이는 거대한 사기극에 지나지 않는다고 주장했습니다. 이원석은 스스로 돕는 '자조(自助)' 사회에서 서로 돕는 '공조(共助)' 사회로 바꿔가야 한다고 역설했습니다.

　이지성은 《리딩으로 리드하라》(문학동네)에서 고전을 열심히 읽으면 남보다 성공할 수 있고, 돈도 많이 벌 수 있다고 주장했습니다. 하지만 이원석은 《공부란 무엇인가?》(책담)에서 "고전에 대한 탐닉은 결코 돈과 권력을 벌기 위한 좋은 방법이 아니"라며 이지성과 대척점에 서서 정반대 주장을 펼치고 있습니다. "노예(하류층)의 두려움"이나 "나도 언젠가는 주인(상류층)이 되겠다는 탐욕(과 이를 떠받치는 착각)"에서 벗어나 "당당하게 세상과 맞짱" 뜰 것을 촉구하는 이원석은 "'책과 우정'이 필요하다"고 주장합니다. "책을 통해 바르게 공부하고, 이를 위해 좋은 벗들과 함께할 수 있을 때에만, 오직 그때에만, 진정한 자유인으로 살아갈 수 있을 것"이라는 결론을 내놓았습니다. 그렇습니다. 친구들과 함께 책을 읽어야 합니다. 학문의 역사이기도 한 '공독(共讀)'만이 우선 '나'의 꿈을 깨닫고, '너(타자)'를 이해하게 되면서, '우리'라는 공동체의 비전을 함께 찾아가는 길일 테니까요.

'공독(共讀)'의 문화를 위하여

독서는, 인간이 마땅히 갖춰야 할 교양을 중시하는 규범으로서의 독서(규범론)와 생존을 위한 지식이나 정보를 취하는 기술로서의 독서(기술론)로 크게 나뉩니다. 오늘날 대학에서 독서 자체가 목적인 규범론은 사실상 파산 상태에 접어들었습니다. 고통받는 자영업자, 노숙자, 교도소 수용자, 도시빈민, 억압 받는 여성들에게 갈수록 절실한 깨달음을 주는 인문서가 대학생과 교수들에게 철저히 외면당하고 있으니 말입니다.

기술론의 측면에서는 일단 독서가 넘친다고도 볼 수 있습니다.

하지만 고려대학교 3학년 김예슬이 탈학교선언을 하면서 "글로벌 자본과 대기업체에 가장 효율적으로 '부품'을 공급하는 하청업체"로 전락한 대학이 "자격증 장사 브로커"에 불과하다고 비판한 데서 알 수 있듯이 대학에서 기술론의 독서는 급속히 효용이 사라지고 있습니다. 사실 이미 예고됐던 바입니다. 규범론을 무시한 기술론만으로 개인이 경쟁사회에서 살아남기란 원천적으로 불가능하기 때문입니다.

1년에 배출되는 박사 1만 명, 석사 7만 명은 대부분 전형적인 '워킹 푸어'입니다. 그러니 명문대학 출신이라고 해도 교문을 나서는 순간 하루아침에 비정규직 노동자로 전락하고 맙니다. 초중고는 이미 몰락한 대학에 학생들을 보내기 위한 정거장으로 전락한 지 오래입니다.

이런 현실을 강력하게 비판하는 진보 성향의 어른들마저 잘못된 현실을 뜯어고치려 앞장서기보다는 자기 자식만은 살리기 위해 기러기 아빠(엄마)가 되어 엄청난 돈을 쏟아붓고 있는 형편입니다. 게다가 최근 교육 당국은 하루에만 여든 개가 넘는 공문을 일선 학교에 내려보내며 공교육을 파행으로 몰아가고 있습니다. 교사가 학생을 제대로 가르치지 못하도록 일부러 압박을 가한다는 말이 나올 정도입니다.

이런 현실에서는 하루빨리 학교에서 탈출시키는 것이 아이들을 살리는 최선의 방법입니다. 하지만 탈학교 이후의 마땅한 대안이 보이지 않습니다. 일부 대안학교는 학비가 지나치게 비싸서 없는 이들에게는 그림의 떡에 불과합니다.

아직 늦지 않았습니다. 우리는 담장 안의 학교부터 하루빨리 개혁해야 합니다. 이미 인간은 손안의 컴퓨터와 다름없는 휴대전화로 인류가 생산한 모든 지식과 접속할 수 있습니다. 그런 세상에서 아이들을 하루에 16시간이나 형틀에 묶어놓고 교과서에 나오는 지식을 달달 외우게 하는 학교는 이제 그만 폐기하고 새로운 학교를 만들어야 합니다.

현재로선 최선의 방법은 학교 도서관을 중심으로 교사와 학생, 학부모가 유기적으로 결합해 함께 책을 읽고 토론하는 '공독'의 문화를 조성하여 각자의 개성을 최대한 발휘할 수 있게 하는 것입니다. '북 코뮌'이라고 해도 좋을 정도의 책을 읽기 좋은 환경을 먼저 만들고 그런 환경에서 아이들이 책을 읽으면서 진로를 결정하고, 어떤 환경에서도 살아남는 역량을 갖추게 해야 합니다. 그러지 않으면 조만간 탈학교선언은 줄을 잇게 될 것입니다.

정보 기술 혁명과
삶의 변화

정보 기술이란 무엇인가요? 정보공학자인 마쓰오카 세이고는 《편집회의》에 발표한 '편집담의(編集談義)'라는 연재 글에서 "IT 혁명, IT 사회라고 말들 하는데, 그것은 쉽게 말해 정보의 '전후 순서' 배치법이다. 아날로그에서 디지털화되어 정보를 온디맨드로 얻기 쉽게 된 것이 IT 혁명인데 아날로그에서 디지털로 간다는 것은 손끝으로 정보를 검색했던 것에 대해 버튼으로 검색하게 되었다는 것이다. 손끝으로 하는 것은 연속적으로 변화된다. (중략) 디지털은 이미 그곳에 정보가 들어 있어 포인트만 짚으면 된다. 이것이 아날로그 기술에 대한 디지털 기술이다. IT에서는 버튼을 누르기만 하면 그곳에서 반드시 정보가 나온다. 첫 번째 누른 것도 원하는 것이고 그것을 보고 누를 수 있게 되어 있다면 또 원하는 정보를 얻을 수 있다. 유저는 원하는 순서대로 정보를 컴퓨터나 휴대전화로 읽어낼 수 있다"라고 말했습니다.

세상을 바꾸는 IT 혁명

우리의 삶을 옥죄는 이토록 대단한 IT 혁명이 겨우 정보의 전후 순서 배치가 달라진 것에 불과하다고요? 우스운 얘기지만 맞습니다. 기술의 발달로 대용량 정보가 광속으로 날아다니게 되었지만, 결국 IT 혁명은 정보의 편집술이나 다름없습니다. 달리 말하면 정보의 생산과 유통, 소비 구조가 근본적으로 달라진 것입니다. 이제 손안의 컴퓨터인 휴대전화 하나만 있으면 언제 어디서든 자신이 알고 싶은 모든 정보와 지식에 접근할 수 있습니다. 이러한 기술이 인간의 운명을 바꿔놓고 있습니다.

우리나라에서만 3500만 대 이상 보급된 스마트폰은 엄청난 성능과 확장성을 갖추고 있습니다. 우리는 궁금증이 생길 때마다 스마트폰 자판을 누릅니다. 이제 정보를 생산하고 유통하고 소비하는 구조가 완전히 달라졌습니다. 게다가 동영상 교육을 담당했던 PMP와 책 읽기 도구인 전자책 단말기가 태블릿PC 하나로 통합돼 출판시장을 달구고 있습니다. 그렇다고는 해도 IT 혁명은 이제 겨우 걸음마를 시작했을 뿐입니다. '입는' 혹은 '몸에 두르는' 형태의 웨어러블 디바이스(Wearable Device)가 상용화를 앞두고 있습니다. 스마트 생태계의 두 거인인 구글과 애플이 각각 안경과 시계 형태의 신제품을 출시한다는 소식이지만, 이런 변화가 어디로 향할지 예상하기가 쉽지 않습니다.

"인간은 지속적으로 다양한 정보 단말기의 유혹에 빠져 익사하고 있다." 정보 기술이 인간 사고에 끼치는 부정적인 영향을 지속적으로 경고해온 미국의 저명한 정보 기술 저술가 니콜라스 카가 2011년 5월 26일 SBS가 주최한 '서울디지털포럼'에서 기조연설을 하기 위해 방한했을 때 했다는 말입니다.

덧붙여서 카는 또 "인터넷으로 손쉽게 많은 정보를 얻을 수 있지만, 인터넷이 밀어내는 방대한 정보는 인간이 생각하는 방식을 매우 피상적으로 만들었다"며 "중요한 일과 사소한 것을 식별하기 어렵게 해 주의력을 분산시켰고 중요한 정보에 관심을 덜 갖게 했다"고도 말했습니다.

카는 2010년에 펴낸《생각하지 않는 사람들》(청림출판)에서 트위터, 페이스북, 구글과 아이패드 등 날로 진화하는 소셜미디어가 인간의 사고 능력을 매우 얄팍하고 가볍게 만든다고 경고했습니다. "조용한 시골에서 자연과 가까이하며 일정 시간을 보낸 후 사람들은 더 높은 집중력과 강력한 기억력, 그리고 보편적으로 향상된 인식"을 얻게 되지만, "정보를 빨리 전달해주고 사람들을 연결해주는 가치를 주지만 무엇보다 주의를 분산"시키는 소셜미디어에 빠져들면 이후 사고 능력이 크게 저하된다는 것입니다. 카는《생각하지 않는 사람들》을 쓸 때 트위터, 페이스북을 비롯한 소셜미디어를 멀리할 수밖에 없었다고 밝히고 있습니다.

그는 《생각하지 않는 사람들》에서 온갖 지식이 몰려드는 구글이 '천사의 선물'이냐, 아니면 '악마의 유혹'이냐라는 질문을 던지고 있습니다. 카의 지적이 아니더라도 모든 기술은 검의 양날처럼 선과 악, 천사와 악마, 은총과 저주라는 이중성을 내포하고 있습니다. 인터넷이라는 기술도 처음에는 우리에게 돈과 정보의 민주화와 균형 있는 욕망의 해방을 안겨주리라 기대했지만, 기술이 진화할수록 돈과 정보의 독점과 쾌락의 중독만을 안겨주고 있다는 사실이 확인되고 있습니다.

카가 정보 기술 컨설턴트로서 진면목을 처음으로 보여준 책은 2008년에 발표한 《빅 스위치》(동아시아)입니다. 카는 이 책에서 '전기 기술'과 '정보 기술'의 유사성부터 이야기합니다. 경제학자들이 범용 기술이라고 말하는 이 두 기술은 네트워크를 통해 필요한 정보와 기술을 아주 먼 거리까지 효율적으로 전송하며 중앙 공급이라는 규모의 경제를 실현한다는 공통점이 있습니다. 월드와이드웹이 월드와이드컴퓨터로 바뀌어 '컴퓨터의 전 세계 네트워크' 시스템이 작동하는 지금, 마치 가전제품의 스위치를 누르듯 해당 시스템에 접속할 수 있습니다. 또한 수많은 양의 정보를 마음대로 사용할 수도 있습니다.

하지만 카는 두 기술이 근본적으로 다르다고 봅니다. 20세기의 전기화라는 유틸리티가 생산한 값싼 전기로 말미암아 대중문화가 꽃을 피웠고 아울러 중산층이 성장하고, 대중교육이 확대되고, 교외로 인구가 이동하고, 산업 경제에서 서비스 경제로 전환되는 등의 매우 긍정적인 성과를 거두었습니다. 한마디로 부유한 중산층이 등장하고 좀 더 평등해진 사회를 만드는 데 결정적으로 기여한 것입니다.

그러나 카는 클라우드 컴퓨팅(Cloud Computing)이 우리에게 유토피아가 아닌 디스토피아를 불러올 것이라고 수없이 경고합니다. 클라우드 컴퓨팅은 서로 다른 물리적 위치에 있는 중앙처리장치, 네트워크 밴드위스, 스토리지 등의 컴퓨터 리소스를 가상화 기술로 통합해 제공하는, 최근 IT 업계의 최대 화두로 떠오른 유틸리티입니다.

정 보 기 술 시 대 의 그 림 자

컴퓨터와 인터넷은 사람들에게 자신을 표현하거나 자기 작품을 광범위한 관객에게 배포하고, 다양한 상품의 생산에 이용할 수 있는 강력한 도구를 주었습니다. 그렇기 때문에 더 공평하고 민주적인 평등 사회를 창조하는 힘으로 보려는 경향이 없지 않습니다. 하지만 생산수단을 대중에게 넘겨주긴 했어도 생산품의 소유권은 넘겨주지 않았기 때문에 대중이 제공하는 노동력의 경제적 가치가 극소수의 사람들에게 효율적으로 집중되는 '클라우드 소싱'이라는 메커니즘이 작동합니다. 결국 시장이 낳은 막대한 부(富)가 극히 '일부'의, 유독 재능이 뛰어난 개인들에게 몰려 수많은 중산층이 몰락하고 있습니다. 대표적인 사례가 유튜브입니다. 2005년 20대 풋내기 두 사람이 시작한 유튜브 서비스는 곧바로 급속히 회원을 확보해 가능성을 보였고, 불과 10개월 만에 16억 5000만 달러에 매각돼 두 사람에게 엄청난 부를 안겼습니다. 하지만 콘텐츠의 실제 생산자들은 단 한 푼도 벌지 못했습니다.

카에 따르면 사용자들이 제작한 콘텐츠가 상업화할수록 비숙련 노동자뿐 아니라 저널리스트, 편집자, 사진가, 연구원, 애널리스트, 사서 같은 숙련 노동자들마저 소프트웨어로 대체됩니다. 또한 카는 지식 노동의 세계무역화 그리고 자발적 노동을 결집해 경제적 가치를 거둬들이는 극히 소수의 기업(부자)에 의해 경제성장이 촉진되고 소비되는 플루토노미(Plutonomy)만 강화될 뿐이라고 주장합니다.

우리가 온라인에서 글을 읽거나 무언가를 클릭하거나 상품을 구매하거나 이메일을 보내는 등의 '모든' 행위는 월드와이드컴퓨터의 기계장치 어딘가에 기록돼 각자의 신상기록부가 작성됩니다. 그리고 누군가는 이 기록부를 활용해 우리를 통제할 수 있어 개인의 '사생활은 없다'고도 단언합니다. 또 광신적인 테러리스트나 봇넷(botnet: 소유자의 인지나 동의 없이 원격으로 통제되는 PC) 같은 어둠 속의 범죄 위협이 끊이지 않을 테고, 전기 부족, 자연재해, 기술적인 고장 같은 훨씬 더 일상적인 위험도 상존할 거라는 등의 '나쁜' 전망을 줄줄이 늘어놓습니다.

이와 비슷한 시각을 보이는 사람은 클린턴 행정부에서 노동부

장관을 역임하고 오바마 대통령의 경제자문위원을 맡기도 한 로버트 라이시입니다. 그는 《슈퍼자본주의》(김영사)에서 권력이 시민의 손에서 소비자와 투자자에게 이동하면서 민주주의가 망할 지경에 이르렀다고 주장합니다. 민주주의와 자본주의는 원래 양립할 수 있는데 자본주의의 힘이 거대해지면서 민주주의가 쇠락하게 되었다는 것입니다.

라이시는 GM과 월마트를 비교합니다. GM은 한때 지구상의 어떤 회사보다 더 많은 돈을 벌었고 미국에서 가장 많은 노동자를 고용했던 기업입니다. 노동자에게 푸짐한 복지 혜택과 함께 높은 임금을 지급했고, 연봉은 오늘날의 달러로 환산할 때 6만 달러에 달했습니다. 하지만 GM을 대신해 미국 경제의 상징이 된 월마트는 어떤가요? 월마트는 이제 미국 자본주의의 모든 잘못을 대변하는 동네북이 되고 있습니다. 오늘날 미국에서 매출 기준으로 가장 큰 회사이고 가장 많은 노동자를 거느린 월마트는 직원들에게 연평균 1만 7500달러, 그러니까 시간당 10달러를 지급하고 복지 혜택은 거의 제공하지 않습니다. 보장된 연금은 물론이고 의료 혜택도 거의 없습니다.

월마트가 성장한 배경은 무엇인가요? 신기술이 세계화를 촉진했고, 거대 기업은 탈규제를 요구했습니다. 네트워크 기술이 발달하면서 세계는 하나로 연결되었고 생산 비용과 운송 비용은 급격히 낮아졌습니다. 이렇게 전 세계를 장악한 기업은 비용 절감을 위해 무한 가격경쟁을 벌입니다. 이른바 최저가 경쟁이 일반화된 것입니다. 그리고 직원들에게도 야박하게 굽니다.

월마트는 처음에는 생필품 가격을 낮춤으로써 미국 중산층의 가계를 도왔습니다. 하지만 그놈의 최저가가 문제였습니다. 최대한 가격을 낮추려고 공급선을 중국을 비롯한 외국으로 돌렸습니다. 월마트의 지배력이 커질수록 미국의 제조업은 망할 수밖에 없었고 사람들은 일자리를 잃어 저렴해진 생필품마저 구입할 수 없는 비참한 처지로 전락했습니다.

슈퍼자본주의는 소수에게 권력을 몰아주었습니다. 메이저리그와 영화판의 스타가 일거에 거액을 손에 넣는 것처럼 말입니다. 우리는 언제나 몇몇 스타에게 환호성을 지릅니다. 하지만 김연아가 잘나가는 사이에 다른 광고 모델들은 곡소리를 내야만 합니다. 라이시가 주장하듯 "경제성장의 이득이 최상층으로 갈수록 점점 더 커지는 불평등성, 일자리 안정성의 감소, 공동체의 불안정 내지는 상실, 환경오염, 해외에서의 인권유린, 그리고 우리의 저급한 욕망에 영합하는 수많은 제품과 서비스" 등이 일반화되었습니다.

처음에 기술은 기계를 의미했습니다. 기계는 그리스어의 '메카네(mechane)'에서 온 말로 '고안된 장치'라는 뜻입니다. 처음에 인간이 고안한 기계는 인간 노동의 보조 수단에 불과했습니다. 그럼에도 19세기 초에 이미 영국의 수공업자들은 자신들의 일자리를 빼앗은 섬유기계에 나막신을 던져 기계를 멈춰 세우는가 하면 아예 파괴하는 '러다이트운동'을 벌였습니다. 그렇다면 우리는 디지털 기술을 파괴해야 할까요? 특히 인터넷으로 가능해진 소셜미디어란 기술 말입니다. 카는 소셜미디어와 관계를 끊겠다고 선언했습니다. 하지만 이미 이 기술의 한복판에서 움직이며 한 발짝도 벗어나기 어려운 우리에게는 최선의 대안으로 보이지 않습니다.

인류는 언제나 놀랍게 발달한 기술을 활용해 더욱더 고급한 문명을 만들어왔고 단 한 번도 기술에 완전히 종속된 적이 없었습니다. 카가 두 책에서 제시하는 경고들은 우리가 인터넷 기술을 활용해, 새로운 유토피아를 추구하는 데 도움이 되는 유용한 정보일 뿐입니다. 우리는 이런 비판적 지적을 활용해 컴퓨터 앞에 앉아 무의미한 정보를 기계적으로 생산해내는 한심한 원숭이의 수준에서 벗어날 수 있는 방안을 기필코 찾아내야 할 것입니다.

세계는 정말 평평한가

'세계화의 전도사'인 토머스 L 프리드먼은 국내에 2005년 말 소개된 《세계는 평평하다》(21세기북스)에서 "국경과 민족의 경계를 뛰어넘는 지구촌 경제체제, 즉 누구에게나 동일한 기회와 자유가 주어지는 세계화"를 거스를 수 없다고 주장했습니다. 세상을 움직이는 원동력이 국가 → 기업 → 개인으로 서서히 이동하고 있음을 밝히고 정보 기술로 인한 자유화, 정보화, 세계화 등을 논하는 이 책을 움직이는 축은 한마디로 '아웃소싱'입니다. 그래서 이 책을 소개한 한 신문의 기사 제목은 "인도 가난한 소년이 하버드 여대생 일자리를 빼앗는다"였습니다.

이 책이 나온 후 보수 논객 공병호 박사는 2005년 12월 10일자 《중앙일보》에서 벌어진 찬반토론에서 "세계화는 세계 전체가 자원 배분의 합리성을 더욱 높여가는 일련의 과정이란 특성을 갖고 있다. 협소한 시야에서 보면 날아가버리는 일자리에 분노할 수 있지만 시장의 확대는 대다수 사람에게 전문화와 분업의 이점을 누릴 수 있도록 돕는다"며 프리드먼의 주장을 적극 옹호했습니다.

공 박사는 "평평한 세계에서 자신을 보호해줄 수 있는 것은 조직이나 국가가 아니라 바로 자신이며, 그 누구도 자신을 대체할 수 없는 사람으로 만들어야 한다는 것이다. 늘 자신의 일이 '아웃소싱의 대상이 될 수 없도록 하라'는 절체절명의 과제를 안은 사람들이 바로 이 시대를 사는 사람들이다. 이 세계는 세상을 어두컴컴하게 보는 사람들에게 암울함과 불안감으로 가득 차 있겠지만 변화의 흐름을 직시하고 본질을 이해하는 사람에겐 대단히 역동적인 미래가 펼쳐지고 있다"고 속삭였습니다.

이에 반해 이해영 한신대 교수는 "이 책은 분명 엄격한 학술서도, 딱딱한 이론서도 아니다. 그래서 학자들의 '사투리'로 평하기에는 무리가 있다. 하지만 이 터무니없이 두꺼운 책에 널린 억설을 읽어내자면 많은 인내가 필요하다. 그의 논지가 갖고 있는 최대의 약점은 세계화에 대한 과도한 가치 적재, 곧 '세계화 = 절대 선' 식의 암묵적 전제이며, 이는 세계화 자체에 대한 비판적 성찰을 가로막는 치명적 걸림돌이다. 과도한 전제는 언제나 논리적 비약으로 이어지게 마련이다. 해서 빈곤의 원인도, 전쟁의 원인도 세계화가 덜 되어서 그렇다는 강한 암시가 전개된다. 세계화로 평평해진 세계 그 자체가 불평등의 원인이 되고, 분쟁의 원인이 될 수 있음은 이미 출발점에서부터 배제된 터라, 자신의 주장을 입증하기 위해서는 인터뷰 녹취를 푸는 것만으로 충분하다"며 프리드먼의 주장을 격렬하게 비판했습니다.

이 교수는 이어서 "너무나 미국적인 그에게 '자유무역주의는 강자의 보호주의'라는 국제정치학자들에게는 이미 진부해진 진실이 스며들 여지가 없다. 그의 말처럼 '맥도널드'뿐만 아니라 특히 '글로벌 공급 사슬'이 전쟁을 억지한다면, 그 본산인 미국은 왜 전쟁을 도발할까? '그리운 식민지' 인도의 IT 산업에 대한 인상비평은 이 책을 끌어가는 엔진이다. 하지만 최첨단 빌딩 숲 사이에 따개비처럼 붙어사는 수억 명 인도의 '하루살이' 인생에게도 세계는 '평평'할까?"라는 질문을 던집니다.

필립 브라운, 휴 로더, 데이비드 휴스턴, 이 세 사람이 함께 쓴 《더 많이 공부하면 더 많이 벌게 될까》(개마고원)에서는 프리드먼이 제시한 긍정적인 미래인 '평평한 세계'를 '기회의 바겐'이라고 말하고 있습니다. 저자들은 "지식 전쟁은 경쟁을 통해 미국인들의 기량을 더욱 향상시킬 것이고, 가장 뛰어난 혁신적인 아이디어를 창출할 것"이기에 인도와 중국 같은 "신흥국과의 경쟁에 미국의 중산층마저 휘말릴 것이라고 걱정할 아무 이유가 없다"는 프리드먼의 가설은 틀렸다고 주장합니다. '기회의 바겐'은 '기회의 덫'이 되었다는 것이지요.

이 책의 원제는 '글로벌 옥션'으로, "국경을 뛰어넘는 노동자 고용 시스템", 즉 "가장 값싼 임금을 제시하는 사람이 고용되는 역경매 시스템"을 말합니다. 프리드먼이 정리했듯이 미국 제조업의 일은 주로 중국의 노동자가, 서비스업이나 회계 쪽 업무는 인도의 젊은 노동자가 자국에서 아웃소싱으로 처리하는 세상이 되긴 했습니다. 폭발적으로 늘어나는 신흥국의 대졸자들이 고급 노동력을 염가 할인하는 역경매 방식으로 일자리를 빼앗아 가는 바람에 미국의 대졸자들은 실업자로 전락하고 있으며, 설사 취업을 하더라도 저임금에 시달리고 있습니다.

"대학만 졸업하면 취업시장에 뛰어들었을 때 높은 보수를 받을 수 있다는 믿음 아래 (미국) 사회는 개인들에게 대학 졸업장을 따기 위해 빚을 지도록" 권유하고 있지만 이제 그런 구조에서의 승리자는 극히 소수에 불과하다는 점을 이 책은 강조하고 있습니다. '글로벌 옥션'으로 말미암아 관리자급 노동자, 전문직, 기술자들은 일자리 시장에서 입지가 점차 약화되고 있어 "성실하고 능력 있는 노동자들이 높은 생활수준을 누릴 수 있다는 약속"은 깨졌다는 사실을 저자들은 입증해 보이고 있습니다.

1퍼센트만 살아남는 사회

2011년 연말 일본 출장을 다녀오면서 나리타공항에서 《동양경제》 2011년 마지막 호를 구입했는데, 특집은 '2012 대예측'이었습니다. 새해에 주목해볼 만한 113개의 주제를 도표와 함께 간략하게 설명하고 있었습니다. 이 특집이 제시한 2012년 5대 주제는 '벼랑에 선 유럽'(경기 후퇴로 혼미가 장기화, 양적 완화로 수습할 수 없어), '블록 경제화'(의심하는 눈길이 걷히지 않은 TPP 분규의 화근), '확대되는 격차'(양극화가 심해지는 미국 사회, 세 명 중 한 명은 빈곤층으로), '정치의 해'(세계적으로 확산되는 지도자 선거, 정치 경제는 어떻게 변할 것인가), '전력 격진'(에너지 정책 대전환, '탈원전'은 실현될 것인가) 등이었습니다. 그중에서도 두드러진 기사는 '월스트리트를 점령하라'는 시위 사진을 배경으로 두 면에 걸쳐 실려 있던 〈양극화가 심해지는 미국 사회, 세 명중 한 명은 빈곤층으로〉라는 기사였습니다.

"대학을 나와도 일자리를 구할 수 없다. 학자금 대출도 아직 4만 달러가 남아 있다." 미국 동부 시간으로 11월 15일 오전 미명, 양극화 사회를 반대하는 시위 '월가를 점령하라'의 거점인 주코티 공원 근처의 인도에서 카일 피터슨 씨(26)는, 천진한 얼굴을 일그러뜨리며 이렇게 중얼거렸다. -(중략)
'아랍의 봄'을 촉발한 젊은이를 중심으로 하는 이런 시위는 채무 위기로 흔들리는 스페인이나 영국, 그리스 등지로 확산되었고 마침내 대서양을 넘어 뉴욕에 이르렀다. '월가를 점령하라' 시위로 인해 공원 노숙마저 금지되었지만, 운동은 계속되고 있다. 시위자 대표 빌 바스터 씨는 유럽의 동지들과 연합하며 '보다 활발한 공격으로' 장기적인 운동을 이어가겠노라고 의욕을 보였다. 시위대들은 정치를 불신하며 분노한 민중의 목소리를 대변하고 있다. 대불황으로 사회 양극화는 더욱 극심해져 강대국 미국이 크게 흔들리고 있다.

올가을 발표된 2010년의 공식 빈곤율은 15퍼센트로 높은 수준인데 미연방국세조사국이 11월에 밝힌 신빈곤 기준을 적용하면 사태는 더욱더 심각해진다. 미국인 세 명 중 한 명이 빈곤층이거나 빈곤 예비군이다. 특히 젊은이들의 경우 학자금 대출의 짐도 무겁다. 피터슨 씨의 모교인 뉴욕 대학교의 학비는 연평균 5만 7000달러. 미국에서 열 손가락 안에 들 정도로 학비가 비싼 대학으로 알려져 있다.

기사를 읽다가 어쩌다 G1인 미국이 이 지경에 이르렀나, 하는 생각을 했습니다. 기사에는 치솟는 학비, 학자금 대출의 디폴트(채무불이행) 증가, 하늘 높은 줄 모르고 치솟은 의료보험료, 1970년대에 미국의 65퍼센트를 차지하던 중산층이 2007년도에는 20퍼센트 이하로 격감했다는 사실 등을 알려주고 있었습니다. 기사는 이렇게 끝납니다. "양극화에 반대하는 시위로 아메리칸드림에서 깨어나 '각성'하게 된다면, 그것만으로도 큰 의미가 있다."

어쩌다 미국 사회가 이리 되었을까요?《더 많이 공부하면 더 많이 벌게 될까》의 저자들은 '디지털 테일러리즘'을 원인으로 제시합니다. "자동차, 컴퓨터, 텔레비전과 같은 제품의 부품을 전 세계에서 나눠서 생산하고 고객의 수요에 맞게 조립·판매하는 방식"이 서비스 업무에도 도입되기 시작했습니다. 그 바람에 회계사·교수·엔지니어·변호사·컴퓨터 전문가 같은 직업도 이제는 더 이상 고수익·안정성·전망을 보장해주지 못하고 오로지 1등만 살아남는 '승자 독식' 구조로 빠져들고 있다 합니다.

《불평등의 대가》(열린책들)는 노벨경제학상을 수상한 조지프 스티글리츠 컬럼비아 대학 교수가 불평등이 날로 심화되는 오늘의 미국 사회를 분석한 책입니다. 지은이는 "우리는 99퍼센트다"라는 슬로건의 출현은 미국의 불평등 문제를 둘러싼 논쟁에서 중요한 전환점이라고 말하며 "1퍼센트에 속하는 사람들은 막대한 부를 움켜쥔 채 승승장구하면서 나머지 99퍼센트에게는 불안과 걱정만을 안겨주었다"고 미국 사회를 격렬하게 비판했습니다. 또 "불평등은 정치 시스템 실패의 원인이자 결과다. 불평등은 경제 시스템의 불안정을 낳고, 이 불안정은 다시 불평등을 심화시킨다. 우리는 이러한 악순환의 소용돌이로 빨려 들어가고 있다"고 말하면서 최상층은 더 큰 부자가 되고 하위층은 더욱더 가난해지며 중산층은 공동화되는 현실을 예리하게 분석하고 있습니다. 그는 미국에서 상위층에 집중된 부는 대부분 지대 추구와 관련되어 있다고 지적합니다. "지대 추구는 대체로 파괴적인 경향을 낳는다. 지대 추구 행위자들이 지대 추구를 통해서 차지하는 것보다 많은 가치를 다른 사람들로부터 빼앗아 간다. 이런 사정은 금융 부문에서 지대 추구 행위자들이 야기했던 파괴적인 결과에서 뚜렷이 드러났다. 지대 추구로 얻은 수익에 높은 세금이 부과되면, 지대 추구에 투입되는 자원이 줄어들고, 지대 추구만큼 수익성이 높지 않지만 남을 희생시키는 일 없이 만족스러운 소득을 올릴 수 있는 활동에 투입되는 자원이 늘어난다"는 것입니다. 그는 국가 자산을 헐값에 인수하거나 독과점을 통해 초과 이윤을 뽑아내는 기업들에 세금을 물리자고 제안합니다. 아무리 열심히 일해도 임대업자에게 임대료를 내고 나면 남는 것이 없는 우리네 현실이 연상되지 않습니까?

빈곤이 좀먹는 한국 사회

"한국 사회의 가난에 대한 진실과 거짓"을 정리한 사회투자지원재단 부설 사회적경제연구센터 신명호 소장의 《빈곤을 보는 눈》(개마고원)을 읽으면서 우리나라도 세 명 중 한 명은 빈곤층이 아닐까 생각해보았습니다. 하루 평균 생활비 1.25달러라는 유엔의 절대 빈곤 기준을 적용하면 우리나라에서 빈곤층을 찾기는 어려울 것입니다. 그러나 "어떤 사회에서 최저한의 삶이란, 그저 간신히 목숨만 부지하는 삶이 아니라 그 사회의 한 구성원으로서 최소한의 도리를 하면서 살아가는 삶"이란 기준을 적용하면 상황이 달라질 것입니다.

OECD의 통계에 따르면 국민소득 2만 달러를 겨우 넘긴 우리

나라의 빈곤율(중위소득의 50퍼센트 이하 소득으로 살아가는 사람들의 비율)은 15퍼센트로, 우리보다 국민소득이 월등히 높은 미국(4만 9600달러)의 17.3퍼센트와 일본(4만 6972달러)의 15.7퍼센트보다 낮은 수준이긴 합니다. 하지만 저소득층이 중산층으로 올라서기 어려워지고 청년은 취업을 하기 어렵고 더 이상 개천에서 용이 나올 수 없을 뿐만 아니라 빈곤의 대물림 등이 굳어지고 있어 이제는 우리도 "빈곤을 준비해야 할 때"인 것만은 분명해 보입니다.

빈곤은 개인의 차원으로만 설명해서는 곤란합니다. 가난은 "자본주의 체제에서 필연적으로 나타나는 불평등의 한 극단적인 양태"인 것만은 분명합니다. 오늘날 자본주의 체제에서는 "자본가와 노동자 간 불평등한 계급적 관계가 늘 재생산될 뿐만 아니라, 각종 자원(재산·권력·학벌·연줄·건강 등)을 많이 가진 계층과 그렇지 못한 계층 사이에, 그리고 남성과 여성, 주류와 소수자 그룹 사이에 언제나 차별과 불평등이 존재"하는 법이니까요.

빈곤은 다차원적이고 복합적입니다. 198만 가구로 추정되는 '하우스 푸어'와 전세대란으로 애간장을 태우는 '렌트 푸어' 등 최소한의 인간다운 삶의 공간을 가지지 못한 사람들을 빈곤층에 포함한다면 우리 사회의 빈곤층은 크게 늘어날 것입니다. 이른바 '푸어(poor)'층을 빈곤층과 동일시하는 것은 적절치 않아 보이지만 심정적으로는 그들도 빈곤층이 아닐까 합니다.

빈곤을 낳는 가장 큰 원인은 결국 일자리에서 찾을 수 있습니다. 물론 고용의 질도 중요하겠지요. 한국은 비정규직 비율이 32~35

퍼센트로 OECD 34개국 가운데 단연 1위입니다. 저임금 노동자 비율과 계층 간의 근로소득 격차도 세계 1위인 데다 자살률, 상대빈곤율, 불평등지수와 더불어 고용 불안정에서도 부끄럽게도 최상위권에 올라 있습니다. 일자리 가운데 자영업자 비율이 25퍼센트 수준을 오르내리지만 그중 90퍼센트 이상이 영세 자영업자라 열에 아홉은 망해가기 일쑤입니다.

국내총생산에서 수출이 차지하는 비중은 60퍼센트대를 향해 치닫고 있습니다. 한국의 5대 수출품인 휴대전화, 자동차, 반도체, 전자표시장치(디스플레이), 강철제 선박 등의 생산자는 애시당초 정부의 지원으로 성장해온 재벌 기업들입니다. 수출로 경제성장이 활발해도 서민과 중소기업에는 아무런 혜택이 없습니다. 내수시장을 처참하게 죽여놓고 재벌들의 으름장에 '경제민주화' 공약마저 헌신짝처럼 내던지고 '창조경제'를 부르짖어봐야 공염불에 불과할 것입니다.

신명호 소장은 "노동자를 공생의 동반자로 보지 않고 한낱 소모품으로 여기는 대자본의 태도와 기업 문화는 늘 그들 편에만 섰던 정치권력이 방조하고 조장한 결과물"이며 "개발 독재 정권은 과거의 가난을 몰아내는 데 기여했지만, 오늘날 새로운 가난이 생겨나는 원인을 제공한 것도 엄연한 사실"이라고 말합니다.

미국의 경영자들은 "노동자들에게 들어가는 비용을 줄이기 위해 계약직 고용, 저임금 및 성과급 체제, 상시적 구조조정 등을 활용하는 한편 후생 복리 같은 것은 철저히 외면"했습니다. "낮은 임금을 주다가 아무 때고 해고할 수 있는 '노동 유연화' 전략에 간혹 노동조합이 맞서는 경우에는 가차 없이 대응"해왔습니다. 경제의 글로벌화와 과학기술의 변화가 미국의 불평등과 빈곤을 심화시켰습니다. 결국 미국인 세 명 중 한 명이 빈곤층으로 전락하는 치욕을 당하고 있습니다.

우리나라의 경우 미국보다는 사회안전망이 잘돼 있습니다. 그러나 박근혜 정부의 철도 파업이나 전교조를 대하는 작금의 태도를 보면 개발독재 시대로 돌아간 것 같습니다. 신 소장은 빈곤은 개인 차원의 문제가 아니라 정치로 해결할 수 있는 사회 차원의 문제라고 역설합니다. 바야흐로 '신빈곤층의 시대', 이제 새로운 대처가 필요할 때입니다.

한때 유학생 세계 1위를 기록했던 우리나라는 불경기와 중화권 유학생의 증가로 유학생 수는 세계 1위에서 4위로 내려앉았지만 유학생 규모는 18만 2300여 명으로 여전히 많습니다. 이 중 절반가량이 '아메리칸 드림'을 꿈꾸며 미국으로 유학을 떠났지만 졸업 후 현지 취업은 '하늘의 별 따기'라 서둘러 귀국하고 있습니다. 이제 남아도는 고급 인력의 처리가 문제입니다.

어쨌든 "한동안 사라진 것으로 믿었던 빈곤이 어느 날 우리 앞에 다시 홀연히 나타나더니 이제는 요지부동으로 물러갈 기미를 보이지 않는다. 예전 같으면 높은 경제성장으로 가난을 몰아낸다지만 오늘날에는 성장률이 정부의 의지대로 높아지는 게 아님을 초등학생도 안다. 경제성장률 7퍼센트를 공약으로 내걸고 당선됐던 대통령이 반타작도 안 되는 초라한 성과를 내고 만인의 손가락질을 받았던 게 오래지 않은 일"입니다.

최태섭의 《잉여사회》(웅진지식하우스)는 도무지 쓸 데를 찾을 수 없는 '잉여 인간'을 화두로 우리 사회를 명쾌하게 정리한 책입니다. 저자는 연애 · 결혼 · 출산을 포기한 '3포 세대'가 취업마저 포기해 '4포 세대'로 진화했다고 말합니다. 잉여 인간들은 "우리들의 시대에 가장 대중적이고 절박한 문학의 형식"인 '자기소개서'를 창작하느라 바빠 책을 읽을 시간도 없습니다. "기술의 발전을 통해 과거 열 명이 할 일을 혼자 떠맡게 된 사람이 과로로 죽어가는 동안, 다른 아홉 명은 손가락을 빨고" 있다가 "누군가가 과로로 쓰러질 때만 나머지 아홉 명 중 한 명에게 과로할 기회가 주어"지는 세상이니까요.

저자는 잉여의 존재론적 위상은 '좀비'와 '유령'일 뿐이라고 말합니다. "살아 있음과 죽음, 존재와 비존재 사이를 위태롭게 오가는 오늘날 잉여들의 상징이다. 잉여는 죽어도 죽지 않고, 살아도 살지 못한다. 잉여가 세상에 줄 것은 오로지 역설뿐"이라고 합니다. 정말 어찌해야, 언제쯤, 이 잔혹한 세상에서 벗어날 수 있을까요?

멘붕—열정—냉정—
냉소—멘붕……

김난도 교수가 주도해 만든 《트렌드 코리아 2013》(미래의창)의 '난센스의 시대'라는 장에는 "이제 논리와 상식을 뛰어넘은 기발한 감성과 상상이 만들어낸 난센스에 열광한다. 불황의 시대, 사람들은 심각하고 진지한 접근보다는 가볍고 위트 있는 재치를 좋아한다. 무의미한 허무 개그가 유행하며 아이러니가 넘실대는 멘붕의 감성 시대가 오고 있다"는 주장과 함께 "난센스의 유머로 소비자를 사로잡으라"는 충고가 담겨 있습니다.

'멘붕'은 '멘탈 붕괴'의 줄임말이고, '멘탈'은 '정신 상태'를 의미하는 '멘탈리티'의 줄임말입니다. 즉 멘붕은 '정신이 허물어져버린 상황'을 의미합니다. 그러니까 '멘붕'은 자기도 모르게 갑자기 찾아오는 심리적 공황 상태를 일컫습니다. 소셜미디어 사용이 일반화된 이후 개인은 날마다 경천동지할 만한 사건에 시달립니다. 이런 사건은 개인이 해결할 수 없는 조건에서 터지기에 애초에 비판적 성찰이 불가능한데, 심리적 쇼크까지 받아 정신적으로 무너진 개인은 사실 아무것도 할 수 없습니다.

멘붕은 신조어 사용이 빈번한 커뮤니티 사이트인 디시인사이드가 2011년 조사한 '유행어 베스트 10'에서 1위로 꼽힌 이후 우리 사회의 모습을 가늠해볼 수 있는 열쇳말로 자리매김했습니다. 2012년 이후 멘붕에 시달리는 사람들은 '말도 안 되는 이야기'와 억지 항변에 울분을 삼켰습니다.

'허무 개그'의 사회학

〈개그콘서트〉의 한 코너인 '네 가지'의 하소연을 들어볼까요. 인기가 없고, 촌놈이고, 키가 작고, 뚱뚱하다는 이유로 남들에게 무시당하는 네 남자가 일방적으로 불만을 털어놓습니다. 〈런닝맨〉의 '능력자' 김종국의 초능력에 가까운 감각은 그리 대단치 않지만 사람들은 그가 초능력으로 꼭 무엇을 할 거라고 확신합니다. '정 여사'의 모녀는 문제만 발생하면 짖지도 못하는 인형 개인 '브라우니'에게 문제 해결을 당당하게 요구합니다. 이렇게 멘붕에 빠진 이들을 위로하는 것은 '허무 개그'입니다. 그러니 물건을 팔아먹으려면 합리적인 성찰이 아닌 위트가 있는 허무 개그를 생산할 수 있어야 한다는 주장까지 나오는 것입니다.

영화라고 다르지 않습니다. 〈늑대소년〉에서 47년 만에 첫사랑이 이루어졌던 옛집으로 돌아가 하룻밤을 머물게 되는 순이(박보영 분)는 반백의 노인이 된 자신과 달리 "기다려. 나 다시 올게"라고 쓴, 자신이 남긴 마지막 쪽지 하나만 믿고 하나도 변하지 않은 모습 그대로 기다리고 있는 '늑대소년' 철수(송중기 분)를 만나게 됩니다. 말이 안 되는 이야기지만 현실에서 기대할 것이 없는 사람들은 이제 환상(가상현실)에서나마 이런 식으로 갈망을 해결합니다. 1000만 관객을 넘긴 〈도둑들〉, 〈광해, 왕이 된 남자〉, 〈7번방의 선물〉 등도 마찬가지로 지친 영혼들이 판타지에 젖어들게 만들었습니다.

카카오톡이 유행시킨 애니팡, 캔디팡, 드래곤 플라이트 등의 게임은 어떤가요? 이런 가상현실에서는 학력이나 재력에 구애받지 않고 시간만 투자하면 게임 실력을 높이고 점수를 쌓을 수 있고 누구나 평등한 대접을 받습니다. 멘붕에 빠진, 특히 실제 현실에서는 좌절감을 많이 느끼는 중년 여성들이 카카오톡 게임에 깊게 빠져들 수밖에 없습니다.

할리퀸 로맨스의 계보를 잇는 미국의 로맨스 소설도 다르지 않습니다. 종이책과 전자책이 비슷한 분량으로 팔리며 7000만 부 판매를 돌파한 E. L. 제임스의 《그레이의 50가지 그림자》(시공사)는 청소년기의 아픔을 지닌 스물일곱 살의 억만장자 크리스천 그레이와 대학을 갓 졸업한 스물한 살의 아나스타샤 스틸의 사랑 이야기입니다. 그레이는 시간당 10만 달러나 버는 엄청난 백만장자일 뿐만 아니라 조각같이 아름다운 몸매와 상대를 섬세하게 배려하는 성격의 소유자입니다. 출판사에서 편집자 보조역으로 일을 시작한 스틸 또한 모든 남자가 소유하고 싶어 하는 미모의 소유자입니다. 여기서 SM은 단지 이야기를 끌어가는 장치일 뿐 이 소설은 서로 하나가 되어가는 과정을 담은 로맨스입니다. 이제 인간은 무결점의 상대하고만 연애를 하려 드는 걸까요?

스테파니 마이어의 《트와일라잇》, 《뉴 문》, 《이클립스》, 《브레이킹 던》(이상 북폴리오) 등의 '트와일라잇' 시리즈는 뱀파이어 소년 에드워드와 인간 소녀 벨라의 운명적인 사랑을 그립니다. 둘 사이에 늑대인간 제이콥이 끼어들어 삼각관계를 이루지요. 벨라는 에드워드와 불멸의 사랑을 하기 위해 결국 뱀파이어가 됩니다. 연적인 제이콥은 이들이 낳은 딸을 지켜주는 수호천사처럼 행동합니다. 이제 여성은 자신이 한 번 좋아했던 남자는 하나도 버리지 않고 적재적소에 두고 활용하는 사랑을 하려는 걸까요. 뱀파이어는 인간의 피를 빨아먹는 자본가를 상징한다는 이야기도 있긴 합니다.

수잔 콜린스의 《헝거 게임》(북폴리오)은 독재 치하 미래사회를 배경으로 식민지의 각 구역에서 뽑혀 온 스물네 명의 소년 소녀가 서로를 죽이고 혼자 살아남아야 하는 잔혹한 전쟁을 벌이는 소설입니다. 가난한 탄광촌인 12구역에 거주하던 열여섯 살 소녀 캣니스 애버딘은 24시간 리얼리티 텔레비전 쇼로 생중계되는 경기를 벌이는 과정에서 스타가 됩니다. 결국 애버딘은 모두를 물리치고 최후의 승자가 됩니다. 원래는 최후의 1인만 남아야 하지만, 사랑하는 연인 두 사람은 만인이 보는 앞에서 함께 자살하겠다는 의지를 내보입니다. 독재자는 이를 방치할 수 없어서 갑자기 한 사람만이 살아남아야 한다는 규칙마저 깨버립니다. 이제 여성은 게임을 하듯 룰을 바꿔가며 자신의 사랑만은 지키려 하는 걸까요.

이 밖에도 에리카 요한슨의 《퀸 오브 더 티어링(The Queen of Tearling)》, 마리사 마이어의 '신더' 시리즈(북로드), 조조 모예스의 《미 비포 유》(살림), 카산드라 클레어의 '섀도우 헌터스' 시리즈(노블마인), 베로니카 로스의 《다이버전트》(은행나무) 등이 폭발적인 반응을 얻고 있습니다.

'섀도우 헌터스' 시리즈에서 세상은 인간계와, 늑대인간 · 뱀파이어 · 요정 등 비인간 존재들로 이루어진 다운월드로 나뉩니다. 섀도우 헌터는 천사의 피를 마신 뒤 악마를 사냥하는 능력을 갖게 된 자입니다. 작달막한 키에다 매우 내성적인 성격인 열다섯 살 소녀 클라리 프레이는 어머니와 어머니의 친구 루크, 소꿉친구 사이먼과 교류하는데 인간관계가 극히 한정되어 있습니다. 클라리에게 어느 날 자신의 눈에만 보이는 소년 제이스가 나타납니다. 어머니는 납치되고 클라리는 제이스 때문에 목숨을 건집니다.

《다이버전트》에서 인간세상은 이타심의 애브니게이션, 평화의 캔더, 지식의 에러다이트, 정직의 애머티, 용기의 돈트리스 등 다섯 분파로 나뉩니다. 인간은 누구나 열여섯 살에 적성검사를 통해 새 분파를 선택해 치열한 경쟁을 통해 살아남아야 합니다. 어느 분파에도 속하지 못하는 자가 바로 다이버전트입니다. 애브니게이션 출신인 주인공 비어트리스는 돈트리스 분파를 선택합니다. 포(토비아스)는 그곳의 지도 교관입니다. 두 사람은 다이버전트라는 사실을 숨기고 사랑을 나누는 한편 세상을 구하는 주역이 됩니다. 《다이버전트》는 《인서전트》, 《알러전트》와 함께 3부작을 이룹니다.

2014년 초에 영화 〈변호인〉은 1136만 관객을 동원했습니다. 〈수상한 그녀〉의 경우 850만 명을 넘어섰습니다. 〈변호인〉은 제가 2013년 말에 2014년의 트렌드로 지목한 '추억의 반추'고, 〈수상한 그녀〉는 로맨스 판타지입니다. 한국 영화도 로맨스 판타지가 강세입니다. 〈늑대소년〉이나 〈7번방의 선물〉에 이어 〈수상한 그녀〉가 좋은 반응을 얻고 있으니 말입니다. 드라마 또한 예외가 아닙니다. 속물 국선 전담 변호사 장혜성(이보영 분)과 사람의 마음을 읽는 신비의 초능력을 지닌 소년 박수하(이종석 분)의 사랑을 그린 〈너의 목소리가 들려〉에 이어 400년 전 지구에 떨어진 외계남 도민준(김수현 분)과 왕싸가지 한류 여신 톱스타 천송이(전지현 분)의 기적과도 같은 달콤 발랄 로맨스인 〈별에서 온 그대〉가 젊은이들의 사랑을 많이 받았습니다.

로맨스 판타지의 스토리 구조는 서로 닮았습니다. 12구역(《헝거게임》), 두 세력('섀도우 헌터스 시리즈'), 다섯 분파(《다이버전트》) 등으로 갈라진 세상에서 가난하고, 키가 작고, 용기가 부족해 소심하고, 힘이 약한, 그리고 무엇보다 나이 어린 여주인공이 온갖 난관을 극복하고 결국 사랑을 쟁취합니다.

앞에서 말했지만 세 사람 중 한 사람이 빈곤층으로 전락할 정도로 양극화가 심각한 미국은 최장기 경제침체로 일류 대학을 나와도 직장을 구하기 어렵습니다. 미래가 불안한 젊은이들이 현실에서 불가능한 욕망을 로맨스 판타지로 해소하는 것은 아닐까요? 이들 소설은 어김없이 영화화됩니다. 영화의 화려하고 자극적인 영상은 인간에게 공포감을 안겨주기에 충분합니다.

고 용 없 는 성 장 의 시 대

디지털 기술은 개인의 힘을 키운 것 같지만 그런 힘을 소유한 사람은 극소수입니다. 이제 인간을 지배하는 유일사상인 신자유주의는 '승자 독식 사회' 체제를 갈수록 강화합니다. 전 세계 상위 1퍼센트의 구매력은 갈수록 강해져 그들은 흥청망청 돈을 뿌리며 명품이 아니면 소비하지 않지만 하위계층은 오로지 먹고사느라 전전긍긍하며 겨우 목숨을 부지합니다. 두터웠던 중산층은 점차 빈곤층으로 전락해가고 있습니다.

정보 기술 혁명의 최대 약점은 '고용 없는' 성장을 낳는다는 것입니다. 앞에서 말했듯이, 니콜라스 카는 《빅 스위치》에서 전기 기술과 정보 기술을 비교하면서 20세기의 전기 기술은 생산 효율을 높여 부유한 중산층을 등장시켰지만, 정보 기술은 생산수단만 대중에게 넘겨주고 생산품에 대한 소유권은 넘겨주지 않았기에 대중이 제공하는 노동의 경제적 가치를 극히 소수에게 집중시켜 중산층의 몰락을 초래한다고 말했습니다.

타일러 코웬도 《거대한 침체》(한빛비즈)에서 인터넷 기술의 한계를 정확히 지적했습니다. 그는 인간이 어릴 적부터 사용해온 생필품 가운데 유일하게 새로운 발명품인 인터넷은 결정적인 한계가 있다고 말합니다. "인터넷과 과거에 존재했던 쉽게 따는 과일 사이에는 두 번째 큰 차이가 있는데 이는 고용과 관련이 있다. 20세기 초 포드와 제너럴모터스가 성장할 때 해당 기업은 수백만 개의 일자리를 창출하였고 디트로이트를 미국의 일류 도시로 만들었다. 그런데 오늘날 페이스북은 엿보기 취미의 즐거움을 창출하였지만 고용을 많이 창출하지 못해 페이스북이 위치한 팔로알토에 크게 기여하지 못하고 있다. 대부분의 '작업(Work)'은 소프트웨어나 서버가 한다. 실제 작업은 사용자가 한다고 말할 수 있겠지만, 그것도 사용자가 남는 시간에 여가활동으로 하는 것뿐이다. 웹2.0이 사용자나 프로그래머들 그리고 IT 전문가들에게는 대단한 것이겠지만 웹2.0이 정부의 금고를 채우지 못하고 많은 가계를 부양하지도 못한다. 인터넷 사용자 모두 트위터에 대해 들어본 적이 있지만 2010년 가을 기준 겨우 300명만이 그곳에서 일했다."

잘나가는 웹 기업들의 고용 인원(추정)은 한심하다 싶을 정도로 적습니다. 구글 2만 명, 페이스북 1700명가량, 이베이 1만 6400명, 트위터 300명. 트위터로 세상이 시끄럽지만 트위터 식구들은 겨우 300명입니다. "인터넷으로 인하여 사람들은 즐거움을 느끼고 그것도 싼값으로 즐긴다." 하지만 "오늘날 (인터넷이라는) 놀라운 기술은 신규 일자리를 만들지 못한다. 신기술은 많은 혜택을 가져다주지만 IT 전문가를 제외하고 대부분의 사람들에게 일자리를 제공하지 못한다."

가라앉은 대중의 마음

한국이라는 국지적 환경에서는 개인을 멘붕으로 몰아넣은 더욱 한심한 일들이 벌어지고 있습니다. 최악의 정권이었던 이명박 정권은 시대착오적으로 '4대강'이라는 삽질에 5년 세월을 허비했습니다. 처음부터 병역기피, 논문 표절, 부동산 투기와 불로소득, 세금 탈루, 위장전입이라는 범법 행위를 현란하게 구사해온 이들이 최고 권력층을 차지하기 시작했습니다. 야당도 한심하기는 마찬가지였습니다. 국민을 멘붕에서 탈출시킬 아이디어를 내놓지도 못했을 뿐만 아니라 민주주의와 기본권, 정부의 공적 책무를 내팽개치고 사적 이익만 추구하는 여권을 조금도 견제하지 못했습니다. 노동자와 복지를 상대적으로 중시하는 정치권마저 김용민 파동, 이정희 사퇴, 총선 패배, 통합진보당 사태, 대선 패배 등으로 처참하게 무너져 내렸습니다.

2013년 2월에 출범한 박근혜 정부는 이명박 정부보다 더 한심한 모습을 보여주고 있습니다. 부패하고 무능한 인물들로 정부를 구성하려다 보니 출범 50일이 지나도록 내각을 구성하지도 못했습니다. "모래 속에서 진주를 찾았다"고 자부했던 인물마저 무능하기 그지없었습니다. 이런 정부가 난마처럼 얽힌 남북 문제, 부동산, 이른바 하우스 푸어를 비롯한 각종 '푸어'의 심화, 청소년 자살, 사교육 심화, 실업자 대책, 비정규직 해소 등 수많은 민생 현안을 지혜롭게 풀어나갈 수 있을지 지극히 의심스럽습니다. 그래서 개인의 멘붕은 해결될 기미가 보이지 않습니다.

해결 방안을 찾기 위해서는 우리 사회가 어떤 과정을 거쳐 멘붕에 이르게 되었는가를 살펴볼 필요가 있습니다. 우리 사회는 1998년 'IMF 외환위기' 이후 5년마다 큰 위기를 겪었습니다. 2003년 '카드 대란', 2008년 '글로벌 금융위기' 등입니다. 위기 때마다 김대중, 노무현, 이명박 정권이 출범했습니다. 박근혜 정권이 출범한 2013년 또한 새로운 위기감이 한반도를 휘감고 있습니다. 위기 때마다 대중의 마음은 가라앉았는데 네 시기의 변화는 표와 같습니다.

네 시기 동안 인간의 심리는 '열정'에서 시작해 '냉정'과 '냉소'의 시기를 거쳐 '멘붕'에 이르렀습니다. 역사상 처음으로 돈이 없으면 나라도 망할 수 있다는 사실을 깨닫게 한 IMF 외환위기를 겪었지만 20세기 말과 21세기 초에 우리는 '벤처 열풍'에 적당히 기대면 무엇인가 이룰 수 있다는 기대가 있었습니다. 하지만 맞은 데 한 대 더 맞으면 무척 아픈 법입니다. 2003년에 카드 대란이 터졌을 때는 성공할 수 있다는 막연한 기대 심리가 무너지며 열정은 사라지고 마음은 급속히 '냉정'해졌습니다.

출판 트렌드 변화의 원인과 지표들: 출판 트렌드는 왜 바뀌며 무엇을 보면 알 수 있는가?

1998년	2003년	2008년	2013년
평생직장	평생 직업	극도의 취업 불안	생계 위기
고용보장(임금 극대화)	능력 개발	셀프 힐링	스탠딩
막연한 전직	제2의 인생 설계	위로받는 대상	대안의 삶 추구
(일회적 처방)	(근본적 처방)	(외줄 사다리 타기)	(극단적 처방)
생계형 창업	인생 설계형 창업	돌려 막기 창업	합리적 창업
회사 안	회사 밖	철밥통 직장 찾기	나만의 오솔길 찾기
열정	냉정	냉소	멘붕
획일적 가치관	다양한 가치관	이분법적 사고	통합적 사고
막연한 심리적 불안감	총체적 불안감	나만의 행복	합리적 행복
현실 적응형	현실 도피형	인생 사표	자아 추구형
판타지 소설	인터넷 소설	인터넷 연재소설	고전 열풍
영상소설	카툰	성장소설	로맨스 판타지
《홍어》(순애소설)	《나무》(팩션)	《엄마를 부탁해》(영상화)	《28》
《마음을 열어주는 101가지 이야기》	《아침형 인간》	《시크릿》	《어떻게 살 것인가》
오토다케 히로타다	18세기 비주류	한비야	새로운 리더십
〈편지〉	〈스캔들〉	〈과속 스캔들〉	〈7번방의 선물〉
〈용의 눈물〉	〈대장금〉	〈꽃보다 남자〉	〈내 딸 서영이〉
《한 권으로 읽는 조선왕조실록》	《조선의 뒷골목 풍경》	《서른 살이 심리학에게 묻다》	《지금 시작하는 인문학》

2008년 미국발 '글로벌 금융위기'가 몰아쳐 왔을 때는 내 잘못이 아니라 통제할 수 없는 외부의 강력한 힘 때문에 살기 힘들게 됐다는 '냉소'를 통해 위안 받았습니다. 하지만 위기가 워낙 장기화되다 보니 인간은 지쳐갔습니다. 같은 사안을 놓고도 인간의 해석은 왜 그리 달라지는지. 이명박 전 대통령의 "도덕적으로 완벽(完璧)한 정권"이라는 주장에 대중은 "도둑적으로 완벽(完癖)한 정권"이라 대응했습니다. 온갖 범죄를 저지른 사람들을 기용하면서 일을 해낼 '능력'이 출중하다는 기괴한 논리를 늘어놓자 대중은 절대 이해할 수 없는 상대화된 가치와 해석의 물결 앞에 어찌할 바를 모르는 주체의 무기력감, 즉 '멘붕'에 빠져들 수밖에 없었습니다.

'열정'에서 '냉정'으로

1999년 말에 서갑숙의 《나도 때론 포르노그라피의 주인공이고 싶다》(랜덤하우스코리아)가 출간됐습니다. 처녀 버리기, 겁탈과 강간에 대한 기억, 씩씩한 수컷과의 만남, 9일간의 밀애와 초스피드 결혼식, 이상한 선물과 명기 만드는 법, 9시간의 정사(情事), 죽음에 이르는 사랑, 하복부 일각에 대한 소고, 마스터베이션, 관음증과 노출증 등 이 책의 제목들만 보아도 자신을 표현하려는 욕망의 수위가 최고조에 달했음을 확인할 수 있습니다. 역시 압권은 '9시간의 정사'였습니다. 그런 사랑을 하기 위한 명기를 만들었다는 이야기에 책은 엄청나게 팔려나갔습니다.

그즈음에는 열정이 넘쳐났습니다. "누구나 희망의 증거이고 싶었으며(《나는 희망의 증거가 되고 싶다》, 서진규, 북하우스), 돈에 대한 욕망도 감추지 않았고(《솔직히 말해 나는 돈이 좋다》(오한숙희, 여성신문사), 남편이 아닌 애인과 만난 날은《내 생에 꼭 하루뿐일 특별한 날》(전경린, 문학동네)로 각인되었으며, 시인은 사생활을 그대로 노출하였으며(《어느 날 나는 흐린 주점에 앉아 있을 거다》, 황지우, 문학과지성사), 인문학자가 바라보는 세상은 자기 안목(《도올 김용옥이(내가) 말하는 노자와 21세기》, 통나무)이어야 했을 만큼 '나'라는 존재는 누구나 '주인공'이고 싶은 열정을 내뿜었습니다."(한기호, 〈키워드로 본 2003년 출판산업과 현황〉,《책의 현장 2004》, 한국출판마케팅연구소)

열정은 판타지가 있어야 완성됩니다. 1998년에 1000만 부 신화를 이룬 이우혁의 《퇴마록》(엘릭시르)과 함께 한국형 판타지 원조로 꼽히는 이영도의 《드래곤 라자》(황금가지)가 탄생했습니다. 그리고 이우혁의 《왜란 종결자》(들녘)와 김예리의 《용의 신전》(자음과모음), 이수영의 《귀환병 이야기》(황금가지) 등 장편 판타지 열풍이 불었습니다. 1999년 말 전 세계를 뒤흔든 '해리포터'의 상륙으로 수면 밑으로 가라앉긴 했지만 판타지적 열정은 정말 대단했습니다.

영화 〈편지〉(이정국 감독)에서 환유(박신양 분)는 뇌종양으로 먼저 세상을 떠나면서도 혼자 남겨질 사랑하는 아내 정인(최진실 분)을 위해 영상 편지를 남깁니다. 영화에서는 황동규의 시 〈즐거운 편지〉가 인용됩니다. "내 그대를 생각함은 항상 그대가 앉아 있는 배경에서 해가 지고 바람이 부는 일처럼 사소한 일일 것이나 언젠가 그대가 한없이 괴로움 속을 헤매일 때에 오랫동안 전해오던 그 사소함으로 그대를 불러보리라." 죽어가면서도 아내만 생각하는 열정, 위기 극복을 위해 온 국민이 집안의 금붙이를 꺼내 은행으로 가져가던 열정이었습니다.

열정의 다른 이름은 성공이었습니다. 성공을 위해서는 자기계발이 필요했습니다. 변화, 설득, 유혹, 협상 등 어떤 능력(기술) 하나만 잘 익히면 성공할 수 있다는 생각을 하던 시기였습니다. 마침 2001년 하반기 이후에는 사상 초유의 저금리 시대가 되었습니다. 가계대출은 넘쳐났고 카드사들은 거리에서 카드를 마구 뿌렸습니다. '디지털 경제'는 생산비용을 낮추면서 제품의 가격을 내렸으며, 온라인 쇼핑몰과 대형 할인점, 홈쇼핑은 엄청난 가격 할인을 해댔습니다. 열정의 주인공이 되고 싶은 사람들은 최고급 수입차에 100만 원대 화장품에 300만 원대 유모차, 1000만 원대 인형을 갖고 놀았습니다.

하지만 행복도 잠시였습니다. 2003년 카드 대란이 터지자 사람들은 냉정해지기 시작했습니다. 가족 해체도 엄청났습니다. 작용이 있으면 반작용이 있는 법. 헤어지기 싫은 사람은 상대를 알고 싶어 했습니다. IMF 사태 이후 가족 해체가 급격히 진행되고 남녀 간의 만남과 이별이 잦아지면서, 남자와 여자가 얼마나 이질적인 존재인가를 잘 설명해주는 존 그레이의 《화성에서 온 남자 금성에서 온 여자》(동녘라이프)는 1997년에 3만 부가 팔렸지만 2002년에는 30

만 부나 팔렸습니다. 이 책의 한국어판이랄 수 있는 이미나의《그 남자 그 여자》(걷는나무)가 2003년 12월에 출간되어 밀리언셀러가 되었습니다.

1차 베이비붐 세대를 상징하는 '58년 개띠'가 만 45세가 된 해가 2003년이었습니다. 이때 이들은 '사오정'으로 불리기도 했습니다. 그나마 이건 약과였습니다. '38선'마저 그어지니 거리에는 쌀쌀한 바람이 불기 시작했습니다. '열정'은 찾아보기 어렵고 '냉정'한 기운만 감돌기 시작했습니다. 드디어 '쿨(cool)'의 시대가 된 것입니다. 딕 파운틴과 데이비드 로빈스가 《세대를 가로지르는 반역의 정신 cool》(사람과책)에서 말한 대로 쿨은 나르시시즘, 역설적 초연함, 쾌락주의와 같은 것입니다.

영화 〈스캔들〉의 조원(배용준 분)은 사랑에 초연한 듯하면서 쾌락에 탐닉할 줄 알고 언제나 자기도취에 빠져서 삽니다. 이 영화에 등장하는 편지, 담벼락에 숨겨놓으면 찾아가는 편지, 다른 편지로 교체되곤 하는 편지는 상대를 농락하기 위한 편지입니다. 그런 냉정함을 깨닫지 못하는 사람은 한순간에 나락으로 떨어지게 됩니다. 그러니 영화 〈바람난 가족〉의 영작(황정민 분)처럼 애인에게 새 애인이 생긴 사실을 알게 되자마자 집착을 버리고 조용히 사라져줄 수 있어야 합니다. 영작은 아내 호정(문소리 분)에게 '아웃'당하고도 경쾌한 스텝을 밟으며 사라져주는 매너를 갖췄습니다. 드라마 〈옥탑방 고양이〉의 동준(이현우 분)처럼 애인이 다른 남자를 만나더라도 조용히 기다리면서 기회를 노릴 줄 알아야 합니다.

2003년에는 인터넷 소설 붐이 일었고 귀여니가 《그놈은 멋있었다》(반디출판사)를 들고 등장했습니다. 평범하지만 재기발랄한 여고생 한예원은 터프한 꽃미남 지은성과 '동거'도 마다하지 않습니다. 이들은 이중의 삼각관계에 빠지는 등 우여곡절을 거친 끝에 결국 결혼에 골인하지만 일탈에 대한 욕망을 맘껏 발산합니다. 인터넷 소설 관련 카페가 100개가 넘게 등장한 이해에 인터넷에 글을 올리는 아마추어 작가가 수천 명을 넘어섰습니다.

'냉정'에서 '냉소'로

2007년에 우석훈과 박권일이 《88만 원 세대》(레디앙)를 내놓았습니다. '88만 원 세대'는 당대 젊은이들을 상징하는 말이었지만 사실 그들은 우리 역사상 최고로 스펙을 키운 세대였습니다. 초등학생 시절부터 인터넷을 갖고 놀았기에 글로벌화된 환경, 정보화 시대에도 최첨단을 달렸습니다. 비록 절대 빈곤은 겪지 않았지만 상대적 박탈감은 대단했습니다. 1000만 원대의 대학 등록금을 마련하느라 헐떡이는 부모를 돕거나, 자신의 용돈 부족을 메우려고 늘 아르바이트에 나서야 했습니다. 그들은 최저임금을 받는 '알바'를 하면서 '너 아니어도 일할 사람은 많다'는 식의 잔혹한 세태에 맞부딪히며 자본의 횡포와 세상의 냉정함을 뼈저리게 느꼈습니다.

그런 아픔을 겪는 이들이 열렬하게 읽은 책이 론다 번의 《시크릿》(살림biz)입니다. 누구나 자신을 우주의 중심으로 생각하고 간절히 원하면 모든 것을 얻을 수 있다는 가르침을 설파하는 《시크릿》은 2007년과 2008년 두 해 동안 부동의 1위를 차지하며 200만 부 이상 팔렸습니다. 이 책의 부제는 '수세기 동안 단 1퍼센트만이 알았던 부와 성공의 비밀'입니다. 젊은이들은 이 책을 하나의 '스펙'으로 여기며 열렬히 읽었지만 인생은 힘겨웠고 늘 홀로 설 수밖에 없었습니다.

그때 김난도의 《아프니까 청춘이다》(쌤앤파커스)가 등장했습니다. 여기에는 인문 사회과학적인 성찰이 담겨 있지 않습니다. 위기를 돌파할 지혜를 담은 매뉴얼도 없습니다. 그저 친구이자 선배 같은 멘토가 전해주는 따뜻한 위로의 말들만 있을 뿐입니다. 태어나는 순간 신분이 규정되는 사회, 자수성가의 신화와 사회적 신분 이동 가능성이 사라진 사회에서 그들이 할 수 있는 일이란 없었습니다. 그저 멘토가 전해주는 위로의 말에 고개만 끄덕거리며 점차 '냉소'적인 시각으로 세상을 보기 시작했습니다.

카드 대란까지는 한국만의 상황이었습니다. 그러나 2008년의 글로벌 금융위기는 달랐습니다. 힘겨운 시절에는 언제나 복고 열풍이 일면서 과거를 추억하게 마련입니다. 2008년이 그랬습니다. 어려웠던 시절을 되돌아보는 성장소설이 아니면 명함을 내밀기 어려운 시절이었습니다. 공지영의 《즐거운 나의 집》(폴라북스), 황석영의 《개밥바라기별》(문학동네), 김려령의 《완득이》(창비), 할레드 호세이니의 《연을 쫓는 아이》(현대문학), 팀 보울러의 《리버보이》(다산북스)

등의 성장소설이 문학판을 휩쓸었습니다.

과거를 추억하면서 빼놓을 수 없는 존재가 어머니입니다. IMF 구제금융 위기 때는 김주영의 《홍어》(문학동네)가, 글로벌 금융위기 때는 신경숙의 《엄마를 부탁해》(창비)가 소설 베스트셀러 1위를 차지했습니다. 《홍어》에 등장하는 어머니는 홍어를 문설주에 매달아놓고 술집 작부와 바람이 나 야반도주를 한 남편을 기다립니다. 아무리 힘들어도 '열정'만은 버리지 않았습니다. 《엄마를 부탁해》의 어머니는 사라짐으로써 존재감을 드러내고 있지만 '엄마의 부재'는 가족 간 불통의 심각성을 보여주고 있습니다.

《엄마를 부탁해》는 거친 세파에 직면한 인간에게 마지막 휘장이나 마찬가지인 가족이라는 울타리 안에서마저 홀로 서야 하는, 절대 고독을 감내하는 개인을 그리고 있습니다. 글로벌 금융위기처럼 세상의 패러다임이 완전히 바뀌는 시기에 부모가 자식에게 알려줄 수 있는 '지혜'란 없었습니다. 그러니 '엄마'는 사라질 수밖에 없습니다. 아버지의 '부재' 속에 엄마마저 잃어버린 개인이 세상을 어떻게 바라볼까요? 불공정하기 짝이 없는 정권이 '공정한 사회'를 부르짖으며 간간히 화를 내며 '정의'를 읊조리거나, 신자유주의의 대안을 찾아보거나, 인간의 삶에 대한 근원적인 성찰을 하는 척을 했지만, 냉소만은 끝끝내 포기하지 않았습니다.

'냉소'에서 '멘붕'으로

MB 정부 5년 동안 '셀프 힐링' 바람이 불었습니다. 국민과 소통하지 않는 정부 치하에서 가속화되는 무한경쟁, 극심한 빈부격차에 시달리며 매일매일 고달픈 삶을 살아온 대중은 기댈 곳을 찾지 못하고 오로지 자기 치유에만 매달렸습니다. 격주간 출판 전문지《기획회의》에서 2008년부터 2012년까지 꼽은, 한 해를 대표하는 열쇳말은 자기 치유, 소통, 자기 구원, 위로와 공감, 노마드의 이중 고뇌 등이었습니다. 하지만 이 모두를 아우르는 것이 셀프 힐링입니다.

노마드(유목민)의 이중 고뇌란, 미래를 예측할 수 없는 상태에서 벌어지는 위기의 일상화로 고독과 슬픔, 좌절에 빠진 가난한 노마드가 기댈 곳이 없어진 상태를 말합니다. 한마디로 줄이면 '멘붕'입니다. 강상중은《살아야 하는 이유》(사계절)에서 '유동하는 근대'(액상화하는 근대)의 시대라고 말했습니다. "가볍고 불안정하며 통제가 불가능하고 국가 초월적인 권력과 불확실성이 존재하는 세계"라는 것입니다.

강상중의 견해는 이렇습니다. 우리는 "너무나 오랫동안 열에 들뜬 것처럼 '성장'을 바라고, 죽음을 싫어하고, 삶을 칭송하고, 자원을 탕진하는 데 열중"해왔습니다. 그러나 "번영의 시간이 지나고 어느새 빈곤이 커다란 그림자를 드리우고" 있습니다. "발밑에는 이웃의 행복이나 권력과 비교하며 늘 자신의 불운을 자책하고 무력감에 시달리는 바삭바삭하고 윤기 없는 사회가 펼쳐져" 있습니다.

너무나 많은 이들이 "장래의 위치는커녕 바로 내일도 보장받지 못하고 그저 하루 벌어 하루 먹고사는 생활 속에서 줄타기하듯 삶"을 이어왔습니다. 특히 한국 사회는 "학력이나 자산, 소득이나 지위의 극단적인 격차와 함께 행복과 불행의 차가 역력하여 과거 어느 때보다 사회 안에 르상티망(원한)이 깊이 퍼져나가고" 있습니다. 이런 현실에서 극히 일부의 '부자 노마드'를 제외한 대부분은 '살아야 하는 이유'를 찾지 못하고 겨우 목숨을 부지하고 있습니다. 오늘보다 나은 내일을 꿈꾸지 못하는 모든 세대는 '가난한 노마드'일 뿐입니다.

끝을 모르는 서민 경제의 침체라는 현실의 중압감에 지친 이들은 '트위터리안'이 던져주는 한 줄 어록의 공감 에세이, 혜민 스님의 《멈추면, 비로소 보이는 것들》(쌤앤파커스)에서 위안을 받았습니다. 취업, 연애, 출산을 포기하는 '3포 세대'가 일자리, 소득, 집, 연애(결혼), 아이, (미래에 대한) 희망이 없는 '6무 세대'로 문패를 바꾸었고 사람들은 세상을 바꿔보겠다는 열망을 '안철수'에 대한 기대감으로 표출하기도 했습니다.

젊은 세대는 박근혜 정권의 출범으로 다시 멘붕에 빠져들었습니다. 그들은 대선 기간에 이슈가 됐던 과거사의 해답을 얻기 위해 한국 현대사 책을 집어 들기도 했습니다. 힘겨운 시절을 다룬 빅토르 위고의 《레 미제라블》 같은 고전, 주현성의 《지금 시작하는 인문학》(더좋은책) 같은 소프트 인문학 서적 등을 찾기 시작했습니다.

냉소에 빠진 사람들은 살아 있는 동안 꼭 한 번 해보고 싶은 버킷리스트를 따라 하기도 했습니다. 하지만 자기가 하고 싶은 일만 할 수는 없습니다. 멘붕에서 벗어나기 위해서는 하기 싫은 일도 찾아서 하는 지혜가 필요합니다. 셀프 힐링을 버리고 스스로 '스탠딩'해야만 하는 것입니다. 중년 남성들이 버킷리스트를 실천하는 〈남자의 자격〉의 인기는 중년의 아빠가 아이와 함께 하기 싫은 일을 해보는 〈아빠! 어디 가?〉의 인기로 대체되었습니다. 이처럼 자신이 원하는 행복의 범위를 좁혀놓고 '나만의 행복'을 추구하던 데서 벗어나 이제 '합리적 행복'을 추구하기 시작했습니다. 잠시 옆으로 한 걸음 비켜서서 자신의 인생마저도 관조할 수 있는 여유를 갖고 '합리적 행복'을 추구하기 시작한 것입니다. 언제까지나 멘붕에 빠져 있을 수는 없는 일이니까요.

'엑스퍼트'가 아닌
'프로페셔널'이 되라

세상이 참 빠르게 변합니다. 영화관에서 광고를 보면 '신상' 휴대전화가 끊임없이 쏟아져 나오고 있어 내가 과연 세상의 변화에 잘 적응하고 있나, 하는 의문이 생기곤 합니다. 요즘 휴대전화가 통화 중에 자주 끊겨 전화기를 바꾸려 해도 과연 무엇으로 교체해야 할지 혼란스럽기만 합니다. 하물며 노인들은 어떻겠습니까? 하지만 젊은 세대는 잘 적응하더군요.

제가 출판에 입문한 해는 1982년입니다. 이제 32년쯤 출판 현장에서 일한 셈입니다. 30년 동안의 변화가 너무나 가팔랐습니다. '납 활자'에서 '사식 활자'로, 다시 디지털 활자, 곧 '전자(電字)'로 바뀌었습니다. 지금 출판계에 입문하는 사람 중에 납 활자를 본 사람이

몇이나 될까요. 그런데도 '전자'가 인간의 마음과 소리까지 담은 '성자(聲字)'로 바꾸어야 한다는 예언적인 이야기가 나온 지도 벌써 10여 년 됐습니다.

정보 기술로 말미암아 모든 산업 구조가 극심하게 변하고 있습니다. 어제까지 공들여 쌓아놓은 지식이나 스펙이 눈 깜짝할 사이에 쓸모없는 지식으로 변하는 일이 다반사입니다. 어학연수, 공모전 수상, 인턴, 봉사활동, 자격증 등 이른바 '취업 5종 세트'라는 스펙을 열심히 갖춰서 취업이란 힘겨운 관문을 통과하고도 휘청거리는 젊은이가 얼마나 많습니까? '5종 세트'로도 모자라 7종, 8종 세트로, 필요한 스펙이 계속 늘어나는 세상입니다.

엑스퍼트의 시대는 갔다

《무기로서의 결단사고》의 저자인 데쓰후미는 이런 세상을 이겨내기 위해서는 '엑스퍼트(expert)'가 아니라 '프로페셔널'이 되어야 한다고 주장합니다. '엑스퍼트'란 "한 분야에서 전문적인 지식과 풍부한 경험으로 돈을 버는 사람"입니다. 가령 최첨단 기술로 충치를 치료하는 치과의사는 엑스퍼트입니다. 그런 기술이 없으면 경쟁에서 도태되어 살아남을 수 없습니다. 하지만 현재 치과의사도 '망해가고' 있습니다. 제가 살고 있는 당산역 근처에는 20여 개의 치과병원이 있습니다. 치과병원이 없는 고층건물을 찾아보기 힘들 정도이지만 새 건물이 들어서면 치과병원이 어김없이 하나씩 다시 들어설 정도입니다. 그러니 엑스퍼트의 가치는 폭락하고 있습니다. 치과의사처럼 한 분야에 통달할 정도로 전문지식을 쌓아온 사람의 가치 말입니다.

데쓰후미는 편집자의 사례도 듭니다. 편집자는 누구인가요? 책을 만드는 전문가입니다. 대부분의 편집자는 편집의 지식과 경험을 바탕으로 서적과 잡지의 기획안을 세워 한 권의 책을 만드는 일을 합니다. 전에는 책을 잘 만드는 능력만으로 충분했습니다. 정성스럽게 책 한 권 한 권을 만듦으로써 출판사는 기업의 가치를 이어갈 뿐만 아니라 교육문화 사업의 일익을 담당한다는 자부심도 가질 수 있었습니다.

그러나 우리나라에 상업 출판이 활발해진 1990년대에는 프로모션을 잘하는 사람이 능력 있는 사람으로 평가받았습니다. 프로모션 중에서도 돈이 상대적으로 적게 드는 홍보 능력이 특히 중시됐습니다. 당시 편집자는 기자들과도 친분을 잘 유지해야 했습니다. 신문에 기사가 잘 실려 베스트셀러가 되면 편집자가 능력을 인정받게 되니 당연한 일입니다. 디지털 시대로 접어들어 편집자에게는 다시 새로운 능력이 요구되기 시작했습니다. 바로 아날로그와 디지털의 차이를 발견해서 다양한 상품을 만들어내고 판매까지 할 수 있는 능력입니다. 온라인 매체가 등장하자 종이신문을 보는 사람들이 크게 줄어들었습니다. 신문의 위기는 디지털 기술로 인한 시스템의 위기이지만 전문성의 위기이기도 했습니다. 한국의 언론사 기자들 대부분은 부서의 잦은 이동으로 전문성을 키우기 어렵습니다. 심하게 말하면 전화 잘하는 재주밖에 없습니다. 확실한 정보와 분석력을 갖춘 취재원들에게 전화를 걸어 문제의 핵심을 전달해주는 역할만은 최고입니다.

독자가 파워 블로거나 슈퍼노드로 불리는 이들의 블로그에서 심도 있는 글을 직접 만나는 세상이 되니 편집자는 그들도 만나야 했습니다. 더불어 전화 잘하는 재주밖에 없는 기자가 작성한 기사의 가치는 시들해졌습니다. 물론 신문의 가치는 여전합니다. 정말 필요한 기사만을 제대로 편집해 보여주는 '편집'의 힘은 여전히 유효합니다. 그러나 기자들이 파워 블로거나 슈퍼노드가 되지 않는 한 앞으로 그런 편집의 힘은 전문성 앞에 맥을 출 수 없을 것입니다.

가령 출판지면만 생각해봅시다. 파워 블로거 50~100명이 모여 서평 전문 온라인 잡지를 꾸린다고 했을 때, 각 분야에 전문성을 갖춘 블로거들이 날마다 돌아가며 신간 서평뿐 아니라 깊이 있는 출판 기사를 정기적으로 올린다면 신문은 이들의 전문성을 따라잡기 어려울 것입니다.

새로운 발상으로 여는 출판의 새 시대

출판을 사양산업으로 여기는 사람이 없지 않습니다. 하지만 출판의 위기는 어쩔 수 없는 문명의 위기라기보다는 일시적인 시스템의 위기에 불과합니다. 아날로그 문명에서 디지털 문명으로 넘어가는 단경기(端境期)에 나타나는 일시적인 위기일 뿐입니다. 오히려 미래는 편집자의 시대가 될 것입니다. 디지털 세계에서는 어느 매체에 기사를 썼는가는 중요하지 않습니다. 누가 얼마나 잘 썼는가가 중요할 뿐입니다. 따라서 신문이나 방송은, 적어도 잡지까지는, 정말 위기일지 모르지만 개인의 이름이 중시되는 책은 오히려 유리해질 것입니다. 그런 일을 해온 편집자는 물을 만난 고기가 될 수 있습니다.

우리는 웹을 브라우저라고 부릅니다. '브라우즈(browse)'의 본래 의미는 '집어 먹다', 즉 가축 등이 먹이를 쪼아 먹는다는 뜻입니다. 가축이 살아남으려면 되도록 굵은 모이를 경쟁적으로 쪼아 먹어야 할 것입니다. 인간도 정보화 시대에서 살아남으려면 웹에서 검색을 통해 확보한 정보 중에서 꼭 필요한 '먹을거리'만을 골라 열렬히 소비해야 합니다. 이런 세상에서는 기획자가 임팩트가 강한 열쇳말을 잘 골라 살을 붙이고 스토리텔링이 강한 책으로 펴낸 다음 잘 링크시킨다면 책의 가능성을 얼마든지 키워나갈 수 있습니다.

매체의 패키지 기능이 힘을 잃은 디지털 세계에서 매체는 어디까지나 플랫폼에 불과합니다. 이제 주인공은 글 쓰는 개인이며 저자입니다. 지금까지 편집자는 커튼 뒤에 숨어서 저자의 이미지를 높여주는 일만 했습니다. 앞으로는 편집자가 저자가 되어야 한다고 봅니다. 실제로 그런 능력을 보여주는 사람들이 속속 등장하고 있습니다. 영화나 드라마에는 능력 있는 편집자가 주인공으로 자주 등장합니다. 어쨌든 미래는 '편집 사고'의 소유자가 주도하는 세상이 될 것입니다. 다만 출판 기획자는 편집 마인드뿐만 아니라 비즈니스 마인드를 갖출 필요가 있습니다. 에디터이자 퍼블리셔(출판사 대표)가 되어야 한다는 것이지요. 이를 '퍼블리터'라 부르면 어떨까요? '1인 출판'으로 세상을 놀라게 하는 퍼블리터들이 속속 등장하는 세상이 될 것입니다.

달리 말하면 편집자는 즉각 동원할 수 있는 정보를 모아 필요한 무언가를 곧바로 만들어내는 지식, 즉 브리콜라주(bricolage)적인 지식을 생산하는 능력의 소유자들입니다. 종이와 디지털이 공존하는 가운데 취사선택하면서 광고, 콘텐츠, 테크놀로지 등의 서로 다른 정보를 연결해 최고의 조합을 찾아내는 일은 편집 사고의 소유자만이 해낼 수 있습니다. 손안의 컴퓨터로 모든 정보에 쉽게 접근할 수 있는 세상입니다. 이제는 정보를 많이 암기하는 사람이 아니라 앞서 언급한 능력의 소유자가 세상을 주도할 수 있습니다. 이 시대의 교양은 나만의 일에 '몰입'할 수 있는 힘, 자신의 전문(專門)을 타인과 상대화하고 거리화하는 힘입니다. 바로 이런 역량의 소유자들인 편집자의 시대가 이미 왔습니다.

출판 기획자는 활자와 인터넷이라는 미디어의 양분된 틀에 사로잡히지 않고 모든 미디어를 제대로 알고 콘텐츠를 활용하거나 이를 제안할 수 있는 '크로스 미디어' 발상을 할 수 있어야 합니다. 그러기 위해서는 모든 미디어의 개념과 시장 동향, 웹 기술에 대한 지식, 그리고 미디어를 활용한 제안 능력 등을 갖춰야 합니다. 한류를 주도하는 엔터테인먼트업계는 이미 텔레비전, 영상, 음악, 모바일,

웹, 출판 등을 묶는 콘텐츠 활용으로 가능성을 열어가고 있습니다.

인간이 전문지식이나 스펙을 쌓는 속도에 비해 산업 구조의 속도가 상상하기 어려울 정도로 빠르게 변하다 보니 박사학위까지 따내며 힘겹게 축적한 전공지식과 스펙이 눈 깜짝할 사이에 무용지물이 되는 사태가 속출하고 있습니다. 아무리 최첨단 기술을 보유했다 해도 향후 기술은 더욱 급격히 발전할 것이기 때문에 세상의 변화에 대처하기에는 힘겨울 수밖에 없습니다. 이런 세상에서 자라나는 세대가 평생 일할 안정된 직장을 구하기 위해 엑스퍼트가 되려 한다면 처음부터 인생을 포기하는 것이나 마찬가지입니다. 그러니 프로페셔널이 되어야 합니다. 프로페셔널이란 전문 분야에서 횡적인 지식과 경험을 갖추고 상대의 요구에 맞추어 이를 적절히 제공할 수 있는 능력입니다.

출판에서는 편집, 제작, 디자인, 마케팅 등의 영역에서 각기 전문성을 발휘하는 사람이 아니라 이들을 연결해 최고의 결정을 내릴 수 있는 능력이 필요합니다. 바로 '페뎀적 안목'입니다. 페뎀(Pedem)은 기획(Planning), 편집(Editing), 디자인(Design), 마케팅(Marketing)의 머리글자를 조합한 신조어입니다. 편집자는 편집에서 최고의 능력을 발휘하되 경영 안목을 갖춘 최종 결정을 내릴 수 있는 사람이어야 합니다. 앞에서 말한 퍼블리터 말입니다.

출판은 '제조업'이 아니라 '서비스업'입니다. 프로페셔널한 편집자라면 '저자'와 '독자'와 '동료'라는 고객을 감동시킬 만반의 준비가 되어 있어야 합니다. 출판의 세계뿐만 아니라 모든 분야가 이렇게 바

꿰고 있습니다. 따라서 데쓰후미의 지적처럼 "그저 충치를 치료하는 것이 엑스퍼트라면 충치의 예방과 치료, 나아가 생활습관의 개선까지 제공할 수 있는 것"이 프로페셔널입니다. "전기드릴이 잘 팔리는 상황을 보고 '더욱 성능이 뛰어난 드릴을 팔자'라고 생각하는 것이 엑스퍼트라면 근본적인 것까지 고려해 '고객이 원하는 것은 드릴이 아니라 구멍을 뚫는 일'이라고 생각하는 것이 프로페셔널"입니다.

　프로페셔널이 되기 위해 우리는 어떻게 해야 할까요? 책을 읽으면서 통찰력을 키워야 합니다. 인간 세상을 정확히 바라볼 수 있는 안목이 필요합니다. 그것을 편집력이라 부를 수 있습니다. 달리 말하면 컨셉력입니다. 주어진 상황에서 모든 정보를 활용해 즉각 판단을 내릴 수 있는 능력입니다. 이런 능력을 키우기 위해서는 책을 읽어야 합니다. 그리고 어떤 책이냐가 중요합니다.

지식을 쌓기보다
사고하는 법을 배우자

얼마 전에 고등학교 도덕 교사로 일하는 대학 선배를 30년 만에 만났습니다. 그런데 정년을 한참 남겨두고 있음에도 퇴직을 해야 할 것 같다고 말하더군요. 2011년부터 초, 중, 고교에 적용된, 사회 과목 수업 등을 특정 학기 또는 학년에 몰아서 집중적으로 학습할 수 있는 집중이수제 때문에 도덕 수업 시간이 갈수록 줄어들고 있다는 것입니다. 정년을 몇 년 앞둔 나이에 이 학교 저 학교 떠돌아다니면서까지 버티고 싶지 않다는 얘기였습니다.

선배는 2006년부터 초, 중, 고교에서 정규 교육과정 이외 시간을 다양한 형태의 프로그램으로 운영하는 방과후학교도 비판했습니다. 방과후학교가 사교육비를 경감하고 양극화에 따른 교육 격차를 완화하겠다는 애초 취지대로 운영된 것은 첫해뿐이었답니다. 다음 해부터는 영어와 수학 등 주요 과목 보충수업으로 변질됐다고 하더 군요. 대학 진학을 위해 영어, 수학 수업 시간을 늘리는 것은 이해할 수 있지만 적어도 서양철학의 중요한 사상가나 한국 사상의 주요 개 념 정도는 알아야 하지 않느냐고 개탄하더군요. 예술 과목도 천덕꾸 러기로 전락했지요. 이런 정책이야말로 탁상행정의 본보기지만 바 뀔 것 같지는 않다고 했습니다.

지 금 , 왜 인 문 학 인 가

선배의 이야기를 듣는 동안 저는 출판시장의 인문학 붐을 떠올 렸습니다.《지금 시작하는 인문학》은 6개월 만에 10만 부 이상 팔리 는 기염을 토했습니다. 저자인 주현성은 평범한 출판 기획자입니다. 이 책은 심리학, 회화, 신화, 역사, 철학, 글로벌 이슈 등 인문학 전반 에 걸쳐 각 분야의 큰 줄기를 잡아 흐름을 한눈에 볼 수 있도록 요약 정리한 결과물인데, 전문가의 식견보다는 편집 안목이 돋보이는 책 입니다. 이 책의 인기 이후 제목에 '인문학'이 들어간 책이 봇물처럼 쏟아졌습니다. CEO 인문학, 청소년 인문학, 어린이 인문학, 부모 인 문학이 나오는 등 인문학 독자의 대상이 전 세대로 확산되고, 사진 · 미술관 · 돈 · 숲 · 일상 등 인문학이라는 단어가 붙는 책의 영역도 다 양해지고 있습니다.

요즘 백화점 문화센터에서 인문학 강좌를 듣는 사람의 90퍼센트가 주부입니다. 지금의 인문학 붐은 여성, 지방대 출신, 백수, 노숙인, 저소득자 등 상대적으로 처지가 열악한 시민들의 열망에 힘입은 바 큽니다. 이 열풍을 주도하는 '공부하는 주부'를 줄인 말인 '공주'가 뜨고 있습니다. 이분들이 열성적으로 읽기 시작한 책이 인간을 이해하는 지식, 즉 기반 지식을 담은 고전과 인문교양 서적이고, 이에 따라 문학·역사·철학 등의 주제를 쉽게 풀어낸 책들이 큰 흐름을 만들어내고 있습니다.

인문학 붐은 고전 열풍과도 맥이 닿아 있습니다. 2013년 여름에 영화 개봉에 힘입어 스콧 피츠제럴드의 《위대한 개츠비》 번역본 여러 권이 일제히 베스트셀러에 올랐습니다. 이 소설은 모든 사람이 부와 지위에 집착하는 신기루 같은 세상에서 과거의 사랑을 찾으려다 배신당해 비극적 운명을 맞이하는 개츠비의 삶을 그리고 있습니다. 이에 앞서 독자들의 사랑을 받은 스크린셀러는 《레 미제라블》과 톨스토이의 《안나 카레니나》입니다. 《레 미제라블》에는 조카를 위해 빵 한 조각을 훔쳤다는 이유로 징역 5년 형을 선고받고 탈옥을 시도하다 다시 14년 형을 더 받은 장발장이 등장하고, 《안나 카레니나》에서는 사랑 없는 결혼 생활을 이어가던 안나가 안정되고 풍족한 삶을 버리고 젊은 장교 브론스키와 격렬한 사랑에 빠집니다. 세 소설의 주인공은 자본이 지배하는 시대를 살아가는 인간의 격렬한 욕망을 일깨우고 있습니다. 그렇습니다. 인간의 욕망을 이해하지 않고서는 어떤 일을 해도 성공할 수 없습니다.

저는 2011년 말에 일본의 한 서점에서《주간 동양경제》11월 26일자의 표지를 한참 바라봤습니다. 비즈니스 잡지임에도 표지에는 "잘 가라! 스킬업교(敎)"라는 특집의 제목이 도드라졌습니다. 스킬업은 우리 식으로 말하면 스펙입니다. 그러니 한국의 편집자가 제목을 붙였으면 "굿바이 스펙"이 되었을 것입니다. 예의 특집기사는 이렇게 시작됩니다.

"커리어업을 위해서는 스펙으로 무장하라!" 1990년대 이후 불붙은 스펙 쌓기 붐. 그 기세는 사그라질 줄 모르고 자격 취득에 열을 올리는 사람은 늘어만 가고 있다. 특히 영어, IT, 회계는 비즈니스맨의 '3종 신기(神器)'로 압도적인 인기를 자랑한다.

과거 20년간 토익 시험은 응시자가 다섯 배 이상 증가하면서 2010년에는 178만 명에 달했다. 회계 자격(부기 검정, 공인회계사, 세무사) 시험 응시자도 81만 명으로 최고 기록을 갱신했다. 그러나 이러한 스펙 쌓기 풍조에 의문을 제기하며 영어, IT, 회계는 사람에게 쓰이기 위한 지식이며 '노예의 학문'이라는 자극적인 메시지를 보내는 두 권의 책이 인기를 모으고 있다.《나는 너희에게 무기를 주고 싶다》와《무기로서의 결단사고》. 두 권 모두 교토 대학 객원교수로 엔젤 투자가인 다키모토 데쓰후미 씨가 집필한 책인데 총발행부수는 23만 부를 기록하고 있다.

왜 스펙 쌓기만 해서는 안 되는 걸까. 금방 진부해지기 때문이다. 국내에서도 경쟁은 치열하지만 국제적으로도 영어, IT, 회계의 지식을 겸비한 인도인과 중국인은 차고 넘친다.

그렇다면 중요한 것은 무엇일까? '교양'. 이것이 데쓰후미 씨의 대답이다. "수사학, 논리학 등의 리버럴 아트나 역사 지식은 참으로 중요하다. 분야를 불문하고 아카데믹한 훈련은 비즈니스에도 도움이 된다."

폭넓은 교양, 분야를 넘어선 지식을 갖춤으로써 생각지도 못했던 아이디어와 만나게 된다. 저널리스트 스티븐 존슨 씨는 위대한 혁신을 일으킨 인물들의 공통점을 찾은 결과 '다양한 취미를 가진 사람이 많았다'는 사실을 알게 되었다. '그들은 본업 이외에도 대여섯 개의 프로젝트를 가지고 항상 아이디어를 찾고 있었다.' 교양은 '지식'으로 안내할 뿐 아니라 새로운 '사람'과의 만남에도 안내자 역할을 한다. 인스파이어 파운더의 나루케 마코토 씨는 '교양 쌓기의 메리트는 양질의 인맥을 손에 넣는 것. 좋은 지인, 좋은 친구가 늘어나는 것'이라 말한다.

교양은 인간성이나 상상력을 키우는 데에도 도움이 된다. 본 특집에서는 교양 수준을 높이는 책으로 170권을 추천함과 동시에 교양을 최대한 활용하기 위한 사고법과 발상법을 소개한다.

저는 이 글을 읽으며 표지를 한참 동안 바라보았습니다. 이 특집 때문에 이 책을 쓰게 되었다고 할 수 있습니다. '영어, IT, 회계'는 '3종 신기'였지만 '노예의 학문'으로 전락했습니다. 그런 지식은 어차피 도구에 지나지 않으며 금방 따라잡히기 때문에 얼마 안 가 진부해진다고 했습니다. 진정한 가치는 깊고 넓은 교양에서 나오며, 교양이야말로 힘이라고 했습니다. 이 교양이 우리말로 하면 인문학입니다.

　그렇다면 왜 교양일까요? 물론 스펙도 필요합니다. 하지만 노예로 살지 않고 자유로운 인생을 살기 위해서는 그 이상의 '무엇'을 갖추어야 합니다. 그것이 바로 일반 교양을 뜻하는 '리버럴 아트'입니다. 즉 인문학입니다. 이 특집에는 데쓰후미의 인터뷰 기사가 실려 있습니다. 그는 리버럴 아트를 배우는 이유를 다음과 같이 설명합니다.

　대학의 전문 과정에서 배우는 것은 너무 빨리 진부해진다. 극심한 시대 변화를 기술이 따라갈 수 없다. 그러나 리버럴 아트는 다르다. 보편적인 것을 배우기 때문이다. 논리학과 수사학은 고대 그리스까지 거슬러 올라간다. 본디 언어의 역할은 두 가지다. 그러니까 사람은 언어를 통해 사회를 인식하고 사람을 움직인다. 이러한 기법을 아리스토텔레스는 논리학, 수사학으로 분류하고 있는데 이 기법은 오늘날에도 도움이 되는 학문이다. 역사 역시 상당히 중요하다. 세상에서 일어나고 있는 현상과 비슷한 일들이 과거에도 있었다. 역사를 찾아 되새기고 유추하면서 이해한다면 미래를 예측하기 쉬울 것이다.

　가령 인터넷 버블은 오래전 철도 버블과 닮았다. 철도 버블 시대에 철도왕으로 불리던 사람은 철도 운영이 아닌 철도 공사로 큰돈을 벌어들였다. 마찬가지로 인터넷 버블에서도 큰돈을 벌어들인 것은 인터넷을 운영하는 기업이 아니라 시스코(Cisco Systems, Inc: 미국의 네트워크 통신회사로 세계 네트워크 장비 시장의 3분의 2를 석권했고, 최근에는 중소기업과 일반 소비 영역, 광통신 영역 등으로 진출하고 있다) 같은 인프라를 구축하는 기업이었다. 철도 버블의 역사를 찾아보니 인터넷 버블도 그리 오래가지 않으리란 사실을 예측할 수 있었다. 그래서 나는 인터넷 버블이 한창일 때 인터넷 기업의 스카우트 제의를 거절하고 택시회사 니혼교통의 재건에 뛰어드는, 당시로서는 말도 안 되는 선택을 했다.

보편적인 학문은 세상을 구조적으로 이해하는 데 도움이 된다. 사회현상을 논리나 학설에 근거해 분석하다 보면 보이지 않았던 구조가 보이기 시작한다. 투자가 조지 소로스는 카를 포퍼의 제자로 철학을 공부했다. 그는 "시장의 불확실성에 관해 나만큼 생각한 사람도 없다. 여기에는 포퍼 선생 밑에서 인간 이성의 한계를 연구한 것이 큰 도움이 되었다"라고 말한다. 의외로 특수 계층의 업무나 거대한 변화에 대응하는 업무일수록 전혀 관련이 없을 듯한 일들과 연결되어 있다.

아카데믹한 세상에서 '보편적 사고', '자료 수집', '자료 비평' 같은 훈련은 비즈니스에도 통한다. 매킨지에서는 경영과 상관없는 전공의 전문가를 대거 채용했다. 오마에 겐이치(大前研一) 씨는 원래 원자력 엔지니어였으나 아직 전문 분야가 세분화되지 않았던 시절이라 부감(俯瞰: 높은 곳에서 내려다봄) 안목을 지니고 있었다. 이외에도 건축가나 화학공학 전문가도 경영과 궁합이 잘 맞는다고 한다.

자연과학뿐 아니라 해석학, 법학과 같은 인문학도 흥미롭다. 법학이나 해석학은 애매모호한 사실을 정합(整合)하는 학문으로 과학적이라 말하기 어렵다. 하지만 그래서 더더욱 의미가 있다. 오늘날과 같은 비연속적 변화가 계속되는 시대에는 산뜻한 결말을 찾기 어렵다. 이러한 변화의 징후를 꿰뚫어보기 위해서는 과학과는 다른 인문학적인 센스가 필요하다. 역사를 배우는 것은 중요하다. 실제로 회사 내에서 비연속 변화를 일으킨 사람들 가운데 역사를 좋아하는 이들이 많다.

문화인류학도 도움이 된다. 현재 글로벌기업에서 다문화 커뮤니케이션을 논의하고 있는데 인류학에서 많은 아이디어를 얻는다. 똑똑한 사람이 평생에 걸쳐 이뤄낸 성과는 여러 분야에서 응용할 수 있는데 이걸 배우지 않으면 무척 아까운 노릇이다. 매일 같은 일을 반복하는 사람에게 교양은 필요 없다. 그러나 자본주의 세상에서 특별한 인재, 매니지먼트 계층으로 살아남기 위해서는 스펙만으론 부족하다. 5~10년 후 회사가 어떻게 될지를 생각하고 의사결정을 하는 사람에게는 상당히 추상적인 것을 이해하고 세상을 높은 데서 내려다볼 수 있는 힘이 필요하다.

저마다 자신을 등불로 삼아야

이 기사를 보고 나는 데쓰후미의 《나는 너희에게 무기를 주고 싶다》와 《무기로서의 결단사고》를 구입해 읽었습니다. 그는 자본주의에서 살아남는 유형 중에 마케터, 이노베이터, 리더, 인베스터 같은 사람들을 드는데, 이들에게도 교양은 꼭 필요하다고 말합니다. 마케터란 그저 물건을 파는 사람이 아니라 "자신이 모르는 사람들을 이해하고 그들을 이해할 수 있는 스토리를 만드는 일"을 하는 사람들입니다. 다양한 스토리의 원형은 그리스 신화에 있습니다. 그래서 우리가 《그리스 로마 신화》를 열심히 읽는 것 아닐까요? 어디 신화뿐입니까? 인간을 이해하는 데 가장 기본이 되는 지식을 담은 인문학 서적을 다양하게 읽어야 합니다.

데쓰후미는 한 달에 책 쉰 권을 읽는다고 합니다. 비즈니스 업무를 하고 있지만 비즈니스와 직접 상관없는 책을 더 많이, 비판적으로 꼬집어가며 읽는다고 합니다. 비즈니스 서적은 동일한 소재를 다룬 책이 많아 일부러 읽지 않는다는군요. 그의 말대로 지식시장에서는 누구나 알고 있는 것은 가치가 사라집니다. 쉬운 것은 누구나 배우기 때문에 차이가 발생하지도 않습니다. 오히려 모두들 가치가 없다고 생각하는 지식에서 가치가 발생하기도 합니다.

결국 데쓰후미가 내리는 결론은 이러합니다. "지식이 아니라 사고하는 법을 배우라." 지식을 아무리 많이 갖춰도 지식(자격 혹은 스펙)이 판단과 행동으로 연결되지 않으면 아무런 의미도 없습니다. 지식·판단·행동, 이 세 가지가 하나가 되었을 때 비로소 가치가 발생하는 법입니다. 언제나 대체 가능한 인재를 '카머더티(commodity) 인재'라고 합니다. 3년 경력자나 5년 경력자나 10년 경력자나 별 차이가 없을 때 경영자는 3년 경력자를 선호하게 마련입니다. 비용 삭

감의 대상이 되는 카머더티 인재야말로 비극적인 인생을 살 수밖에 없습니다.

데쓰후미가 책에서 말한 바는 이렇습니다. 지식·판단·행동이 하나가 된 사람은 대체 불가능한 인재가 됩니다. 따라서 우리는 지식이 아니라 생각하는 법을 배워야 합니다. 해답을 죽어라고 암기하는 것이 아니라 해답을 찾는 방법을 배워야 합니다. '자등명(自燈明)' 이라는 말이 있습니다. 석가가 숨을 거두려 할 때의 일입니다. "앞으로 저희들은 누구를 의지하며 살아야 합니까?" 이렇게 말하며 슬퍼하는 제자에게 석가는 "내가 죽으면 스스로 생각하고 스스로 결정해라. 이를 위해 나는 모든 것을 가르쳤다", "너희들은 저마다 자신을 등불로 삼아야 하며 누군가 밝혀주는 등불을 의지해 어둠 속을 걷지 말고 스스로 등불이 되어야 할 것이다"라고 말했습니다. '길에서 부처를 만나면 부처를 죽여라'라는 말이 있지요. 이 말은, 만약 무엇이든 알고 있는 부처(석가)를 만나면 그것은 진짜가 아니라 누군가에게 의지하고 싶어 하는 자신의 약한 마음이 만든 환영이므로 곧바로 이런 마음을 비워야 한다는 뜻입니다.

세 상 사 는 지 혜 를 가 르 치 지 못 하 는 대 학

비즈니스에도 인생에도 유일한 '정답'은 없습니다. 자신의 힘으로 하나씩 해답을 찾아가야 합니다. 과거에는 비즈니스든 인생이든 어떠한 모델이 있어 열심히 따라 하고 맞춰가면 그만이었습니다. 요컨대 '정답'(과 같은 것)이 있었습니다. 100점 만점의 시험에서 100점을 목표로 노력하면 그만이었지요. 성공한 사람들이 말하는 대로 따라 하면 자신도 그렇게 될 것만 같아서 강연회나 동아리를 찾아다닙니다. 하지만 그들은 일반적인 조언은 해줄 수 있어도 세상에 단 하나뿐인 당신을 위한 조언은 해줄 수가 없습니다. 결국 자신의 머리를 써서 스스로 해답을 찾지 않으면 안 됩니다. 그들의 강연을 듣기 위해 거금을 들인다 해도 결국 돈을 버는 쪽은 그들이고 당신은 이용당한 후에 버려지고 말 것입니다.

《중앙공론》 2009년 2월호 특집 '대학의 절망'의 대담 코너인 〈하류화한 학문은 부활할 수 있을 것인가〉에서 간사이 대학 교수이자 교토 대학 명예교수인 다케우치 요는 "다원화라는 문제와 교양이라는 문제는 세트로 생각해야 할 필요가 있다. 무슨 말인가 하면, 교양은 다양하게 정의할 수 있는데, 결국 '가치의 원근감을 갖는 것'이라고 할 수 있지 않을까. '교양을 얻는다'는 말은 지식을 얻는다는 게 아니라, 지식이 전체의 어디에 위치하는지를 파악하는 능력을 갖추는 것이다. 예를 들어 자신의 주변에 있는 무언가를 '절대 없어서는 안 되는 것', '있어도 좋지만 없어도 좋은 것', '있어서는 안 되는 것'이라는 카테고리로 나누면, 대상이 전체에서 어떤 위치를 차지하는지를 바로 알게 된다. 그것이 바로 교양이 아닌가 생각된다"며 달라진 세상에서 교양을 정의하고 있습니다.

그렇습니다. 교양의 개념은 달라지고 있습니다. 각자 자신만의 교양을 갖고 있다고 보아도 무방할 정도입니다. 첨단기술은 예전이라면 상상할 수 없을 정도로 정보를 세분화하고 있습니다. 그리고 개별 영역에서는 저마다 최고가 존재합니다. 인터넷이 발달할수록 세분화된 모든 분야에서 1등만이 살아남는 '승자 독식 사회'가 구축되고 있습니다. 그런 사회에서는 어느 영역이든 1등만이 확실한 자기 세계를 구축해서 안정되고 빛나는 삶을 꾸려갈 수 있습니다. 다케우치 요는 "교양의 힘이란 몰입〔專門〕을 상대화하고 거리화하는 힘"이라고 말합니다. 자신의 내부에 비평가를 두고 언제든 즉각 비평을 가할 수 있는 사람이어야 존재가치를 느낄 수 있다는 것입니다.

그렇다면 이제 개인의 운명은 어떻게 바뀌어야 할까요? 세상을 살아가는 지혜를 안겨주지도 못하는 대학을 다니는 개인은 어떻게 해야 살아남을 수 있을까요? 물론 대학은 학생들이 처음부터 많은 책을 읽으면서 풍부한 지식을 쌓고 새로운 시스템에 맞는 자신만의 교양을 쌓을 수 있도록 도와야 합니다. 그러자면 대학부터 혁신을 해야 합니다. 하지만 취업만을 주요 목적으로 삼는 대학이 빠른 시간 안에 환골탈태할 가능성은 없어 보입니다. 따라서 개인은 대학 교육 시스템을 믿지 말고 나름의 교양, 아니 자신만의 특장이 되는 지혜를 갖출 필요가 있습니다. 그렇게 해서 자신이 추구하는 분야에서만은 슈퍼노드나 파워 블로거가 되어 사안이 발생할 때마다 즉각 비평가 이상의 결론을 내릴 수 있어야 합니다.

《중앙공론》의 특집에서 〈빈사 상태의 '인문지(知)'를 살리기 위해 교양 붕괴와 정보 혁명의 현장에서〉란 글을 발표한 이시다 히데

타카 도쿄 대학 교수는 "대학은 결코 '전문적 영역지'만을 전수하는 장소가 아니다. 좀 더 유연하고 유용한 지식이 요구된다. 지의 매체가 될 수 있는 힘이다. 사회의 지를 대학의 지로 바꿔 읽는 힘, 대학의 지를 사회의 지와 만나게 할 수 있는 일종의 '프로듀스 능력'이 필요하다. 그것을 '고도의 지식 리터러시'라고 불러도 좋다. 혹은 그것이야말로 '새로운 인문지'라고 불러야 할 것"이라고 말하고 있습니다.

가라타니 고진은 〈인문학의 가능성 역전을 기다리며〉(《논좌》 2007년 3월)에서 "학창 시절 수학자 노버트 위너(Norbert Wiener)의 《사이버네틱스》(이와나미쇼텐)라는 책을 읽었다. 그는 지금까지의 철학은 관념과 물질의 대립이라는 차원에서 고찰되었으나 정보라는 개념은 양자의 대립을 넘는 것이라고 말한다. 그리고 정보란 차이라고 덧붙인다. 예를 들면 개구리는 눈앞의 '벌레'를 보고 있는 게 아니라 벌레가 움직이는 것을 본다. 다시 말해 벌레가 움직였다는 변화, 차이를 본다. 벌레가 가만히 있으면, 즉 차이가 없으면 개구리에게 벌레란 대상은 존재하지 않는다. 또 차이, 즉 정보는 관념도 대상도 아닌 형식이다"라고 설명했습니다.

실제로 개구리는 움직이지 않는 것은 보지 못한다고 합니다. 컴퓨터에 저장된 정보는 끌어내서 나름의 의미를 부여할 때 비로소 가치가 발생합니다. 정보화 사회라는 말을 처음 만들어낸 우메사오 다다오(梅棹忠夫)는 정보를 하늘에 떠 있는 별에 비유했습니다. 평상시에는 굳이 별을 보지 않지만 특별한 날에는 별에 의미를 부여하기도 합니다. 바로 이렇게 의미를 부여할 때에야 비로소 가치가 발생한다는 것입니다. 인간은 모든 학문을 분절화해 가르치는 대학에만 안주할 것이 아니라 언제든 자유롭게 정보=차이=형식을 '물상화(物象化)'할 수 있어야 합니다. 그거야말로 차이를 만들어내는 능력, 즉 상상력입니다.

과연 우리나라의 대학들이 이런 지적을 아프게 받아들이고 있을까요? 경희대학교의 '후마니타스 칼리지'처럼 대학이 대학 밖의 빠른 변화를 수용하려는 움직임이 없었던 것은 아닙니다. 하지만 대부분 제스처에 불과했습니다. 이제 변화는 스스로 꾀해야 합니다. 그러니 책을 읽어야 합니다. 자, 어떤 책을 읽어야 할까요?

2부

공조 사회를 여는 지혜를 찾아

자기계발서부터
버려라

프랑스의 어느 마을에 서쿠에라는 사람이 약국을 경영하고 있었습니다. 그런데 여러 약국 중에서도 유난히 그 약국만 장사가 잘되었습니다. 경쟁자들이 그냥 넘어갈 리 없습니다. 쿠에의 약국이 마약을 판매하고 있다고 고발했습니다. 경찰도 그냥 넘어갈 수 없었습니다. 그래서 은밀하게 조사를 했습니다. 그러나 모든 약국이 똑같은 약을 팔고 있다는 사실만 확인했을 뿐입니다. 그렇다면 쿠에의 약국만 장사가 잘되는 이유는 무엇일까요? 비밀은 약봉지에 있었습니다. 쿠에는 손님에게 약봉지를 넘겨주면서 약을 먹기 전에 약봉지에 쓰여 있는 글을 꼭 읽으라고 당부했습니다. 거기에는 "나는 날마다 조금씩 나아지고 있다"라는 글이 쓰여 있었습니다.

거대한 사기극!

2007년과 2008년에는《시크릿》이 2년 연속 수위를 달리며 출판시장을 평정했습니다. 《시크릿》 같은 책에 열광하는 독자는 어쩌면 약봉지에 쓰여 있던 말과 같은 '가르침'을 간절히 찾고 있지 않았을까요? 죽어가는 남편이 '사랑한다'고 말했다 해서 살림이 나아지지는 않습니다. 자신이 원하는 것에만 집중한다 해서 빚 갚으라는 독촉장이 월급봉투로 바뀌진 않습니다. 하지만 '나는 날마다 조금씩 나아지고 있다'는 말과 비슷한 심리적 위안을 얻을 수는 있습니다. 지금 대중은 데카르트의 '합리적 이성' 따위는 더 이상 믿지 않습니다. '플라세보 효과'를 가져올 법한 마술 같은 한마디에 휘둘린다고 볼 수 있습니다.

이원석은《거대한 사기극》에서《시크릿》을 비롯해《긍정의 힘》, 《왓칭》, 《리얼리티 트랜서핑》 등 신비적 자기계발서는 정말 읽을 가치가 없다고 했습니다. 2008년 가을 전 세계를 강타한 미국발 '글로벌 금융위기' 이후 우리 출판시장에서 미국 자기계발서는 몰락에 가까울 정도로 추락했습니다. 저는 그것을 '멜라민의 함정'에 빠졌다고 표현했습니다. 멜라민을 이용해 수많은 식품을 만들어왔는데 어느 날 갑자기 멜라민을 써서는 안 된다 하니 앞이 노랗다는 이야기였습니다. 신자유주의 이데올로기를 근간으로 해 모든 기획을 진행해왔지만 미국발 금융위기 이후 이런 이념은 사실상 종말을 고했으니 말입니다.

《거대한 사기극》은 자기계발서들이 마지막 정념을 불태울 때인

2012년 1년 동안, 격주간 출판 전문지인《기획회의》에 연재한 원고를 다듬어 펴낸 책입니다. 지은이는 '서문'에서 자기계발 현상이 팽창의 끝에 이르러 거품이 꺼지고 있다고 밝히며 이는 '거대한 사기극'이었다고 주장합니다.

자기계발서를 2000권이나 읽었다는 이지성은 15년 무명작가의 설움을 딛고 베스트셀러 저자가 되었습니다. 이지성은《한겨레신문》에 연재된 '김두식의 고백'(2012년 6월 23일자)에서 "사람들이 오해하는데, 책은 원래 상품성이 없어요. 자기계발서는 제일 상품성이 없고요. 사람들이 변화의 계기가 필요한데 환경이 워낙 척박하니 이런 책이라도 읽을 뿐이에요. 돈을 생각하면 사업을 해야죠. 회사 세우고 3박 4일에 300~400만 원씩 받는 자기계발 프로그램을 운영해서 1년에 80억을 벌었다고 소문난 분도 있어요. 대기업에 새끼 강사를 파견해서 커미션을 받는 산업이 짱짱해요. CEO를 위한 고전강좌를 하고 1인당 1000만 원씩 받는 분도 있어요. 제가 그런 프로그램을 만들었으면 재벌이 됐겠죠"라며 자기계발의 도도한 열풍이 얼마나 대단한 사업이 되는가를 밝혔습니다.

이원석은 "솔직히 말해서 이지성은 작가라기보다 상인이다. 공병호와 구본형 같은 기존 한국의 대표적인 자기계발서 작가들이 차마 팔지 못한 부실한 상품을 판매할 뿐"이라고 신랄하게 비판했습니다. "이지성이라는 베스트셀러 작가를 만든 것은 불안 사회를 살아가고 있는 독자들의 욕망"이라며 "우리 사회가 근본적으로 방향감각을 상실하고 있는 것이 문제"(《이지성의 착각과 독자의 욕망―이지성과 자기계발, 그리고 한국 사회〉, 《기획회의》 326호)라고도 했습니다.

이원석은 "자기계발이야말로 신자유주의의 이론과 정책을 명확하게 구현하고 있기 때문에 자기계발의 문화를 규명하는 것은 우리 사회의 진면목을 명확하게 파악할 수 있는 가장 좋은 방법이다. 물론 이런 규명의 목적은 개인의 성실한 노력과 서로의 끝없는 경쟁을 강조하는 현대적 무간지옥을 벗어나 새로운 사회를 꿈꾸기 위해서다"라고 말합니다. 이것이 바로 이원석이 학자적 양심으로 이 책을 쓴 의도겠지요. 이원석은 자기계발이 불안 사회를 살아가는 약자의 빈틈을 파고들면서 시장성을 키웠다고 말합니다. "유연한 노동시장, 유동하는 금융자본, 해체되는 공공복지, 팽창하는 개인주의 등으로 가시화되는 항구적 불안정 체제가 바로 우리 사회의 본질이다. 우리의 실존을 규정하는 핵심은 불안이다." 대중은 이런 불안을 극복하려고 "나는 날마다 조금씩 나아지고 있다"고 느끼기 위해 어쩔 수 없이 자기계발서를 펼쳐 듭니다.

이원석은 자기계발 교재와 상품들을 크게 신비적 패러다임과 윤리적 패러다임으로 나눕니다. 두 패러다임은 "바깥의 사회구조를 배제하고, 순수하게 자기 자신을 주목하도록" 만드는 공통점이 있습니다. 하지만 양자가 주목하는 방식은 다릅니다. "윤리적 패러다임은 근면의 힘을 신뢰하며, 원하는 바와 관련해 외부의 환경을 탓하지 말고 스스로 성실한 노력으로 돌파할 것을 촉구한다. 신비적 패러다임은 상상의 힘을 신봉하며, 원하는 것에 대한 자신의 노력을 내려놓고 간절히 바라기만 하면 이루어진다고 강변한다. 전자가 자신의 의

지를 활용해 노력할 것을 강조한다면, 후자는 자신의 생각을 가지고 쟁취할 것을 촉구한다. 전자는 가장과 서부 개척자로 상징되는 남성적 패러다임이며, 후자는 여성과 성직자로 표상되는 여성적 패러다임이다."

스티븐 코비의 《성공하는 사람들의 7가지 습관》(김영사)이 윤리적 패러다임의 대표 주자라면, 《시크릿》은 신비적 패러다임의 대표 주자입니다. 두 책의 지위가 역전된 현상은 "개인의 노력을 통한 현상유지의 한계와 계급 상승의 불가능을 초래하는 양극화의 심화"가 진행됐음을 알려줍니다. 상위 20퍼센트가 80퍼센트의 결실을 챙기던 사회에서 상위 1퍼센트가 거의 모든 것을 손에 넣는 사회로 바뀌자 개인은 '윤리'보다는 '신비'에 집착할 수밖에 없습니다. 달리 말하면 '성공'에서 '행복'으로 말을 갈아타는 것입니다. 한국 사회에서는 공지영 장편소설 《우리들의 행복한 시간》(오픈하우스)이 출현한 2006년에 그런 변화가 나타났습니다.

2006년을 대표하는 아이콘은 '행복'이다. 더 정확하게 말하자면 '나만의 행복 추구'다. (……) 2006년에 대중이 추구한 '행복'은 모자라는 것이 있어도 내가 즐거우면 그만이라는 철저하게 개인주의적인 차원의 메시지다. 여기서 '행복'은 '성공'의 대체물이다. 지난 몇 년간 대중은 변화의 중요성을 깨닫고 어떻게든 성공하려고 안달했지만 쉽지 않았다. 지금 개인의 미래를 옥죄는 것은 국가 차원을 넘어선 어떤 것이다. 아무리 일을 해도 풍요로울 수 없는 구조에 빠져

드는 신빈곤층이 늘어나는 현실에서 개인은, 차라리 치열한 경쟁을 통해 얻는 성공을 포기하고 부족하더라도 자기만족을 위해 살기로 '결심'했다. (졸저,《책은 진화한다》)

이원석은 감정 영역이 문화의 전면에 부각되면서 내면의 정신적 안정과 확장을 지향하는 '심리적(치료적) 패러다임'이라는 변종을 낳았다고 말합니다. "서로를 짓밟고 위로 올라서게 만드는 극악한 상황 속에서 그들의 프레임, 즉 인식의 틀을 지배하기 위한 새로운 장치가 필요하게 된 것"이라고 말입니다.

'글로벌 금융위기' 이후 미국발 자기계발서가 크게 위축되자 '한국형 자기계발서'들이 빈자리를 차지했습니다.《아프니까 청춘이다》와《멈추면 비로소 보이는 것들》등 위로와 공감의 '한마디'를 던져주는 셀프 힐링형 자기계발서들이 이명박 정권 내내 출판시장을 지배했습니다. 이 책들이야말로 '심리적(치료적) 패러다임'을 대표합니다. "신자유주의가 지배하는 사회는 자기계발을 수행할 자유만을 강요하며, 끝없는 인적자원 개발만을 요구하는 극악한 세계이다. 이러한 세계를 살아가는 우리가 무엇을 할 수 있다는 말인가?"

자조 사회에서 공조 사회로

이원석은 자기계발이 필요 없는 사회를 만들자고 말합니다. 달리 말하면 스스로 돕는 자조(自助) 사회에서 서로 돕는 공조(共助) 사회로 바꿔가자는 것입니다. 그러나 인간의 자기계발 감성이나 경쟁 심리가 쉽게 사라지지는 않을 것입니다. 그러니 결론이 다소 허약해 보이는 것이 사실입니다. 그러나 이 책은 '총론'일 뿐입니다. 저자는 곧 자기계발의 '구루(Guru)'들을 일일이 분석한《인문학으로 자기계발서 읽기》(필로소픽)를 펴냈습니다. 이어서《공부란 무엇인가?》(책담)까지 세상에 내놓았습니다.

"누구도 '인생'에 대해 가르쳐줄 수 없다. 오직 우리는 삶을 살아낼 수 있을 뿐이다. 삶 자체에 충실한 것이야말로 '인생론'을 전복하는 '반인생론'의 봉기이다. 남이 가르쳐주는 '인생'을 살지 말라. 우리에게 필요한 것은 인생론이라기보다 '새로운 생각'이다." 이택광의《인생론》(북노마드)에 나오는 이야기입니다. 그러니 이제 자기계발서뿐만 아니라 '인생론'까지 버려야 할 것입니다. 이택광은 말합니다. "사실 '인생론' 따위는 없다. '인생론'이라고 번역된 톨스토이의 저서는 오히려 '생명 예찬' 정도로 읽혀야 한다. 그는 인생에 대해 말했다기보다 삶을 살아가는 태도에 대해 말했다. 말하자면 생명 또는 삶을 이야기하는 것은 가능하겠지만, '어떻게' 살아야 한다는 지침을 누군가 제공하고 다른 누군가가 그것을 그대로 따라 한다는 것은 불가능할뿐더러 바람직하지도 않다."

남의 인생을 참고할 수는 있을 것입니다. "지옥 같은 현실은 그 누구도 아닌 우리 자신이 만들어놓은 것이다. 이 조건을 부정하는 순간부터 우리의 인식은 바뀌게 마련이다. 무언가를 바꾸기 전에 무엇이 문제인지 먼저 알아야 하는 것은 이 때문이다. 근본적인 문제를 그대로 두고 임시방편으로 처방전만 남발하는 것은 바람직하지 못하다. 문제는 계발이 아니라 '자기'이다. 자아의 완성 또는 탁월한 인격의 달성을 계발의 목적으로 삼는 것이 근본적인 문제이다. 자아는 완성될 수 없으며 탁월하지 않다고 해서 인격이 아닌 것은 아니다. 문제는 자아와 인격이라고 불리는 그 이미지의 구성 방식이다."

자기계발서를 읽는다고 해서 성공할 수는 없습니다. 현실은 냉혹합니다. 사회학자인 노명우 교수는 《세상물정의 사회학》(사계절)에서 "자기계발서는 성공을 보장하는 책이 아니라, 심리적 위안을 선물하는 책이다. 역설적으로 자기계발서의 독자는 성공하지 못한 사람뿐이다. 성공한 사람들은 자기계발서를 읽지 않고도 성공했다. 성공에는 현실의 원리들이 적용된다. 재벌 2세의 아들은 아무리 낭비벽이 있어도 가난뱅이가 될 수는 없다. 가난뱅이는 아무리 근검절약해도 아파트를 살 수 없다"고 말합니다. 노 교수의 말은 계속됩니다. "자기계발서는 '계급 법칙'을 숨긴다. 성공과 실패는 자기계발서의 논리 속에서는 사람의 태도의 차이에 따라 결정된다지만, 그 책이 놓여 있는 사회에서 성공과 실패는 계급 법칙을 따른다. 성공하도록 예정된 사람과 실패하도록 예정된 사람으로 나누어진 세계가 오히려 사실에 가깝다. 자기계발서의 관념 속에선 하늘은 스스로 돕는 자를 돕지만, 현실에서 하늘은 돕도록 예정되어 있는 계급에 속한 자만을 돕는다."

엄기호는 《단속사회》(창비)에서 "돈이나 빚 말고 부모나 주변 어른에게서 배운 교훈이 있느냐"고 물었습니다. 엄기호는 관계의 단절을 말합니다. 지금 우리 사회는 쉴 새 없이 접속하지만 스스로 관계를 차단하는 사회입니다. "삶의 위기마다 우리가 참조하며 지혜를 빌려올 수 있는 참조 그룹의 부재", "실존적 관계의 단절이 아니라 사적인 경험을 공적인 언어로 전환하는 관계의 부재"가 심각한 사회입니다.

페이스북에서 기분이 나쁘면 언제든지 우리는 친구 관계를 단절하고 아예 쳐다보지 않습니다. 블로그를 단숨에 엎어버리기도 합니다. 엄기호는 지그문트 바우만의 "공적 공간이란 개인의 고민과 공공의 현안들에 대해 만나서 의논하는 장소"라는 말을 인용합니다. 자신이 듣고 싶은 말만 들으려는 세상, 좋아하는 것만 죽어라고 좋아하고 나머지는 배척하는 현실은 분명 '단속사회'의 폐해입니다.

그렇습니다. 지금 젊은이들에게는 "삶의 중요한 고비 때에는 참조할 만한 의견"을 주는 사람이 없습니다. 아버지는 꼰대같이 굽니다. 내 인생의 진로를 선택하는 데 차라리 없는 편이 낫습니다. 민주화를 소리 높여 외친 적은 있으나 삶의 문제는 해결하지 못하고 소주병이나 까면서 자식에게 독설이나 퍼붓는 부모를 좋아할 자식이 있을까요? 일찍이 김애란은《달려라, 아비》(창비)에서 아버지는 사라졌다고 일갈했습니다. 아버지는 씨만 뿌려놓고 집을 나가서 지금도 달리고만 있습니다.

지난날 부모는 자식에게 스펙을 쌓으라고 강요했습니다. 하지만 오늘날 스펙은 '노예의 학문'입니다. 자기계발서를 열심히 읽어도 결국은 노예 신세에서 헤어나기 어렵습니다. 스카이가 아니라 하버드나 스탠퍼드를 나와도 세상에서 잘 받아들여지지 않습니다. 이제 부모가 자식에게 할 말이 있을까요? 단군 이래 최고의 스펙을 쌓았다는 이케아 세대의 운명이 그러하니 다음 세대는 더더욱 갈피를 잡지 못하고 있는 것이 아닙니까?

공 부 란 사 람 을 만 드 는 것

이원석은 첫 책《거대한 사기극》에 대하여 '모든 자기계발서를 이 책 한 권으로 끝낸다'는 수식어를 붙였습니다. 그는《거대한 사기극》에서 자기계발 이데올로기, 즉 자조(自助)를 '공조(共助)'로 바꿔 가야 한다고 주장했는데,《공부란 무엇인가?》는 이를 모티프로 삼은 본격적인 대안서입니다. 그가 말하는 참된 공부는 무엇일까요?

참된 공부는 무엇보다 나를 나 자신으로 서게 만들어준다. 공부는 헨리 데이비드 소로가 말한 나만의 북소리를 들을 수 있는 귀를 열어준다. 어떤 사람이 동료들과 보조를 맞추고 있지 못하다면 그것은 아마도 그가 그들과는 다른 고수의 북소리를 듣고 있기 때문일 것이다. 그 박자가 어떻든, 또 그 소리가 얼마나 멀리서 나는 것이든 그가 자신의 음악에 발을 맞추도록 내버려두자. 그가 사과나무나 떡갈나무만큼 빨리 성장하느냐는 문제는 중요하지 않다. 봄을 맞고 있는 그가 굳이 여름으로 계절을 바꾸기라도 해야 할까?

이원석은 《공부란 무엇인가?》에서 공부는 지식을 채우는 것이 아니라 존재를 다지고 삶을 벼리며 우정을 도모하는 것이라고 말합니다. 그는 "공부란 사람을 만드는 것이다. 온전한 사람을 만드는 것이다. 자연적 존재로서의 동물을 문화적 존재로서의 인간으로 만드는 것이다. 따라서 무술을 단련하고(쿵후), 기술을 가다듬고(工夫), 심성을 연마하는(마음 공부) 것 등이 모두 '공부하다'라는 표현으로 재현되는 것이다. 곧 공부는 몸을 새롭게 만들고, 마음을 새롭게 하는 것"이라고 일깨워줍니다.

이원석은 《공부란 무엇인가?》의 서두에서 '하버드 수석 졸업'이라는 사기까지 치면서 성공담을 늘어놓은 자기계발서를 비판합니다. 지금은 해외의 어느 유명 대학을 졸업해도 한국에 오면 실업자가 되기 십상입니다. 단군 이래 최고의 스펙을 쌓은 이들이 '3포 세대'가 되는 세상입니다. 따라서 공부에 대한 패러다임의 전환이 꼭 필요합니다.

나만의 책,
나만의 글쓰기

사마천의 《사기(史記)》를 27년 동안 연구해온 저술가 김영수는 5000년 중국 역사를 일구어온 현자들이 어떻게 공부했는가를 정리한 《현자들의 평생 공부법》(역사의아침)을 펴냈습니다. 이 책에는 《사기》 속의 현자들인 소진, 손빈, 장량, 이사, 편작, 사마상여, 항우, 주매신 등과 공자, 맹자, 사마천, 제갈량, 한유, 주희, 고염무, 정섭, 노신, 모택동 등 10인의 공부법이 제대로 정리돼 있습니다.

현자들의 공통된 공부법은 '책 읽기'

현자들의 공부법의 공통점은 두말할 필요 없이 책을 읽는 것입니다. 책이란 "자기 힘으로 세상을 헤쳐나가고 세상을 좀 더 나은 쪽으로 이끄는 데 가장 필요하고 유용한, 인류가 남긴 최고의 유산"이며 독서는 "인간의 다양한 문화 행위 중 가장 기본적이면서 가장 고차원적인 것"입니다. 저자는 중국 현자들의 평생 공부법의 공통점으로 다음 여덟 가지를 추출해냈습니다.

- 언제 어디서든 책을 손에서 놓지 않는다.
- 어릴 때부터 죽는 날까지 독서하는 습관을 지킨다.
- 책을 아끼고, 좋은 책은 몇 번이고 읽으며 평생 소장한다.
- 보고 싶은 책은 빌려서, 찾아서, 구해서, 베껴서, 사서 반드시 본다.
- 눈으로 읽고, 손으로 쓰고, 입으로 소리 내어 읽기의 삼위일체 독서를 행한다.
- 옛 책과 새 책을 같이 중시한다.
- 읽는 데 머무르지 않고 깊은 사색을 강조하고, 깊은 사색을 통한 문제 제기의 중요성을 인식한다.
- 여행이나 현장학습을 함께 중시한다.

《현자들의 평생 공부법》에서 가장 재미있는 개념은 '무자서(無字書)'와 '유자서(有字書)'입니다. '유자서'란 책을 말하고 "글자가 없는 책"인 '무자서'란 "여행이나 현장학습, 나아가 사회 체험"을 뜻합

니다. 청나라 때 문학가 요연(寥燕)이 "글자 없는 무자서란 천지만
물"이라면서 '책벌레'식 공부법을 죽은 독서, 죽은 책 읽기라며 반대
했다는 데서 연유한 개념입니다. "실질적 경험을 통해 인간사와 만
물의 이치를 깨치고 나아가 자연계와 사회에 존재하는 실제 지식을
체득하라"는 의미에서 "생활이야말로 가장 풍부한 책"이라고 합니
니다.

만 권 의 책 을 읽 고 만 리 길 을 다 녀 라

이 책에 등장하는 현인 중에 오늘날에도 통할 수 있는 독서를
한 이는 명말청초 위기의 시대를 대표하는 개혁적 계몽사상가인 고
염무(顧炎武)로 여겨집니다. 그는 "만 권의 책을 읽고, 만 리 길을 다
녀라(讀書萬卷 行萬里路)"는 명언을 남겼습니다. "책을 통한 지식과
여행을 통한 실제 경험을 병행할 때 진정한 독서인이 될 수 있다"는
말에서 우리는 고염무가 "책에 파묻혀 죽은 지식을 파는 지식인이 아
니라 현실을 정확하게 인식해 남에게 도움을 줄 수 있는 실질적 공부
의 단계에 오를 수 있는 지식인"을 갈망했음을 확인할 수 있습니다.

"사람이 무언가를 배운다고 하면서 하루 나아가지 못하면 하
루 뒤처지는 것이다. 친구도 없이 혼자 공부만 파는 것은 고루할 뿐
만 아니라 성과를 내기도 어렵다. 한쪽에만 오래 치우쳐 있으면 거기
에 물들어 깨닫지 못하게 된다. (……) 집 밖에 나가지 않고 책도 읽

지 않는 사람은 벽창호 선비다"라고 말한 고염무는 과거제의 폐단을 신랄하게 비판하기도 했습니다. 그가 만약 살아 있다면 시험 성적만 으로 사람의 능력을 평가하는 작금의 풍토에 개탄을 금치 못할 것입니다. "혼자 공부만 파는 것은 고루"하다는 말은 함께 책을 읽으라는 뜻입니다. 공독(共讀)의 역사야말로 학문의 역사 아니겠습니까.

사람이 날마다 살아가는 데 있어 보고 듣고 하는 일이 진실로 천하의 지극한 문장이 아닌 것이 없다. 그런데도 사람들은 스스로 글이라 여기지 아니하고 반드시 책을 펼쳐 몇 줄을 빽빽하게 목구멍과 이빨로 소리를 낸 뒤에야 비로소 책을 읽었다고 말한다. 이런 식으로야 비록 백만 번을 읽는다 하더라도 무슨 보람이 있겠는가?《이생문고서》

이은봉의 《고전서당》(동녘)의 홍길주 편에서 인용한 글입니다. 책은 많이 읽을수록 좋습니다. 그러나 하루 종일 책을 펼쳐들기만 한다고 일이 해결될 리 만무합니다. 살아가는 모든 행위가 공부입니다. 그러니 만리 길을 걸으며 많은 사람을 만나 좋은 이야기를 듣는 것 자체가 공부입니다. 홍길주는 "재주는 부지런한 것만 못하고, 부지런함은 깨닫는 것만 못하니 이 깨달음이야말로 도덕을 얻는 큰 관건"이라고 했습니다. "책을 수만 번 읽는 것보다 자연과 일상을 통해 자신을 발견하고 나를 보여주는 것"이 중요합니다. 책에만 코를 박고 있어서는 세상이 돌아가는 이치를 제대로 알 수 없습니다.

"다양한 분야의 책을 읽고 천하를 주유하라"고 권유하던 고염무의 독서법은 어땠을까요? 그는 스스로 '공부의 감독'이 되어(이를 '자독독서〔自督讀書〕'라 했습니다) 매일 읽어야 할 책의 권수를 정해두고 다 읽은 후에 책을 한 번 베껴 썼습니다. 또 책 한 권을 읽을 때마다 독서일기라 할 수 있는 '찰기〔札記〕'를 썼습니다. 고염무는 이 찰기를 30년 이상 쉬지 않고 썼습니다. 이것을 정리한 것이《일지록〔日知錄〕》서른두 권입니다.《일지록》은 정치, 경제, 군사, 교육, 과학기술, 철학, 종교, 역사, 법률, 경학, 문학, 예술, 언어, 문자, 제도, 천문지리 등 고금의 모든 학문 영역을 망라하고 있어 그가 얼마나 폭넓게 책을 읽었는가를 알 수 있습니다.

읽기와 쓰기가 동시에 이뤄지는 디지털 시대

독서 행위는 '음독'에서 '묵독'으로 바뀌었습니다. 중세의 수도사들은 반추동물인 소에 비유될 정도로 텍스트를 천천히 소리 내어 읽고는 몇 번이나 음미했습니다. 활판 인쇄술이 발명되어 책을 집으로 가져갈 수 있게 되자 혼자서 묵묵히 읽는 묵독이 일반화되었습니다. 묵독은 다시 '집중형 독서'에서 '분산형 독서'로 바뀌었습니다. 납활자가 발명되었을 때는 책 한 권을 완전히 소화할 때까지 반복해서 읽는 '집중형 독서'가 일반적이었습니다. 과거 서당에서의 책 읽기처럼 말입니다.

산업혁명이 시작된 18세기는 문예부흥기로, 책이 쏟아져 나오며 독서 열풍을 몰고 왔습니다. 뉴스페이퍼(신문)가 나오는 등 날마다 새 읽을거리가 대거 등장하자 사람들은 책을 한 권 읽자마자 바로 다음 책으로 옮겨가며 신속하고 탐욕스레 읽어댔습니다. 이를 우리는 '분산형 독서'라 부릅니다.

그렇다면 우리는 디지털 독서를 무엇이라 불러야 할까요? 저는 사람들이 뭔가 궁금할 때마다 검색부터 하는 것을 감안해 '검색형 독서'라 이름 지었습니다. 인간은 검색을 통해 인류가 생산한 모든 지식을 즐기기 시작했습니다. 이제 손안의 컴퓨터인 스마트폰으로 언제 어디서든 검색을 즐깁니다. 그리고 '읽기'와 '쓰기'는 원래 연동되어 있었지만 대중 저널리즘 시대가 되면서 소수가 쓰고 다수가 읽는 시대가 되었습니다. 그러다 블로그가 등장하면서 읽기와 쓰기의 순환 관계가 재발견되었습니다.

신경숙 장편소설 《깊은 슬픔》(문학동네)의 광고 헤드카피는 "나, 그를 만나 불행했다. 그리고 그 불행으로 그 시절을 견뎠다"였습니다. 소설의 마지막 문장이기도 합니다. 그런데 작가는 '그리고'와 '그러나'를 두고 몇 달을 고민하다가 처음에는 '그러나'로 정했지만 결국 '그리고'로 바꾸었다고 합니다.

김훈의 장편소설 《칼의 노래》(문학동네) 첫 문장은 "버려진 섬마다 꽃이 피었다"입니다. 작가는 한 강연에서 이 문장을 가리켜 주어와 동사만으로 객관적 사실만을 전달하는 '우조'라고 설명했습니다. 여기서 '꽃이'라는 단어가 '꽃은'으로 바뀌면 꽃을 바라보는 자의 주관적인 감정이 제시되는 '계면조' 문장이 된다고 말합니다. 조사를 다시 '꽃도'로 바꾸면 뽕짝(트로트)이 된다는군요.

문장이란 이런 겁니다. 접속사 하나, 조사 하나로 문장의 맛이 확연히 달라집니다. 이제 글자 하나에 목숨을 걸어야 하는 일은 비단 작가의 일만은 아닌 세상이 되었습니다. 지금은 누구나 휴대전화 문자 메시지나 이메일, 블로그, 트위터를 통해 매일 글을 쓰고 있습니다. 단 한 줄의 글로 사람의 마음을 얻기도 하고 철천지원수처럼 갈라서기도 합니다.

여러분도 스마트폰으로 글을 많이 쓰고 계시지요? 그런데 문자와 트위터의 글은 크게 다릅니다. 휴대전화 문자는 '1촌' 사이가 아니면 이해할 수 없는 스몰 토크(small talk)가 많습니다. 그러나 자신의 일거수일투족이 모두에게 노출되는 트위터에 올리는 글은 문자 언어가 아니라 한 문장이 영화 한 편 이상의 상상을 불러일으키는 영상 이미지입니다.

보통 트위터에는 140자까지 쓰는데, 때로는 더 길게 쓰기도 합니다. 그러나 많은 사람의 주목을 끄는 글은 하고 싶은 말을 충분히 담아낸 짧은 한 문장입니다. 그런 글을 잘 쓰는 사람은 인기를 얻고 멘토로 불립니다. 멘토의 한 줄 어록이 세상을 바꿀 수도 있습니다. 안철수, 박경철, 김어준, 이외수, 공지영 등 지난 몇 년간 주목을 끈 대중 지성은 모두 짧게 잘 '쓰는' 분들입니다. 이제 '잘 쓰는' 사람이 세상을 주도하는 시대입니다.

스마트폰과 스마트패드(태블릿PC)가 상용화되어 즉각적인 글쓰기가 가능해진 다음부터 누구나 무엇을 죽어라고 쓰는 시대가 되었습니다. 또 같은 글이라도 잘 써야 합니다. 개인이 기업에서 도태되지 않기 위해서는 기획서 한 장이라도 잘 써내야 합니다. 소셜미디어에서 좋은 글을 쓴 사람은 종종 '메이저 무대의 스타'가 되기도 합니다. 이제 글쓰기는 인간의 생존에 있어서 필수 전략이 되었습니다.

잘 '쓰는' 것은 '읽는' 것과 연동돼 있습니다. '책'과 '노트'는 늘 함께 존재했습니다. 책을 읽으면 자연히 '쓰는' 일이 따라왔습니다. 이렇게 '읽기'는 '쓰기'에 의해, '쓰기'는 '읽기'에 의해 뒷받침되었습니다. 달리 말해 '읽기'는 단독으로는 존립할 수 없고 항상 '쓰기'와 관계하며 성립했습니다.

많이 읽은 사람이어야 사람의 심금을 울릴 짧은 글을 잘 씁니다. 조선시대의 교양인(사대부)은 과거에 합격해야만 인간답게 살 수 있었습니다. 부잣집 도련님이라 할지라도 낭랑한 목소리로 책을 수없이 읽어야만 과거 시험 문제의 답을 잘 쓸 수 있었습니다. 이런 구조가 무너진 시기는 대중 저널리즘이 등장한 다음부터입니다. 인쇄술과 같은 대량 복제 기술이 발달하자 텍스트가 범람하기 시작했습니다. 이때부터 노트는 사라지고 책만 남기 시작했습니다. '읽기'와 '쓰기'가 점차 단절되었습니다. 그러다 보니 소수가 쓰고 다수가 읽는 세상이 되었습니다. 작가나 기자 같은 이는 날마다 써야 했지만 대중은 주어진 글을 읽기에도 바빠 '쓰기'와 '읽기' 사이에 문화적 단절이 발생했던 것입니다.

지금은 너무 책을 읽지 않는다고 합니다. 과연 그럴까요? 교양으로서의 독서로 말하면 읽기의 '소외'로 보는 편이 옳겠지만 무엇이든 읽어야만 살아남을 수 있다고 본다면 읽기의 '범람'이라고 보아야 할 것입니다. 휴대전화 메일, 블로그, 트위터, 전철이나 길거리의 광고와 간판에서 한순간도 눈을 돌릴 수 없습니다. 여러분이 보는 모든 영상 또한 읽어야만 합니다. '보는' 텔레비전에도 '읽어야만 하는' 자막이 넘쳐납니다. 영상 정보에는 금방 본 것도 바로 잊어버리는 '정보의 알츠하이머'(치매) 효과라는 치명적 약점이 있습니다. 이를 문자로 보완하려고 자막을 넣겠지만 어쨌든 우리는 무엇이든 읽어야 살아남습니다.

웹은 '읽기'와 '쓰기'의 연동에 다시 힘을 불어넣었습니다. '읽기'와 '쓰기'의 순환 관계가 블로그에 의해 재발견된 것입니다. 이어서 스마트폰과 스마트패드가 등장하면서 즉각적인 글쓰기도 가능해졌습니다. 이제 개인은 스마트 시대의 기기와 서비스를 적극 사용하며 일과 삶의 영역을 변화시켜 나가는 신인류인 '호모스마트쿠스'가 되었습니다. 어디에서나 즉각 읽고 그에 상응하는 글을 쓰는 시대가 되었습니다.

호모스마트쿠스는 '편집'을 잘해야 합니다. UCC(User Created Contents) 이상으로 UEC(User Editing Contents)가 주목받고 있습니다. 이때 개인이 쓰는 글은 검색으로 접근하기 쉽게 하고, 주목받을 만한 콘텐츠는 적절히 분류하고 배치해서 보기 좋게 제공해야 합니다. 이것을 토머스 프리드먼은 《렉서스와 올리브나무》(21세기북스)에서 '정보의 중개'라고 말했습니다. 1차적인 생산자보다 2차적인 중재자가 주목받는 세상이 된 것입니다.

새로운 문화적 통찰을 보여주는 글쓰기

그렇다면 어떤 글을 써야 할까요? 인류가 생산한 지식을 무조건 많이 기억해야만 했던 시대에는 지식 체계를 확실하게 잡아 교과서처럼 잘 정리해주는 사람들이 지식인으로 대접받았습니다. 헤겔은 "미네르바의 부엉이는 황혼 녘에 난다"고 말했습니다. 우리가 알던 책은 이런 헤겔적 사고로, 즉 질서정연한 뉴턴적 세계에서 사건이 완전히 종결되고 관련 지식이 체계화된 다음 문자로 기록한 것을 말합니다. 그런 글쓰기를 '황혼의 글쓰기'라고 하는데 대표적으로 '교과서'를 들 수 있습니다. 하지만 누구나 알아야 할 이런 보편 지식은 인터넷에서 쉽게 검색할 수 있습니다. 여러분은 이걸 마르고 닳도록 외우고 있습니다.

하지만 지금은 손안의 컴퓨터라 할 수 있는 스마트 기기로 인류가 생산한 모든 지식에 접근할 수 있게 되었습니다. 언제 어디서나 인터넷에 접속해 알고 싶은 정보를 즉각 검색할 수 있는 세상에서 인간은 컴퓨터보다 나은 능력을 갖춰야 합니다. 정보의 저장이나 보관, 검색 능력은 인간이 컴퓨터를 이길 수 없습니다. 하지만 창조력은 다릅니다. 인간이 컴퓨터를 이길 수 있는 유일한 능력이 바로 창조력입니다.

종이에 적힌 정보를 휴대전화로 인식하기만 하면 바로 디지털 데이터로 전환해 보관할 수 있을 뿐만 아니라 음성화하여 들을 수도 있습니다. 게다가 정보는 빛의 속도로 날아다닙니다. 세계에서 벌어지는 온갖 일에 대한 즉각적인 반응이 넘쳐나는 블로그나 트위터에는 모든 정보가 서로 교차되어 새로운 정보를 만들어냅니다. 이제 개인은 새로운 사건이 발생할 때마다 자기 생각을 글로 써낼 수 있어야 합니다. 창조적 에너지와 카오스의 모태를 잘 결합해서 새로운 문화적 통찰력을 보여주는 '대낮의 글쓰기'를 잘할 수 있어야 합니다.

인류는 황혼의 글쓰기로 지식을 축적했지만, 이제는 대낮의 글쓰기로 자신의 역량을 발휘해야 합니다. 미래학자들은 인간이 120세까지 일하는 날이 도래하고 일생에 여덟 번 직업을 바꿀 거라고 내다봅니다. 그런 사람들에게는 직업 선택이 중요한 게 아니라 어떤 직업을 선택해도 성공할 수 있는 역량이 필요합니다.

역량을 갖춘 사람은 책을 쓸 수 있는 사람입니다. 이제 개인은 쓰고, 검색하고, 엮고, 형태를 갖추고, 나눠주고, 받고, 읽는 행위를 웹이나 휴대전화를 통해 일상화하고 있습니다. 개인이 블로그나 페이스북 등 소셜미디어에 쓴 글은 누구나 바로 읽어볼 수 있습니다. 글을 웹에 올리는 것 자체가 출판 행위라 할 수 있습니다. 따라서 읽기와 쓰기는 다시 출판하고 연동됩니다. 미디어 학자인 하세가와 하지메(長谷川一)는 이런 형태의 출판을 기존의 출판(Publishing)과 구별하기 위해 '퍼블리킹(PUBLICing)'으로 부르자고 제안합니다.

퍼블리싱과 퍼블리킹은 무엇이 다를까요? 무엇보다 출판 시스템이 달라졌습니다. '선여과 후출판'에서 '선출판 후여과'로 달라진 것이지요. 퍼블리싱 시대에는 발행인이나 편집자가 책으로 탄생할 가치가 있는 원고를 먼저 선별해 정리한 다음 책으로 펴냈다면 퍼블리킹 구조에서는 웹에 오른, 즉 출판된 것을 편집자가 여과해서 책으로 펴냅니다. 대표적인 것이 '블룩(Blook)'입니다. 이미 수많은 블룩이 베스트셀러를 낳았습니다.

독서와 자신만의 경험으로 책을 펴내길

'대낮의 글쓰기'를 통해 새롭게 생성된 지식은 달리 표현하면 인류학자인 클로드 레비스트로스가 말한 '브리콜라주적인 지식'입니다. 이제 인간은 무수히 많은 정보들 중에서 불필요한 지식은 버리고 필요한 것만을 연결해 새로운 지식을 만들어내는 능력을 갖추어야 합니다. 되도록 많은 지식을 머릿속에 저장해 보관하던 시대가 가고 꼭 필요한 지식만 남겨놓고 나머지를 삭제하고 망각해야 하는 시대가 왔습니다. 간단히 말해 '저장'의 시대에서 '망각'의 시대로 바뀐 것입니다. 컴퓨터는 기억과 재생의 능력에서는 인간을 압도하지만 선택에 따른 망각은 할 수 없습니다. 이는 인간만이 가질 수 있는 능력입니다.

이제 누구나 책을 쓸 수 있는 시대가 되었습니다. 책은 저자의 인격을 반영합니다. 달리 말하면 저자의 포트폴리오입니다. 진정한

114

역량을 갖춘 사람은 자신의 책을 펴낸 사람입니다. 그렇다고 책을 쓰는 능력이 딱히 대단한 것은 아닙니다. 고염무식 독서법을 실천한다면 누구든 책을 써낼 수 있습니다. 천하를 주유하면서 많은 사람을 만나 토론하고 평소에 다양한 책을 읽는 습관을 갖추고 독서일기인 '찰기'를 나날이 쓰는 것으로 족합니다.

글을 읽고 문장을 업으로 삼는 사람은 먼저 성현의 글을 읽어야 한다. 그 글을 곱씹어서 충분히 젖어들어 철두철미하게 융합하고 이해하기를 마치 가느다란 터럭이나 실을 쪼개듯이 해야 한다. 그것을 뿌리로 삼아 자신의 표준을 세워야 한다. 다음으로《춘추좌전(春秋左傳)》,《사기》,《장자》,《이소(離騷)》등 역사서 및 제자백가서에 이르기까지 오랜 세월 읽어서 난숙하게 이해하고 깊이 연구한다. 그런 뒤에 문장을 쓴다면 혹은 일으키기도 하고 혹은 돕기도 하여 붓을 운용하고 말을 만드는 것이 귀신이 만들어놓은 듯이 자신도 모르는 사이에 그렇게 되는 지점이 있을 것이다. 도도히 흐르는 황하처럼, 활활 타오르게 하는 부싯돌처럼, 다함이 없다. 문장이 이 경지에 이른다면 거의 완성되었다고 하겠다." (김풍기,《한시의 품격》, 창비)

장유의 글입니다. 오늘날이라고 해서 다르지는 않을 것입니다. 읽고 쓰는 것은 연동되어 있습니다. 입력이 있어야 출력이 있지요. 입력이 많을수록 출력된 책의 질은 좋아질 것입니다. 하나가 더 있습니다. 책에는 자신만의 경험이 잘 녹아들어야 합니다. 영상 시대는 달리 말하면 시청각의 시대입니다. 시각문화와 청각문화가 공존하는 시대입니다. 문제의 핵심을 담은 사진이나 이미지를 되도록 많이 확보하십시오. 이는 시각문화 시대를 사는 이가 갖추어야 할 가장 기본적인 미덕일 것입니다. 청각문화가 발달하려면 말하는 이와 듣는 이가 눈높이를 맞출 수 있어야 합니다. 눈높이를 맞추려면 경험에서 우러나온 구체적인 사례, 상대와 공감할 수 있는 팩트를 되도록 많이 제시해야 합니다. 이는 보통 '사람'과 '사물'과 '사건'의 형태로 드러납니다.

정치 컨설턴트 박성민은 《정치의 몰락》(민음사)에서 "사람들은 소 한 마리와 그것을 키우는 할아버지가 주인공인 영화 〈워낭소리〉를 보고 울지만, 구제역으로 소 300마리를 살처분했다는 뉴스를 보고는 불쌍하다고만 생각한다. 3000마리를 살처분했다는 뉴스를 들으면 '꼭 다 묻어야 하나, 그냥 먹을 수는 없나'라고 생각하고, 3만 마리를 살처분했다는 뉴스에는 '이렇게 다 묻어도 괜찮나'라며 슬슬 나라 걱정을 한다. 그러나 30만 마리를 묻었다는 뉴스에는 시큰둥하고, 급기야 300만 마리를 묻었다는 뉴스는 아예 보지도 않는다"고 지적합니다. 박성민은 그 이유를 '추상'과 '구체'로 설명합니다. 다시 말해 구제역으로 죽은 소 300만 마리는 '추상'으로, 〈워낭소리〉의 소는 '구체'로 받아들인다는 것입니다.

인간의 마음에 확실히 다가가는 구체성을 갖는 팩트의 가장 큰 장점은 '나'와 '너'의 차이를 명확히 일깨워주는 것입니다. 이런 개인차를 정확히 아는 자만이 '우리'라는 공동체의 밑그림을 분명히 그릴 수 있습니다.

저는 출판평론가이기도 하지만 잡지 기획자이기도 합니다. 요즘은 필자를 웹에서 많이 찾습니다. 제 블로그에 들어온 사람의 블로그를 찾아갔다가 좋은 글을 발견하면 원고를 청탁합니다. 이름도 성도 나이도 학력도 모르는 사람에게요. 그렇게 해서 좋은 필자를 자주 발견합니다. 실제로 그런 과정을 통해 글을 쓰게 된 이들 중에 유명 필자가 속속 탄생하고 있습니다.

퍼블리킹은 누구나 할 수 있습니다. 그래서 만들어진 책은 포트폴리오나 다름없습니다. 책 한 권은 한 사람의 운명을 바꿉니다. 여러분도 책을 써보지 않겠습니까? 그런 책을 내고 나면 자신 있게 살아갈 수 있습니다. 지금부터 자신이 잘할 수 있고, 정말 좋아하고, 해서 즐거운 분야를 찾아서 꾸준히 책 읽는 일부터 시작해보십시오. 어떤 분야든 입문서에서 전문서까지 100권만 읽으면 전문가 못지않은 안목을 갖출 수 있습니다. 아, 물론 학생들은 고전을 적어도 100권은 더 읽어야만 인간을 근본에서 이해할 수 있습니다. 200권 읽기는 대학 시절에 일주일에 한 권씩 읽으면 가능한 목표입니다.

그렇게 책을 읽어가며 블로그에 글을 쓰십시오. 물론 블로그에서 친해진 사람과 직접 만나는 일도 중요합니다. 만나서 밥만 먹고 헤어질 것이 아니라 함께 읽은 책을 두고 토론하면 실력이 일취월장할 것입니다. 공독의 역사가 바로 학문의 역사입니다. 지금은 대학이 아닌 일상의 생활공간에서 이렇게 새로운 학문이 날로 발전하고 있습니다. 여러분도 이런 세상에서 안철수, 박경철, 김어준 이상의 대중 지성이 되어보시기 바랍니다.

철학을
공부해야 하는 이유

대학을 거부하는 대학생

대학은 사실상 몰락했습니다. 신자유주의 경쟁 교육이 벌어지는 대학이 여전히 가쁜 숨을 몰아쉬고 있기는 하지만 학문 탐구를 이상으로 삼는 대학은 더 이상 존재하지 않습니다. 특히 대학의 인문학은 2006년 여름에 전국 80여 개 인문대학 학장들이 인문학의 위기를 알리는 성명서를 발표한 다음에 더욱 처절하게 몰락해갔습니다. 이후 인문학을 살리기 위한 공적 자금이 대학에 투여되기 시작했으나 신자유주의 경쟁을 통한 이윤 창출의 도구로 전락한 대학에서는 인문학이 살아날 조짐이 보이지 않고 있습니다. 그저 인문학을 가르치는 교수들의 수명만 연명시켜준 셈이었습니다.

2010년에 고려대 경영대학 3학년 김예슬은 스스로 학교를 떠나며 대자보에 '오늘 나는 대학을 그만둔다. 아니, 거부한다!'고 선언했습니다. 25년 동안 홀로 살아남을 것만을 강요당하는 경쟁에서 우수한 경주마가 되어 트랙을 질주하며 무수한 친구들을 넘어뜨린 것을 기뻐해온 김예슬은 취업이라는 관문을 통과하기 위한 자격증을 따기 위한 경쟁 질주만은 더 이상 하지 않겠다는 뜻을 밝혔습니다. 김예슬은 "쓸모 있는 상품으로 '간택'되지 않고 쓸모 있는 인간의 길을 '선택'하겠다"고 했습니다.

2013년 말부터 큰 반향을 일으킨 '안녕들 하십니까?' 대자보 열풍은 고려대 경영학과 08학번 주현우가 실명으로 쓴 대자보를 12월 10일 교내 게시판에 붙인 데서 비롯된 현상입니다. '안녕' 대자보를 분석한 《중앙일보》 2013년 12월 21일자 기사에 따르면 대자보에 가장 많이 등장한 단어는 '안녕' '세상, 사회' '생각, 고민, 불안', 취업과 관련된 여섯 개의 단어, 공부와 관련한 단어 등 일상에서 흔히 쓰는 단어들이었습니다.

대자보에는 '철학'적 질문들이 등장합니다. "과거 운동권 학생들이 많이 쓰던 '진군, 애국, 단결, 혁명, 해방' 같은 단어는 거의 찾아보기 어려웠다"는 데서 우리는 오늘날 힘겨운 삶을 살아가는 젊은이들의 고뇌를 미뤄 짐작할 수 있습니다. 지금 힘든 이들은 젊은이만이 아닙니다. 신빈곤 세대로 전락한 노인들을 비롯해 아무런 준비 없이 은퇴를 시작한 760만 명에 이르는 1차 베이비붐 세대(55~63년생,

50대)와 '하우스 푸어'의 늪에서 헤어나지 못하는 2차 베이비붐 세대(66~74년생, 40대)는 당장 눈앞에 다가온 몰락을 두려워하고 있습니다. 단군 이래 최고의 스펙을 쌓았다는 '이케아 세대'(78년생, 35세 전후)는 '취업—연애—결혼—출산—양육'이라는 정규 코스를 거부하기 시작했습니다. 윗세대 선배들이 '석박사 백수' 혹은 '대졸 백수'가 되는 사태를 목격한 '88만 원 세대'나 '대자보 세대'는 대학의 교문을 나서는 것 자체를 두려워하고 있습니다. 특히 50대 부모가 돈(혹은 빚) 이외에는 20대 자식에게 물려줄 수 있는 유산을 전혀 갖지 못한 현실에서 이들은 '부자 공멸'의 위기에 빠져 있습니다.

《이케아 세대 그들의 역습이 시작됐다》(중앙books)의 저자 전영수는 "지금 이 순간 잘 사는 것"을 선택한 이케아 세대가 기성 사회에 할 수 있는 가장 강력한 복수는 '결혼 포기'라고 말합니다. 저출산 고령화의 국가적 난제는 예외로 치더라도 "철저히 자신들의 상황과 눈높이에 맞춘 생존법"으로 살아가는 이케아 세대는 '담대한 희망'은 포기한 채, '작은 사치'에 만족하며 '사소한 일상'을 즐기고 있습니다.

철 학 의 시 대 v s 자 기 계 발 의 시 대

1980년대에는 '어떻게 살아갈 것인가'의 고민에 답하는 철학 책이 주로 읽혔습니다. 1983년에 출간된 최초의 철학 밀리언셀러인

120

《철학에세이》(동녘)는 자신이 살기 위해서는 세상부터 바꿔야 한다는 사실을 철학적으로 규명한 책이었습니다. 이후 대중은 철학서보다 자기계발 이데올로기와 결합한 심리학 서적에 심취했으며, 역사서는 '어떻게 살아남을 것인가'에 답하는 책이 주로 읽혔습니다. 프로이트의 정신분석학이 현실 유지 지향성을 지닌 자아심리학으로 변형되는 마당에, 대학생이라면 이 정도는 알아야 한다는 데칸쇼(데카르트, 칸트, 쇼펜하우어)마저 큰 관심을 끌기 어려웠습니다.

자기계발 이데올로기는 하늘과 나 사이에 믿을 것은 오로지 자신밖에 없으니 자신부터 바꾸라고 속삭입니다. 2007년과 2008년을 강타한 《시크릿》이 대표적입니다. "수세기동안 단 1퍼센트만이 알았던 부와 성공의 비밀"이라는 부제가 달려 있는 데서 알 수 있듯이 자기계발 이데올로기는 부와 성공을 위한 지식을 갈구합니다. 모든 문제의 원인과 해법이 자신 안에 있다는 긍정 신학마저 자기계발 이데올로기와 결합할 정도로 자기계발 산업은 거대하게 성장했습니다. 하지만 자기계발 이데올로기에서 대중이 얻을 수 있었던 것은 '심리적 위안'이라는 항우울제뿐이었습니다.

극단적인 양극화로 소수가 부(富)를 독식하는 세상에서는 자기계발을 하면 할수록 수렁에 빠져 '시달리는 자아'만 남을 뿐이었습니다. 글로벌 금융위기의 그림자가 일렁거리던 2006년 무렵부터 대중은 자기계발을 통한 '성공'을 포기하고 자신이 접근할 수 있는 범위의 '행복'을 추구하는 현명함을 보이기 시작했습니다. 이후 한국의 출판시장에서는 멘토가 전하는 한 줄 어록에 공감하고 위로를 받는 사람이 크게 늘어났습니다. 김난도의 《아프니까 청춘이다》와 혜민 스님의 《멈추면 비로소 보이는 것들》이 배턴을 이어가며 한국 출판 시장을 석권하는 시기에는 '셀프 힐링'의 열풍이 거세게 불었습니다.

다른 조짐도 없지는 않았습니다. IMF 외환위기에 이어 카드 대란, 글로벌 금융위기까지 큰 위기를 5년 주기로 맞다 보니 현실을 깊이 천착하려는 움직임이 일었습니다. 한국 사회에서 진정한 정의는 무엇인가라는 화두를 던진 마이클 샌델의 《정의란 무엇인가》(김영사) 같은 쉽지 않은 철학서가 불과 11개월 만에 밀리언셀러가 된 것입니다. 미래에 대한 그림을 전혀 그리지 못한 20대와 불황에 상대적으로 불이익을 받는 여성이 특히 이 책을 많이 찾았다는 데서 미래가 불안해진 젊은 세대와 여성이 세상을 이해하는 새로운 '철학'을 찾고 있다는 사실이 확인되기 시작했습니다.

철학이 자기계발과 결합하는 징후는 강신주의 《철학이 필요한 시간》(사계절)에서도 나타났습니다. 인문서로는 보기 드물게 단숨에 10만 부를 넘긴 이 책의 표지에는 "강신주의 인문학 카운슬링", "아파도 당당하게, 두려움 없이", "'나는 왜 이러고 살지?'의 주인공을 위한 인문 공감 에세이" 등의 광고 문구가 들어가 있습니다. 독자가 심리학 서적에서 자주 만났던 문구입니다. 솔직함과 정직함이 인문정신의 핵심이라고 말하는 강신주는 "자기 위로와 자기 최면이 아닌, 아파도 당당하게 상처를 마주할 수 있게 하는 인문학이 필요하다"고 주장했습니다. 이 책은 '잃어버린 나를 찾아서', '나와 너의 사이', '나, 너, 우리를 위한 철학'의 3부로 구성돼 있습니다. 먼저 나를

이해하고, 나와 너(타자)의 차이를 찾아내 이해하면서 우리라는 공동
체의 비전을 찾아보자는 이야기였습니다.

　강신주가 본격적으로 활동하기 이전부터 지금까지 대중 철학
교양서의 저자들은 대체로 대학 밖에서 활동하는 이들이었습니다.
대표적인 철학교양서 저자는 운동권 출신의 황광우입니다. 1958년
광주에서 출생하여 고교 시절 반독재 시위를 주도하다 구속되어 제
적된 그는 서울대학교에 입학해 틈틈이 고전을 읽었습니다. 군부독
재 시절 정인이라는 필명으로 출간한《소외된 삶의 뿌리를 찾아서》,
《들어라 역사의 외침을》,《뗏목을 이고 가는 사람들》등은 사회 현실
에 눈뜬 대학생들이나 노동자들에게는 필독서였습니다. 황광우가
2006년에 펴낸《철학콘서트》(웅진지식하우스)는 플라톤과 마르크스
등의 서양 사상가들과 예수, 부처 같은 종교인, 노자와 공자, 퇴계 이
황 같은 동양 철학자의 삶을 정리한 철학교양서로 10만 부를 넘긴
철학서의 반열에 올랐습니다. 그는 이후《철학콘서트 2》,《인류의 역
사를 뒤바꾼 위대한 생각들》(비아북)을 비롯해 철학교양서를 꾸준히
내놓았습니다.

　《소크라테스의 변명》(사계절),《철학, 역사를 만나다》(웅진지식하
우스),《열일곱 살의 인생론》(사계절),《철학에게 미래를 묻다》(휴머니
스트) 등을 펴낸 대한민국 1세대 철학교사 안광복,《한국의 정체성》
과《한국의 주체성》(이상 책세상)을 시작으로 최근에는《행복 스트레
스》(창비)를 펴낸 탁석산, '수유너머'의 창립 멤버들인 이진경, 고미
숙, 고병권,《철학카페에서 문학읽기》(웅진지식하우스)의 김용규 등은

철학교양서 시장을 꾸준히 넓힌 이들입니다.

《철학이 필요한 시간》의 출간 이후 강신주는 《강신주의 맨얼굴의 철학, 당당한 인문학》,《강신주의 다상담》1~3(동녘),《강신주의 감정수업》(민음사)을 연이어 내놓았습니다. 시민이 함께 모여 인문학을 공부하고 글을 쓰고 싶어도 처음에는 어려우니 우선 함께 읽고 싶은 것일까요? 《강신주의 맨얼굴의 철학, 당당한 인문학》은 지승호가 묻고 강신주가 답하는 강신주 철학 입문서입니다. '다상담' 시리즈는 "사랑, 몸, 고독"(1권), "일, 정치, 쫄지마"(2권), "소비, 가면, 늙음, 꿈, 종교와 죽음"(3권) 등 유형별로 질문에 답하는 책입니다. 《강신주의 감정수업》은 17세기 철학자 스피노자가 《에티카》에서 정의한 48가지 감정을 우리 현실에 비추어 세심하게 설명해줍니다.

원래 철학에는 하나의 정답이 없습니다. 우리는 철학적 사고를 통해 기존 질서마저 뒤집어야 합니다. 지금 우리에게 필요한 것은 정답이 있는 지식이 아니라 생각하는 방법, 즉 스스로 정답을 찾아가는 방법입니다. 그럼에도 강신주는 정답이라는 '돌직구'를 내던집니다.

비판자들이 문제 삼는 예를 하나 들어볼까요? "행복한 공동체를 원하는가? 재래시장을 살리고 싶은가? 생태문제를 해결하고 싶은가? 가족들의 몸을 건강하게 만들 수 있는 안전하고 싱싱한 식품을 원하는가? 그럼 냉장고를 없애라! 한 번에 없앨 자신이 없다면, 냉장고의 용량이라도 줄여라!" 거의 자기계발서에서 볼 법한 가르침입니다. 하지만 체제 전복적인 성격이 있습니다. 이런 '폭력적인' 가르침에 골드 미스나 경력이 단절된 30~40대 여성이 열광합니다. 능력은 있지만 세상의 유리벽에 신음하는 여성들이 주로 강신주의 가르침에 목말라합니다. 강신주가 체제 전복적이라면《언니의 독설》(21세기북스)의 김미경은 체제 순응적입니다. "나는 슈퍼맨처럼 모든 일을 해냈는데 당신들은 왜 못하냐!"고 일갈합니다.

강신주나 김미경의 화법은 다분히 의도된 것입니다. 강신주는 《강신주의 다상담》 1권의 프롤로그에서 이렇게 말했습니다. "만일 제가 C라는 입장을 가지고 있다면, 다른 의견인 A와 B는 언급도 하지 않습니다. 그냥 이렇게 이야기하지요. '저는 철학자입니다. 그러니 제 말을 믿으세요. C가 옳습니다. 나머지 A와 B는 일고의 가치도 없이 잘못된 것입니다.' 독선적으로 보일 만큼 단호한 제 어투 때문에 오해도 많이 샀지만, 그래도 가장 효과적인 강연 방법이었습니다."

무엇이 '강신주 현상'을 불러왔나

그렇다면 '강신주 현상'은 어떤 과정을 통해 형성되었을까요? 강신주는 처음에《장자, 차이를 횡단하는 즐거운 모험》(그린비) 같은 철학서로 실력을 인정받았습니다. 그리고《철학이 필요한 시간》이란 대중 인문서가 10만 부를 넘기자 대중 철학자의 선두 주자가 되었습니다. 그는 이즈음 강연의 수를 늘립니다. 체제 비판적인 목소리를 내지만 삼성경제연구소에서도 강연을 합니다. 2011년에 MBC 라디오의 〈김어준의 색다른 상담소〉(색담)에 패널로 초대됩니다. 6개월 만에 MBC에서 추방됐지만 〈색담〉은 2012년에 김어준의 '벙커1'에서 〈강신주의 다상담〉으로 거듭납니다. 이렇게 강신주는 패널에서 진행자로 격상했습니다. 강신주라는 브랜드가 확실하게 형성된 다음 〈아침마당〉 등에 출연하다가 〈힐링캠프〉에까지 출연합니다.

강신주가 〈힐링캠프〉에 등장하자마자 책의 인기가 폭발했습니다. 《강신주의 감정수업》은 종합 베스트셀러 1위에 잠시 오른 이후 줄곧 5위 이내에서 맴돌았습니다. 이 책은 출간 두 달 만에 15만 부를 넘겼습니다. 다른 책들도 인기가 급증했습니다. 소셜미디어에서의 반응도 뜨거웠습니다. 트위터에서는 "답답함에 내쉬는 숨 훅……힐링캠프 강신주의 직설, 돌직구로 그동안 얼어 있던 내가 깨진 느낌이다. 숨을 쉬고 웃고 목표를 세우자!", "어쩌면 내가 강신주를 좋아하는 이유가 내게 돌을 던지기 때문은 아닐까 생각해본다" 같은 반응에서 알 수 있듯 열렬한 호응이 일었습니다. 어쨌든 강신주는 이제 대중 스타의 반열에 올라섰습니다.

'강신주 현상'에 대한 지식인들의 비판이 이어지고 있긴 합니다. 그들의 비판도 일리가 있지만 우리는 강신주가 뜰 수밖에 없는 사회 환경에 주목할 필요가 있습니다. 국가 위기가 닥치기 전에는 나이 열아홉 살에 어떤 선택을 하느냐에 따라 평생의 운명이 결정됐습니다. 서울대에 입학하면 평생 상승의 에스컬레이터를 탔습니다. 글로벌 시대가 되면서 목표는 서울대가 아니라 하버드나 스탠퍼드 같은 외국 유명 대학으로 바뀌었습니다. 하지만 지금은 스펙이 아무리 좋아도 취업 자체가 어렵습니다.

앞에서도 언급했지만 가장 큰 이유가 "국경을 뛰어넘는 노동자 고용 시스템"인 '글로벌 옥션' 때문입니다. "가장 값싼 임금을 제시하는 사람이 고용되는 역경매 시스템"이 작동하다 보니 개인의 몸값이 엄청나게 떨어졌습니다. 미국의 제조업은 중국 노동자가, 서비스업이나 회계 업무는 인도의 노동자가 담당합니다. 신흥국의 대졸자들이 고급 노동력을 염가 할인하는 역경매 방식으로 일자리를 빼앗아 가니 미국의 대졸자들은 실업자로 전락하고 있습니다. 그 불똥이 우리에게도 튀고 있습니다. 돈 들여 유학을 한 사람들이 일자리를 잡지 못하는 실정입니다. 설사 취업을 하더라도 비정규직이기 십상입니다. 운과 실력이 있어 상장기업에 취업해도 곧 회사를 떠날까 번민하는 '신입사원 사춘기'에 시달립니다. 그리고 1년 안에 그만두는 '신입사원 손절매'를 하는 이가 둘 중 하나입니다.

《더 많이 공부하면 더 많이 벌게 될까》를 쓴 필립 브라운, 휴 로더, 데이비드 휴스턴 등은 이렇게 된 이유로 '디지털 테일러리즘'을 제시합니다. "자동차·컴퓨터·텔레비전과 같은 제품의 부품을 전 세계에서 나눠서 생산하고 고객의 수요에 맞게 조립·판매하는 방식"이 서비스 업무에도 도입되기 시작했다는 것입니다. 그 바람에 지금까지 축복받아왔던 전문 직업인들의 전망도 흐릿해지고 오로지 1등만 살아남는 '승자 독식' 구조로 빠져들고 있습니다.

최고의 스펙을 쌓지 못하는 사람은 어떻게 살아야 할까요? 달라진 세상에서 살아남기 위한 방법론이 절실했습니다. 이를 글로벌 시민의 기본 소양이라고 칩시다. 1994년 이후에 태어난 학생들은 그런 소양을 대학에서 배우지 못했습니다. 새로운 시대의 윤리적 토대나 가치체계가 무엇인지 속시원하게 들어본 적도 없습니다. 그들은 대학 밖의 공간을 기웃거리기 시작했습니다. 출범한 지 10년이 훨씬 넘은 수유너머는 수유너머N, 수유너머문, 수유너머R, 인문팩토리 길, 남산강학원 등으로 세분화됐습니다. 인문학 동영상 강의로 정평이 난 아트앤스터디를 비롯해 철학아카데미, 대안연구공동체(CAS), 다중지성의 정원, 문지문화원 사이 등이 명성을 쌓아가는 한편 집단지성의 실험실 카이로스, 생활기획공간 통, 자유인문캠프, 돌곶이포럼, 인문연대 금시정, 연구모임 비상, 기술미학연구회, 세미나 네크워크 새움, 상상마당 아카데미 같은 인문 연구 공동체도 개설돼 가히 백가쟁명 시대에 접어들었습니다.

이런 곳을 가장 많이 찾는 이들이 공부하는 주부를 뜻하는 '공주'입니다. 백화점 문화센터에서 인문학 강좌를 듣는 사람의 90퍼센트가 '공주'입니다. 이 공주와 골드 미스가 강신주의 가장 열렬한 독자라고 합니다.

이런 현상은 스마트 기기의 유행과도 맥락이 닿아 있습니다. 스마트폰과 스마트패드, 스마트 텔레비전을 매일 이용하는 사람들을 우리는 '호모스마트쿠스'라고 합니다. 이들은 스마트 기기의 재생 장치를 이용해 필요한 정보를 언제 어디서나 자유롭게 소비합니다. 한번 시간을 놓치면 볼 수 없었던 텔레비전이나 라디오 프로그램마저도 이들은 일방적으로 제공되는 다양한 정보를 수동적으로 받아들이지 않고 자신이 마음에 드는 것만을 골라내 열렬히 소비합니다. 팟 캐스트가 대표적입니다. 아즈마 히로키가 《동물화하는 포스트모던》 (문학동네)에서 말하는 '데이터베이스적 소비'입니다. 이렇게 스마트 기기의 다양한 기능이 독자와 콘텐츠 제공자의 새로운 관계를 빚어 내는 결정적인 열쇠가 되고 있습니다.

호모스마트쿠스에게, 엄기호가 《단속사회》에서 말하는 것처럼, 단속(거부)되지 않으려면 이성(머리)뿐만 아니라 감성(몸과 마음)을 사로잡아야 합니다. 최근의 대중 인문학자들은 영상 이미지의 정서 와 환상에 부합하는 사람들입니다. 법륜 스님이나 김미경, 심리학자 황상민, 문화심리학자 김정운, 사마천의 《사기》만 27년을 연구한 재 야 역사학자 김영수 등은 방송으로 인지도를 높였습니다. 이들은 베 스트셀러를 냈지만 책은 단지 포트폴리오에 불과합니다. 이들의 밥 줄은 '강연'입니다. 방송을 통해 확보한 신뢰감으로 마니아 독자를 몰고 다닙니다. 결국 방송의 힘이 스타 인문학자를 키워내고 있는 셈 입니다. 물론 이들은 한 번 찍히면 소셜미디어에서 '거절'당할 운명 도 갖고 있습니다. 그래서 끊임없이 새로운 이미지를 만들어내야 한 다는 압박에 시달리고 있습니다.

역사에서
무엇을 배울 것인가

2013년 하반기부터 큰 논란이 되었던 교학사 한국사 교과서 사태가 전국 고등학교 채택률 0퍼센트대를 기록하면서 일단락되었습니다. 이런 사태에 자존심을 구긴 교육부가 한국사만은 교과서를 국정에서 검인정으로, 검인정에서 자유발행제로 나아갔던 합리적인 정책을 포기하고 갑자기 국정으로 역주행하겠다는 움직임을 보였습니다. 이 사태가 역사에 대한 인식을 바꾸어주는 계기가 되었음은 분명합니다. 또한 2000년대 중반 이후 심리학을 제외하고는 인문서가 초토화되었던 상황에서 다시 거세게 역사책 붐이 이는 촉매제가 되고 있기도 합니다.

삶의 좌표를 정해주었던 역사서

교학사 한국사 교과서 파동은 마치 1980년대의 역사 붐을 떠올리게 만듭니다. 당시 박정희 유신 정권은 국사 교육을 강화하면서 무장 이순신을 성웅으로 만드는 등 역사를 정치적 목적 달성에 동원했습니다. 그러나 젊은이들은 역사를 "군부독재의 권위주의적 지배 질서에 대한 저항의 방법으로서, 지배 질서에 대한 정당한 저항의 주체로서 민중을 상정하고 그들을 중심으로 역사를 보고자 했"습니다(허영란, 〈민중들 무거운 삶 재미로만 해석해서야〉, 《한겨레신문》 1997년 4월 29일자). 한마디로 저항의 한 방편으로 역사를 읽은 것입니다.

이런 분위기에 힘입어 《한국근대사》, 《한국현대사》(이상 강만길) 같은 책이 촉발한 근현대사에 대한 관심은 《한국민중사》(한국민중사 연구회편, 풀빛), 《다시 쓰는 한국현대사》(박세길, 돌베개) 등으로 이어지며 80년대 내내 역사에 대한 논쟁이 끊이지 않았습니다. 1980년대는 대하역사소설의 시대이기도 했습니다. 박경리의 《토지》(마로니에북스), 홍명희의 《임꺽정》(사계절), 황석영의 《장길산》(창비), 조정래의 《태백산맥》(해냄) 등은 모두 대중의 정치적 각성을 이끈 '역사 교과서'이자 1980년대를 역사의 시대로 만드는 데 결정적으로 기여한 소설들입니다.

1980년대에 대학가에서 역사서와 역사소설을 탐독했던 이들은 삶의 좌표를 정하기 위해서 이 책들을 읽었습니다. 달리 말하면 '어떻게 살아갈 것인가'를 고민하는 이들이 역사서에서 교훈을 찾으려

했던 것입니다. 이후 역사 붐은 1990년대 후반에 다시 한 번 거세게 불었습니다. 정리해고가 일반화되고 명예퇴직을 강요받던 분위기에서 혼돈의 시대에 당당히 맞서 자기 시대를 열어간 영웅들의 이야기인 시오노 나나미의 《로마인 이야기》가 폭발적인 인기를 얻었습니다. 요컨대 '어떻게 살아남을 것인가'라는 고민에 답하는 책들이 이 시기에 주목을 받았습니다. 이후 대중의 관심이 생활사나 미시사로 옮겨 갔는데 이 역시 동일한 맥락으로 볼 수 있습니다.

IMF사태에 이어 2003년에 '카드 대란'이 터졌을 때는 인문적 실용이 화두였습니다. 2003년에 인문서로 가장 화제가 된 책은 강명관의 《조선의 뒷골목 풍경》(푸른역사)과 고미숙의 《열하일기, 웃음과 역설의 유쾌한 시공간》(그린비)입니다. 2004년에는 정민의 《미쳐야 미친다》(푸른역사)와 이덕일의 《정약용과 그의 형제들》(다산북스)이 인기를 이어받았습니다.

부산대 한문학과에 재직하고 있는 강명관 교수가 자신의 표현대로 시시하고 하찮은 잡동사니 주제를 다룬 역사책을 펴냈으니 바로 《조선의 뒷골목 풍경》입니다. 승자의 위치에서 혹은 지배 계층의 관점에서 서술된 역사와 거리를 두고 개똥이, 소똥이, 말똥이로 불렸던 소수자의 이야기를 담아냈습니다.

성리학을 국가 이념으로 삼은 조선은 삼강오륜을 줄줄이 외우며 살았던 더없이 윤리적인 국가라고 생각하기 쉽지만, 투전·골패·쌍륙 같은 노름이 굉장한 인기를 끈 사회였습니다. 또 입신양명이 최고의 가치였던지라, 과거 시험은 온갖 부정의 온상이었습니다.

심지어 과장(科場)에 들어간 사람 가운데 직접 글을 지은 사람은 10분의 1도 되지 않았으며, 거벽이나 서수를 동원해 대신 글을 짓게 했다고 합니다. 그래서 대리 시험으로 생계를 유지하는 직업도 생겼는데, 류광억처럼 자신이 쓴 답안지가 1등, 2등, 3등을 차지했을 정도로 능력이 출중했지만 결코 과거에 합격할 수 없어 대리 시험자로 살다 간 이도 있었습니다.

이 책을 읽다 보면 조선의 저잣거리에서 어느새 현재로 돌아와 살피게 됩니다. 지금 우리는 도박 열풍, 고시 열풍으로부터 자유로운가, 21세기를 살지만 입신양명을 위해 맹목적으로 과거를 준비하던 조선시대 선조들과 무엇이 다른가를 저절로 생각하게 됩니다.

《열하일기》는 조선 정조 때 실학자인 연암 박지원이 건륭제의 일흔 살 생일 축하 사절로 중국에 갔을 때의 경험을 기록한 기행문집입니다. 고전평론가인 고미숙은 《열하일기》를 재구성하여 고미숙 스타일로 풀어냈습니다. 특히 인간 박지원을 새롭게 알아가는 즐거움이 값집니다. 연암은 시대와 불화한 지식인들이 숙명처럼 끌어안고 사는 어두운 그림자가 전혀 없는, 매서운 눈매와 우람한 몸집을 지닌 태양인이었습니다. 천재에게는 싸늘함이 있게 마련이지만, 연암은 달랐습니다. 유머를 지닌 천재였습니다. 실제로 《열하일기》에 가장 빈번하게 등장하는 먹을거리는 술이요, 가장 많이 등장하는 낱말은 포복절도입니다.

게다가 사람을 사귀는 능력이 탁월하여 홍대용, 박제가, 이덕무, 유득공, 백동수 등 연암 그룹을 이끈, 요즘 말로 친구에 살고 친구에 죽는 사람이었습니다. 이런 연암이니 당시 지배 계층이 되놈의 나라라고 깔보던 청나라를 방문해서도 청의 문물을 살피고 사람들을 만나는 데 거리낌이 없습니다. 거대담론과 시정의 우스갯소리가 공존하는 문제적 텍스트인《열하일기》는 연암만이 쓸 수 있는 종횡무진 박람기였습니다.《열하일기, 웃음과 역설의 유쾌한 시공간》에 서양 철학자인 들뢰즈의 용어들이 수시로 튀어나와 좀 껄끄럽기는 하지만, 중세에도 근대에도 머물지 않고 시대와 공간을 떠돈 유목민 박지원을 만나는 더할 나위 없는 즐거움을 누릴 수 있습니다.

불광불급(不狂不及), 즉《미쳐야 미친다》는 자신이 살아간 시대를, 자신이 좋아하는 일을 하지 않을 수 없어서, 뒤돌아보지 않고 미치지 않으면 이를 수 없다는 마음으로 살다 간 조선시대 마니아들의 이야기를 담았습니다. 저자인 정민 교수는 조선은 유교 문화가 지배한 시대지만 특히 18세기는 지식의 패러다임에 본질적인 변화가 일어나던 시기, 그러므로 광기로 가득 찬 시대일 수밖에 없다고 정의합니다.

그러나 세상은 재주 있는 자를 결코 사랑하지 않았던 모양입니다. 뛰어난 천문학자 김영은 결국 굶어 죽었고, 연구 기록은 동료가 훔쳐가 버려 후대에 이름조차 변변히 전해지지 않았습니다. 서얼인 이덕무는 벼슬길에 나아갈 길이 막히자 스스로를 간서치(看書癡), 책만 읽는 멍청이라 부르며 오로지 책만 읽었습니다. 가난하여 폐병에 걸린 어머니와 누이를 속수무책으로 보내고도, 열 손가락이 동상에 걸려서도 책 빌려달라는 편지를 써 보낼 정도로 책에 미쳤습니다. 사람들은 조그만 시련 앞에서도 쉽게 허물어집니다. 그러나 한 시대를 미쳐 살았던 이들은 아무도 알아주는 이 없고, 알아주리란 기약도 없건만 제 가는 길을 의심치 않았습니다.

강단 밖에서 대중적 역사서를 펴내고 있는 이덕일 한가람역사문화연구소장이 《송시열과 그의 나라》(김영사), 《사도세자의 고백》(휴머니스트)에 이어서 주자학 일색의 이데올로기와 노론이 지배했던 폐쇄적 사회의 실상과 거기에 맞선 사람들을 조명한 3부작의 마지막 책이 《정약용과 그의 형제들》입니다. 그동안 왜곡된 평가를 받거나, 한을 품고 죽은 사람들의 평전 작업에 특히 힘을 써온 이 소장은 이 책에 평전이 아닌 역사서라는 이름을 붙일 만큼 사도세자, 천주교, 정약용의 학문 세계, 노론의 공격 등 당시의 사회를 이해하기 위해 풍부한 지식과 거시적 시각으로 '정약용과 그의 형제들'을 조망합니다. 겉으로 보아 다산의 정치적 불행은 천주교도라는 데서 시작됩니다. 그의 형제 가운데 정약종은 배교하지 않고 죽음을 맞았으며, 바로 위의 형인 정약전은 흑산도에 유배되어 《현산어보》를 남겼습니다. 자신을 아끼던 정조가 승하한 뒤라 언제 풀려날지 기약이 없는 유배생활을 하면서 다산이 붙잡은 것은 학문이었습니다. 정치적 불운을 학문으로 승화한 다산의 삶이나, 흑산도에 유배된 정약전과 나눈 학문적 동지애 등을 맛볼 수 있고 다산과 더불어 영정조 시대를 전체적으로 조망할 수 있는 다시없는 기회입니다.

이 책들에는 공통점이 있습니다.

첫째, 역사의 비주류를 다루고 있다는 점입니다. 《조선의 뒷골목 풍경》에 등장하는 인물들은 탕자, 왈짜 노름꾼, 뒷골목의 도둑, 기생, 술주정꾼 등입니다. 비주류지만 끊임없이 주류가 되려 한 인물들입니다.

둘째, 발상의 전환이라는 주제의식을 확실히 담고 있습니다. 《미쳐야 미친다》에 등장하는 마니아들, 예를 들어 그림에 푹 빠진 이정, 표구에 미친 방효랑, 먹고살 길 없이 책만 읽은 이덕무 등은 한세월 그냥 스쳐 지나가는 인물이 아니라 자기 삶을 격정적으로 살아낸 이들입니다. 저자는 이들의 진면목을 퍼즐 맞추듯 복원해가고 있습니다.

셋째, 실사구시의 철학을 담고 있습니다. 조선시대 유학이 지향하는 지식이란 내면에서 궁극의 이치를 알아내고 깨닫는 것이었습니다. 그러나 강명관, 고미숙, 정민, 이덕일 같은 저자들이 그려낸 책 속의 인물들은 철저히 실사구시, 이용후생의 정신을 좇고 있습니다. 산수화와 기하학에 뛰어났던 관상감 김영이나, 스스럼없이 여행자로서 밤을 틈타 장터를 돌아다니고 조선 사회에서 사교로 취급받던 티베트 불교의 대범왕과도 접촉한 연암, 중세적 가치관을 버리고 근대적 정신에 도달한 정약용 또한 마찬가지입니다. 한결같이 음풍농월을 일삼는 게 아니라 실사구시의 정신을 몸소 실천한 선구자들의 기록을 남겼습니다.

마지막으로 이 책들은 하나같이 가치관의 변화를 보이는 시기를 살아간 인물의 이야기를 담았습니다. 2003~2004년 무렵의 인문적 실용서들은 유독 18세기를 배경으로 삼은 책들이 사랑받았습니다. 이 책들은 모두 18세기 영정조 시대에 초점을 맞추고 있습니다.

유학과 유교 문화가 지배하던 고리타분한 시대지만 서구의 학문과 천주학이라는 사상이 유입된 18세기는 지식의 패러다임이 본질적으로 변화한 시기입니다. 한 시대를 격정적으로 살다 간 이들의 모습에서 독자들은 아날로그 시대에서 디지털 시대로 급속히 넘어가면서 삶의 가치와 본질이 더할 나위 없이 빠르게 전도되는 지금 자신의 모습을 비춰보았던 것입니다.

활자문화 시대에 책은 객관적 명제를 얼마나 많이 담고 있느냐가 중요했습니다. 지식을 많이 지닌 사람이 부족한 사람에게 지식을 전해주었습니다. 이때 지식은 되도록 많은 사람이 공유 혹은 공감하는 지식이어야 했습니다. 책은 저자가 사유하는 의식의 흐름을 어느 순간 정지해두고 보여주는 것이지만, 어느 순간 이런 기능을 상당 부분 포기해야 했습니다. 객관적 지식이 필요할 때 대중은 책이 아니라 인터넷 검색을 이용하기 때문입니다.

이제 대중은 책에서 새로운 효용을 추구하기 시작했습니다. 맨 먼저 필요한 것이 당장 쓸모 있는 가치입니다. 이렇게 말하면 실용서가 있지 않느냐고 반문할 것입니다. 그러나 매뉴얼을 보여주는 하우투(how-to)류의 실용서 또한 목숨이 경각에 달렸습니다. 인터넷의 빠르기를 이겨낼 재주가 없기 때문입니다. 그래서 학문과 실용은 결합하기 시작했습니다. 실용 역시 현실적 경쟁력을 갖춰야 합니다.

2010년대 중반에 접어든 지금, 아버지 박정희의 명예회복에 사활을 걸다시피 하는 박근혜 대통령이 관제 역사 교육과 역사 '바로잡기'(사실상 역사 왜곡이지만)를 독려하고 있습니다. 이를 계기로 역사를 왜곡하려는 세력과 역사를 바로잡으려는 세력의 싸움은 갈수록 치열해질 전망입니다. 월간《현대문학》이 '유신'과 '6월 항쟁'을 언급한 작품의 연재를 거부한 일도 이를 입증합니다. 어쩌면 교과서 파동은 겨우 시발점에 불과할지도 모릅니다. 나는 2014년의 출판시장을 전망하는 글에서 "순수와 열정이 가득했던 시절을 되돌아보며 오늘의 '나'라는 존재가 갖는 진정한 의미를 반추하는 가운데 최소한의 자긍심을 찾아가고자 하는 욕망이 폭발할 것"(《기획회의》359호)이라고 말했습니다. 최근의 역사 붐도 이런 흐름의 한 증거라고 볼 수 있습니다.

역사를 돌아봐야 하는 이유

역사를 바로잡으려는 대표적인 책은 한홍구 교수의《유신》(한겨레출판)입니다. 유신 시대에 대학을 다닌 나로서는 그때만 생각하면 치가 떨립니다. 인간이 인간답게 살 수 없었던 시절이었음에도 유신이 불가피했다고 강변하는 이들을 보면 이가 갈립니다. 한 교수는 유신 시대가 "오직 한 사람을 위한 시대"라고 했습니다. 맞습니다. 한 사람을 위해 모두가 숨죽이고 살았던 시대였습니다.

한 교수는 이 책에서 "유신이 되살아났다. 역사가 한 번은 비극으로 한 번은 소극으로 두 번 되풀이된다는 말은 역사란 것이 같으면서도 다르고, 다르면서도 또 무언가 같은 점이 있다는 것을 지적한 것이기도 하다. 달라진 점을 정확하게 포착하여 비극이 두 번 되풀이 되지 않도록 만드는 것이 바로 새 세대의 몫"이라고 말합니다. 그는 유신 시대를 어떻게 바라보고 있을까요?

　　유신 시대는 일제가 키워낸 식민지 청년들이 장년이 되어 사회를 운영해간 시기였다. 이 시기는 친일 잔재 청산을 하지 못했다는 것이, 아니 친일 잔재를 청산하려던 세력이 거꾸로 친일파에게 역청산당한 것이 어떤 결과를 낳았는지를 참혹하게 보여준 시기였다. (중략) 박정희를 사령관으로 하는 병영 국가는 그가 청년기를 보낸 시절 만주국의 국방 체제나 일본의 총동원 체제와 놀라울 정도로 유사했다. 황국신민으로 태어나 황국신민으로 자라난 '친일파' 박정희의 진면목은 청년 장교 시절보다도 만주국이나 쇼와 유신의 실패한 모델을 다시 살려낸 데서 찾아야 할 것이다. 유신 체제의 폭압성은 박정희의 지도력 부족에 대한 뚜렷한 증거가 된다. 박정희는 '근대화'와 경제발전에 따라 복잡해진 사회 구성을 더 이상 최소한의 형식 민주주의를 유지하는 방식으로는 이끌어나갈 수 없었다. 1960년대에서 1970년대로의 '퇴행'은 박정희가 체질에 맞지 않는 미국식 민주주의의 틀을 벗고 젊었을 때부터 익숙한 일본식 모델을 '한국적 민주주의'로 포장해 들고 나온 것을 의미했다. 유신 시대는 김근태와 그 벗들에게 내란음모라는 어마어마한 죄목을 뒤집어씌운 자들이 일으킨 진짜 내란의 시대였다.

한마디로 유신이 부활하고 있다는 것입니다. "국사를 현실 비판적인 학문으로 보지 않고, 특정 정치 세력이 자신들의 정치적 이익을 위해 동원할 수 있는 바둑돌로 보고" 있고 이들이 "온갖 역사 왜곡을 일삼은 것을 국사 교과서랍시고 내놓고 있"습니다(이덕일, 《정도전과 그의 시대》, 옥당). "역사는 반성의 도구"라고 말하는 이덕일 소장은 역사를 어떻게 바라보고 있을까요? 그는 "역사서에 송나라 사마광의 《자치통감(資治通鑑)》이나 조선 서거정의 《동국통감(東國通鑑)》처럼 '거울 감(鑑)' 자를 쓰는 이유는 그 때문입니다. 현재의 우리를 돌아보게 하는 거울이란 뜻입니다. 옛사람들은 역사를 전철(前轍), 즉 앞서 지나간 수레바퀴라고 했습니다. 잘못된 길로 가다가 엎어졌던 시대를 교훈 삼아 현재의 우리를 돌아보고 미래의 길을 잘 선택해야 한다는 뜻입니다"라고 말합니다.

이것이 바로 이덕일 소장이 이야기하는 '정도전과 그의 시대'를 돌아봐야 하는 이유입니다. "정도전이 살았던 쉰여섯 해는 현재의 우리를 되돌아보게 하는 거울로 부족함이 없습니다. 역사는 항상 내적 문제와 외적 문제를 복합적으로 봐야 하는데, 내적으로는 극심한 빈부격차, 즉 사회 양극화가 심각했습니다. 소수의 구가세족(舊家勢族)이 나라의 모든 재화를 독차지했습니다. 그래서 조준(趙浚)이 토지개혁 상소문에서 '불쌍한 백성들이 사방으로 흩어져 개천과 구덩이에 빠져 죽는다'라고 말한 것처럼 농민 대부분은 새벽부터 밤중까지 들판에 달라붙어 개미처럼 일해도 제 식구는커녕 제 한 입 건사하기도 힘들었습니다. 고려 지배층이 이 문제를 자체적으로 해결하지 못했기 때문에 왕조가 망하고 다른 왕조가 들어선 것입니다."

정도전과 병자호란이 남긴 교훈

고려 사회는 1퍼센트가 100퍼센트를 지배하는 세상이었다면 지금은 10퍼센트가 90퍼센트를 지배하는 세상입니다. 정도의 차이는 있지만 고려 사회와 지금 대한민국은 닮았습니다. 삼성 같은 재벌에게는 부자 감세를 비롯한 온갖 특혜를 주지만 서민에게는 엄청나게 가혹합니다. 이덕일 소장은 "신문 보도를 보니 '재활용 폐자원 매입세액 공제율'을 약 50퍼센트 낮춘다는 세법 개정안이 발표되었더군요. 약 200만 명으로 추정되는, 폐지나 고물을 주워서 먹고사는 사람들에게 더 많은 세금을 걷겠다는 뜻" 아니냐며, "한 달에 20~30만 원 버는 폐지 줍는 빈민층에게 세금을 더 걷겠다는 한국 사회"와 "한 땅의 주인이 대여섯 명이 넘기도 하여 전호(佃戶: 소작인)들은 세금으로 소출의 8~9할을 내야"했던 고려 사회가 무엇이 다르냐고 묻습니다.

고려시대 신흥 사대부는 과전법이라는 혁명적인 방법을 통해 농민들의 지지를 확보하고 새 왕조 개창의 물적 토대도 마련했습니다. 하지만 노비 문제는 혁명적 방식으로 해결하지 못했습니다. 이것이 조선 건국의 1등 공신인 정도전의 혁명이 미완으로 끝난 이유라고 볼 수 있습니다. 정도전의 문제의식을 오늘에 비추어 말하자면

'경제민주화'는 어느 정도 이루었지만 '합리적인 고용'은 해결하지 못했다고 정리할 수 있습니다. 김탁환은 장편소설 《혁명, 광활한 인간 정도전》(전2권, 민음사)의 '작가의 말'에서 정도전을 다음과 같이 평가했습니다.

정도전은 법, 제도, 종교, 국방, 도읍지, 조세, 교육 등 가장 사소한 것에서 가장 거대한 것에 이르기까지, 새 세상의 전망과 방안을 모두 갖춘 인물이다. 혁명과 건국을 도모하는 자리에서, 정도전은 이성계와 대등하게 이마를 맞대고 허심탄회하게 논의하였다. 이성계는 단 한 번도 정도전을 책사 취급한 적이 없다. 《맹자》를 탐독하고 유배라는 하방(下放)을 거치면서 도탄에 빠진 백성을 만난 문신과 숙련된 기병을 거느리고 홍건적과 왜구를 물리친 무장의 기이한 우정은 멋지고 그윽하다. 대장부답다.

정도전은 7년간 귀양살이하는 동안 "쉼 없이 달려온 인생을 한번쯤 중간 점검"해보았기 때문에 백성의 입장에서 개혁을 꿈꿀 수 있었습니다. 결과적으로 7년 세월은 그에게 무척 중요했고, 조선의 백성에게도 중요했습니다. 지금 우리 사회의 모든 세대는 '담대한 희망'을 포기하고 하루하루 버티기를 힘들어합니다. 그래서 오늘날 대중이 정도전과 같은 인물을 갈구하는 것이 아닐까요?

역사를 돌이켜보면 한반도처럼 대륙과 해양에 끼인 나라는 주변 강대국의 힘 관계에 변화가 생기면 백발백중 위기를 맞거나 전쟁 터가 됩니다. 가장 적나라한 실례가 임진왜란이 끝난 뒤부터 병자호란 전까지 상황이지요. 조선은 일본과 명 사이에, 다시 명과 청 사이에 끼인 나라였고 변화가 소용돌이같이 밀려오니까 정신을 차리지 못했습니다(《한국일보》 2013년 12월 20일자).

제54회 한국출판문화상 교양 부문 저술상을 받은 《역사평설 병자호란》(푸른역사)의 지은이 한명기 명지대 교수가 수상 인터뷰에서 밝힌 내용입니다. 오늘날 국제 정세가 격변하고 있습니다. G2로 올라선 중국은 "급속한 경제성장을 바탕으로 정치, 군사적으로도 미국에 버금가는 존재로 떠오르고" 있습니다(《역사평설 병자호란》 1권). 우경화, 군사 대국화 움직임을 노골화하는 일본은 독도를 둘러싼 분쟁, 센카쿠 열도와 댜오위다오의 영유권 다툼 등을 통해 동아시아를 긴장 속으로 몰아넣고 있습니다. 이런 움직임을 고려할 때 "병자호란은 '과거'가 아닙니다. 어쩌면 지금도 서서히 진행되고 있는 '현재'일 수 있으며, 결코 '오래된 미래'가 되지 않도록 우리가 반추해야 할 'G2 시대의 비망록'"일 수 있습니다.

난 세 를 극 복 할 수 있 는 지 혜

필자는 2010년에 월간 《학교도서관저널》을 창간하면서 소소한 일로 너무 힘들어했습니다. 그때 사마천의 《사기》를 오랫동안 연구해온 친구가 전라남도 영광으로 불러내 원불교 성지로 데려갔습니다. 사방이 산으로 둘러싸인 들판이었습니다. 그때 친구는 "작은 돌부리에 걸려 넘어지는 사람은 있어도 저 산에 걸려 넘어지는 사람은 없다"라는 일화를 들려주었습니다. '산'이라는 이상이 문제가 아니라 사소한 일로 다툼이 벌어진다는 이야기였습니다. 나중에 이 이야기가 《한비자》에 나온다는 사실을 알게 됐지만 필자는 친구의 충고로 난관을 넘어설 힘을 얻었습니다.

그때 친구는 지인(知人), 용인(用人), 중용(重用), 위임(委任), 원소인(遠小人) 등 리더십의 5단계를 알려줬습니다. 사람을 알고, 알게 됐으면 쓰고, 썼으면 크게 쓰고, 중용을 했으면 위임하고, 일이 잘 돌아갈 때 괜히 헐뜯는 소인배를 멀리하라는 말입니다. 저는 친구의 충고대로 실천하려고 노력했습니다. 그랬더니 자연스럽게 모든 문제가 풀려나갔습니다. 바로 이 때문에 우리는 역사에서 교훈을 얻으려하는 듯합니다. 최장기 불황의 고통 속에서 힘겨운 나날을 보내고 있는 이들이 질곡에서 벗어날 지혜를 역사에서 찾으려 하고 있습니다.

강만길 선생은 2014년 2월 24일자 《경향신문》 '내 인생의 책' 코너에 영화 〈변호인〉에도 등장하는 E. H. 카의 《역사란 무엇인가》를 소개하면서 "역사란 역사가와 사실 사이의 부단한 상호작용의 과정이며 현재와 과거의 끊임없는 대화다", "과거는 현재의 빛에 비춰졌을 때만 비로소 이해될 수 있는 것이며, 또한 현재도 과거의 조명 속에서만 충분히 이해될 수 있다"는 카의 말을 인용하며 그의 역사

의식에 많은 영향을 받았음을 고백했습니다.

젊은 시절 카의 역사 이론에 심취했던 강 선생은 "인생의 말년에 이르러서는 '역사는 현재와 과거의 대화'라는 명제에 만족하지 못하고 '역사는 인류사회가 추구해 마지않는 이상의 현실화 과정이다'라는 나름대로의 명제"를 제시했습니다. "역사라는 것은 다소 소극적 표현이라 할 '현재와 과거의 대화'를 넘어 이성적 동물로서 인간사회가 한층 나은 자유롭고 풍요로운 생활을 누리기 위해 끊임없이 그리고 적극적으로 추구해서 기어이 이루어내고 마는 그 '이상의 현실화 과정'이라 생각"하셨다는 것입니다. 이것이야말로 우리가 역사를 읽어야 하는 이유일 것입니다.

스마트 시대의
글쓰기

수사학은 사람을 움직이는 학문이었습니다. 권영민은《한국현대문학대사전》(서울대학교출판부)에서 수사학(rhetoric, 修辭學)은 "다른 사람을 설득하고 그에게 영향을 끼치기 위한 언어기법을 연구하는 학문. 아리스토텔레스(Aristoteles) 이후 발달하기 시작하여 중세에는 문법, 논리학과 더불어 가장 중요한 학과였다. 수사란 언사(言辭)의 수식(修飾)이란 뜻으로 말과 글을 아름답게 꾸미는 데 그 의의가 있었다"고 설명합니다. 결국 사람을 움직이기 위해서는 말과 글이 중요합니다. 하지만 저는 글에 대해서만 이야기하려 합니다.

텍스트는 어떻게 생산되나요? 손으로 쓰다가, 컴퓨터 자판을 누르다가, 이제는 엄지손가락으로 휴대전화 자판을 누릅니다. 읽기는 검색어를 치고 아무 손가락으로나 누르기만 하면 됩니다. 이제 누구나 원하는 정보를 자신의 저장소에 옮겨놓고 자유롭게 관리할 수 있습니다. 참, 좋은 세상입니다.

좋은 세상이 도래했다고 자만할 필요는 없습니다. 아니, 그럴 여유가 전혀 없습니다. 디지털 문화는 인간의 기억을 무한대로 컴퓨터에 외재화(外在化)함으로써 순간적인 정보 처리가 가능하게 하는 속성이 있습니다. 여기서 '무한대로' 늘어난다는 것이 문제입니다. 가령 중요한 검색어 하나만 클릭하면 도저히 다 읽어낼 수 없는 엄청난 양의 정보가 도사리고 있습니다.

이제 우리가 정보의 바다에서 클릭을 통해 자기 지식을 만들기 위해 어떤 노력을 기울여야 할까요? 먼저 방대한 정보를 읽어낼 절대적인 시간이 필요합니다. 둘째로 화내지 않고 핵심을 파고들 심리적인 여유가 있어야 합니다. 마지막으로 핵심을 골라내기 위한 여러 차례의 시행착오를 감수해야 합니다. 미래의 책은 바로 이 '시간'과 '여유'와 '시행착오'를 대신한 것이어야 합니다. 두말할 나위 없이 전후 순서 배치를 시대의 흐름에 맞게 새롭게 해야 합니다.

책은 원래 처음과 중간과 끝이 존재하는 연속되는 이야기를 담아내는 매체입니다. 따라서 연속되는 이야기를 종이에 정착시키기 위해 노력해야 합니다. 책에는 연속성의 표시로서의 번호(페이지)가 매겨져 있고, 연속성을 구조로 보여주는 차례가 있습니다. 그리고 연속성을 하나하나 보여주기 위한 찾아보기가 있습니다. 전에는 이런 장치들이 느슨하게 연결돼 있었지만, 앞으로는 이들을 통합한 능숙한 '만들기'를 통해 독자가 정보의 가치를 한눈에 알아볼 수 있게 해야 합니다. 여기서 만들기는 '편집'과 '디자인'과 '제작'을 모두 아우르는 개념입니다.

디지털 혁명은 읽기의 혁명, 쓰기의 혁명, 물질성(텍스트)의 혁명 등 3대 혁명이 동시에 진행되고 있습니다. 저는, 2001년 이후 '구어체(口語體)'를 중시해야 한다는 말을 해왔습니다. 수사학이란 결국 글쓰기이니 구어체를 중심으로 글쓰기가 어떻게 달라져야 하는지를 정리해보았습니다.《기획회의》337호에 발표한 이 글은 제가 구어체에 대해 쓴 글을 하나의 흐름으로 정리한 것입니다.

신구어(新口語) 시대가 시작됐다

프랑스의 로저 샤르티에(사회과학고등연구원 교수)는 전자 텍스트에 의한 변혁으로 '텍스트의 생산·복제 기술의 변혁, 텍스트의 매체나 물질성의 변혁, 독서 습관의 변혁'을 꼽았습니다. 이 세 가지 특성이 글 문화와 우리의 관계를 근본적으로 바꾸고 있다는 것입니다.

디지털 매체 시대를 사는 우리가 가장 염두에 둬야 할 것은 물질성(즉 물성)입니다. 인류는 석판, 점토판, 파피루스, 종이의 순서로 문자를 기술(記述)하는 매체를 바꿔왔습니다. 그런데 이제 종이에 인쇄된 책에서 컴퓨터 액정 화면으로 텍스트가 이동하면서 그동안 우리에게 친숙했던 '문서의 질서'를 위협, 인쇄물로는 도저히 경험할 수 없었던 '새로운 읽기'를 촉구하고 있습니다.

e-콘텐츠(e-북)와 p-콘텐츠(종이책)라는 두 가지 형태의 콘텐츠와, 손으로 직접 쓰거나 인쇄하거나 전자 공간에 올리는 세 가지 기술법(記述法)은 앞으로도 오랫동안 공존할 것이 분명합니다. 하지만 새로운 사고 도구(미디어)는 새로운 사고 양식을 가져올 것입니다. 정보를 소비하는 습관, 편리성, 실용성 등으로 보아 종이책은 앞으로도 계속 읽힐 것이지만 전자 공간에서 '새로운 읽기'를 경험할 수밖에 없는 인간은 종이책의 읽기 습관마저도 바꾸려고 들지 모릅니다.

생산자가 인터넷을 통해 수익을 얻으려면 단순한 정보 제공으로는 역부족입니다. 따라서 앞으로 이들은 대중을 향해 엄청난 '이미지 공세'를 퍼부을 것입니다. 그렇게 대중의 의식을 '순간적으로 포착하기 위해' 만들어진 이미지는 구태여 '의미 있는 표현'일 필요가 없습니다. 닐 포스트만의 말대로 이미지를 "모든 정보를 짧은 컷으로, 고도의 시각적으로, 들어서 금방 알고, 흑백을 확실히 해 의문의 여지가 없는 한 그릇에 담으려고" 할 것입니다.

앞으로 디지털 공간에는 영화와 텔레비전을 능가하며 우리가 상상하는 것 이상으로 영상과 말과 음악을 아우르는 콘텐츠가 무수히 등장할 것이고, 그 결과 대중들은 다양한 유형과 형태로 사고하게 될 것입니다. 이런 경험에 익숙해지면 익숙해질수록 대중은 지금까지의 책 읽기 습관만으로는 정보를 제대로 '읽을(수용할)' 수 없을지도 모릅니다. 그래서 우리는 새로운 독서법에 익숙해지는 독자들의 변화에 발맞춰 새로운 형태의 기술법으로 책을 만들어야 할지도 모

릅니다. (중략)

구어적인 텍스트 서술 방식은 디지털 시대에 적응하는 방식으로 볼 수 있습니다. 구술이 문자로 정착되어서 구어 시대에는 존재했을 말하는 사람의 분위기, 기분, 신분, 표정 등에 대한 표현은 배제됐습니다. 그러나 최근 디지털 공간에는 우리가 상상하는 것 이상으로 영상과 말과 음악을 아우르는 콘텐츠들이 무수히 등장하고 있습니다. 일종의 '신구어 시대'가 도래한 것으로 볼 수 있습니다.

최근에는 문자화될 때 배제됐던 부분들을 다시 복원하는 작업들이 여러 면에서 진행되고 있습니다. 앞의 사례들은 저자들이 의도했든 의도하지 않았든 바로 그런 사례의 일환이라고 볼 수 있습니다. 텍스트 자체에 저자의 감정이 깊숙이 개입된, 동양학 열풍을 몰고 온 도올 김용옥의 저작들도 같은 유형으로 볼 수 있습니다.

이런 방법은 이제 갈수록 '무거운' 인문서에서 멀어져만 가고 있는 독자들을 종이책으로 끌어들일 수 있는 매우 유용한 방법으로 받아들여지기 시작했습니다. 그래서 강의형, 대화형, 좌담형, 가상 대화형, 장거리 전화형 등 말하는 사람의 '소리'와 '마음'이 가미된 책들은 앞으로 늘어만 갈 것으로 보입니다(〈신구어(新口語) 시대가 시작됐다〉,《디지털 시대의 책 만들기》, 한국출판마케팅연구소).

문어체는 사라지나

　지식과 감동을 담아 체험을 공유하는 최강의 도구로서의 종이 책의 유효성은 종말을 고하는가. 문자의 발명 이후 언문일치(言文一致)가 일반화되고 인간은 묵독(정독)을 통해 활자를 읽을 뿐만 아니라 풍경을 읽고 인간의 마음을 읽어왔습니다. 그런데 최근 '술술' 읽히는 구어체의 문장이 아니면 독자가 글을 읽어내지 못하는 현상이 갈수록 심해지고 있습니다. (중략)

　문자가 발명되고 난 이후 언문일치가 일반화되면서 표준어 개념이 등장하고 객관적 명제가 절대시되었습니다. 이에 비해 영상 시대에 주목받기 시작한 구어는 생동감, 상황 적응성, 주관적 표현이 지닌 친근감 등의 장점이 있으며 대면성(對面性)이 최대 무기입니다. 작년(2003)에 개봉된 영화 〈황산벌〉에서 '거시기'라는 한 단어가 안겨준 대단한 충격, 17대 총선에서 화제를 끈 '노회찬식 어법'(50년 고기를 구워 먹은 시커먼 불판을 갈아치워야 한다는 등의 어록) 등은 구어체의 장점을 말로 보여준 대표적인 사례입니다. 이와 같은 사례를 책에 적절히 담아내지 못하면 대중의 관심을 끌기 어려운 시대가 된 것입니다.

　정보 기술(IT) 혁명 이후 사이버 공간은 "종래의 활자 언어의 독점적 지배에서 벗어나 문자, 알파벳, 인쇄기, 전화, 영화, 라디오, 비디오 등 청각적 매체와 시각적 매체 모두를 융합시키고 통합"(김성도)해왔습니다. 사이버 공간에서 '일'과 '놀이'를 함께 즐기는 대중의 생활습관으로 말미암아 구어체 문장이 원래 내포하고 있던 무의식적인 에너지가 '드디어' 마구 분출하기 시작했습니다.

문자 시대에 억눌려 있었고 주변부에 불과했던 구어체가 힘을 얻어 문어체와 동격의 수준으로 올라오고자 하는 것입니다. 따라서 지금의 구어체는 문자의 발명 이전에 유일한 수단으로서의 구어와는 다른 전혀 새로운 개념의 구어체여야 합니다. 따라서 우리는 문자화되면서 배제되었던 말하는 이의 기분, 성격, 분위기 등을 새로운 구어체에 어떻게 유효적절하게 복원할 것인가를 제대로 연구해야만 합니다. 문어체와 구어체를 대척점에 놓고 선악의 잣대로 파악할 것이 아니라 적절한 상생을 도모해야만 합니다. 구어체의 가장 큰 폐단은 읽은 직후 곧 잊어버리는 정보의 '휘발성'입니다. 따라서 이 휘발성을 줄이고 접착성을 키우기 위해 도표, 사진, 이미지, 캡션 등을 적절히 활용하는 편집술을 최대한 동원해야만 합니다.

사실 문어 중심의 시대에도 구어는 조용히 발전해왔습니다. 소설 속의 대화는 지문과 조응하며 구어체를 살리는 중요한 기능을 해왔습니다. 따라서 지금은 구어 중심이되 문어체의 장점을 키우는 방향으로 전개할 수도 있어야 합니다(〈문어체는 사라지나〉, 《디지로그 시대 책의 행방》, 한국출판마케팅연구소).

구체적인 팩트로 독자를 설득할 수 있어야

지금은 다들 알다시피 영상 시대입니다. 마우스와 스크린에 익숙한 독자층은 날로 늘어갑니다. 그런데도 글쓰기는 문어(文語) 시대의 수준에서 크게 벗어나지 않습니다. 모든 진실을 객관적 명제로 정리해내던 시대의 틀에서 크게 벗어나지 못하고 있는 것입니다. 영상 세대는 그런 글을 기피합니다. 이것은 옳고 그름의 문제가 아닙니다. 독자가 읽어내지 못하거나 읽어낼 수 있다 해도 쉽게 접근하지 못한다면 과연 책이 팔릴까요? (중략)

다시 한 번 말씀드리지만 지금은 영상 시대입니다. 달리 말하면 구어(oral language) 시대입니다. 하지만 문자가 발명되기 이전에 말로 이야기할 수밖에 없었던 구어(음독) 시대와, 문자화된 글을 눈으로만 묵묵히 읽던 묵독의 경험 뒤 맞이한 지금의 구어 시대는 엄청난 차이가 있습니다. 지금의 구어를 우리는 신구어(new oral language, 신음독)라 합니다. 말이 문자화되면서 말하는 이의 감정, 기분, 분위기, 성별, 직업, 나이 등은 배제되어왔습니다. 언어의 언어적 수단(linguistic method)만 남고 준언어적(paralinguistic) 수단이나 언어 외적(extralinguistic) 수단은 배제된 것입니다. 그러나 신구어 시대에 접어들면서 그것은 다시 복원되기 시작했습니다.

영상 시대는 시각과 청각을 중시합니다. 시각적으로는 문자와 이미지의 상생이 중요하고 청각적으로는 텍스트에 청각적 이미지를 부여할 필요성이 제기됐습니다. 그래서 문자(文字)는 활자(活字), 전자(電字), 성자(聲字)의 순서로 변해왔다고 말하기도 합니다. 활자의 음성화, 즉 활자의 음성적 세계의 회복이 절실합니다. 문자의 이미지성을 강조하는 손글씨(캘리그래피)가 늘어나는 것도 같은 맥락입니다. 이제 인간은 글을 읽으면서 이미지뿐 아니라 소리도 떠올립니다. 그렇게 되려면 글에는 이론이 아닌 사람, 사물, 사건 등이 자유롭게 제시되어야 합니다. 영상 시대 상징적 권위의 근원은 "읽을 수 있는 것(근거, 원리) 또는 논리적 진리"가 아니라 "볼 수 있는 것(사건) 또는 그럴듯한 것"입니다. 그 사건이라는 점(點)들을 어떻게 거미집처럼 구조적으로 잘 연결해서 제시해내는가에 따라 글의 질은 달라집니다(〈구체적인 팩트로 독자를 설득할 수 있어야〉, 《위기의 책, 길을 찾다》, 한국출판마케팅연구소, 2008).

사 라 지 는 책 과 살 아 남 는 책

인류 역사상 책의 혁명은 세 차례 있었습니다. 책자본의 등장이라는 1차 혁명, 인쇄술의 발견이라는 2차 혁명, 그리고 3차 혁명인 디지털 혁명입니다. 디지털 혁명은 읽기의 혁명, 쓰기의 혁명, 텍스트(물질성)의 혁명이라는 세 가지 주요 변화를 수반했습니다. 최근 국내 스마트폰 보급이 3000만 대(지금은 3500만대)를 넘어섰습니다. 스마트패드를 일상적으로 이용하는 사람들은 늘어나고 있습니다. 이렇게 스마트 기기를 이용해 정보의 생산과 소비를 일상화하는 '호모스마트쿠스'가 급증함에 따라 3대 혁명은 보다 확실하게 책의 세계를 바꾸고 있습니다.

먼저 읽기부터 살펴봅시다. 단 한 번의 클릭으로 엄청나게 쏟아져 나오는 정보를 '검색'해서 읽는 '디지털 독서'와 손으로 일일이 책장을 넘기며 읽던 과거의 읽기는 분명 다릅니다. 오늘날 책을 반복해 읽으며 숙독하는 전통적인 '교양 독자의 독서'와 날마다 증가하는 대량의 텍스트를 바로 읽고 소비하고는 다시 떠올리지 않는 '대중 저널리즘의 독서', 인간의 처리 능력을 넘어설 만큼 폭발적으로 늘어나는 대량의 텍스트를 검색이라는 수단을 동원해 읽는 '디지털 독서'가 여전히 공존합니다. 하지만 디지털 독서의 비중이 절대적으로 늘어남에 따라 책의 구조부터 바뀌고 있습니다. "인간의 검색 습관은 책의 세계에서 '분할'과 '통합'이 동시에 진행되도록 만들었습니다. 분할이란 한 권의 책이 다루고 있는 범위가 갈수록 잘게 쪼개지고 있음을 의미합니다. 하지만 잘게 쪼개진 키워드를 설명하는 방식은 통합적"이라고 썼던 저의 주장은 이제 대세입니다.

이미 거의 모든 텍스트는 '본 디지털(born-digital)'로 생산됩니다. 손으로 쓰던 행위와 자판을 두드리는 행위, 그리고 엄지손가락으로 누르며 쓰는 행위가 공존하고 있지만 앞으로 점차 누르는 행위가 늘어날 것입니다. 일본의 출판 기획자인 우에무라 야시오(植村八潮)는 "흔히 '본 디지털' 하면 멀티미디어를 연상하지만 지금까지 '본 디지털'로 생산해 가장 성공한 사례가 휴대전화 소설"이라고 말했습니다. 그는 "휴대전화 소설은 '뺄셈'이다. 표현도 줄이고, 그림도 빼고, 글자 수도 줄여서 멋지게 '본 디지털'로 성공했다"고 보았습니다. 자판을 두드리기보다 엄지손가락으로 액정 화면을 누르며 글을 쓰다 보면 되도록 세부를 생략하고, 임팩트가 강한 단어를 선택하기 마련입니다. 그래서 구어체가 범람합니다. 지금 베스트셀러의 대부분은 생동감, 상황 적응성, 주관적 표현이 갖는 친근감, 대면성 등을 장점으로 하는 구어체 문장이 대부분입니다.

최근 책에 구어체 문장이 증가하는 것은 '디지털 독서'에 중독되어가는 독자를 책으로 끌어들이기 위한 노력 중의 하나입니다. 인류 역사상 뉴미디어는 언제나 올드미디어의 단순한 변종(variation)으로 출발하지만 뉴미디어는 올드미디어에서 배우고 올드미디어는 뉴미디어에서 배워왔습니다. 디지털 텍스트와 종이책 텍스트 또한 서로 영향을 주면서 나름의 특성을 강화시켜나갑니다. 디지털 텍스트는 발신자의 화상 데이터나 음성 데이터와 연결되면 더욱 효과가 크지만, 종이책은 디지털 텍스트의 영향을 받아 스스로 변화하면서 나름의 강점을 키워가고 있습니다(〈서문─사라지는 책과 살아남는 책〉, 《새로운 책의 시대》, 한국출판마케팅연구소).

경박단소한 단문의 시대

지금(2012년) 베스트셀러 목록을 휩쓸고 있는 "스님들의 책과 유행하는 에세이들은 자신이 말하고자 하는 바를 가능한 한 짧게 표현한 글들입니다. 작년(2011년)에 '공감의 한 줄 어록'이 새로운 가능성을 보여준 것 같은데 올해(2012년)는 휩쓸고 있습니다. 한마디로 유장한 산문의 시대가 지고 경박단소(輕薄短小)한 단문(短文)의 시대가 뜨고 있습니다. 이것은 스마트 기기의 유행과 밀접한 관계가 있다고 볼 수 있습니다. 이렇게 3대 혁명은 책의 세계를 급격하게 바꾸고 있습니다. 그렇습니다. 새로운 책의 시대는 이제 겨우 시작되었을 뿐입니다"(〈발행인의 말―새로운 책의 시대는 이제 시작되었을 뿐〉,《기획회의》332호).

두 문화의
만남을 위해

저는 앞에서 문학, 역사, 철학을 주로 이야기했습니다. 이런 학문이 매우 중요합니다. 이 밖에도 인류학, 심리학 등도 빼놓을 수 없습니다. 이런 학문이야말로 인간을 이해하는 기반 지식을 제공하니까요. 1980년대까지 한국의 출판시장은 문학, 역사, 철학 등 이른바 문사철 중심이었습니다. 1980년대만 해도 이데올로기나 역사, 철학 같은 인문 사회과학 서적이 대학가 등을 중심으로 안정적으로 판매되는 이념의 시대였습니다. 사회변혁을 철학적으로 해명해보려 한 조성오의《철학에세이》(동녘)나 해방 전후의 정치, 경제, 문화 등 사회 각 부문의 흐름을 사실적으로 진단한 송건호의《해방전후사의 인식》(한길사) 등이 대학생들의 필독서로 꼽히며 밀리언셀러가 될 정도였습니다.

1980년대는 또 시의 시대이자 불의 시대였습니다. 자유로운 삶이 압박받던 시대에 지식인들은 이념시로 목청을 한껏 높였습니다. 1987년과 1988년에는 시집이 베스트셀러 자리를 차지했습니다. 하지만 이념시가 아니었습니다. 이념시나 민중시라는 불로 뜨거워진 대중의 몸을 식혀준 것은 쉽게 읽히는 서정시였습니다. 서정윤의 《홀로서기》(문학수첩)와 도종환의 《접시꽃 당신》(실천문학사)이 베스트셀러 1~2위를 휩쓸 정도로 정점을 달렸습니다. 그즈음 이해인, 김초혜 등의 시들도 힘겨운 삶을 살아가는 대중에게 크나큰 위안을 안겨줬습니다. 이들 시인은 상실과 결핍을 노래했습니다. 아내의 죽음(도종환), 이루지 못한 사랑으로 인한 세속적인 체념(서정윤), 선험적이며 초월적인 결핍(이해인), 이는 당시 젊은이들의 보편 정서였습니다.

이데올로기 서적이 밀려난 자리

그러나 1980년대 말 베를린 장벽이 무너지고 현실사회주의가 사실상 몰락의 길을 걸으면서 한국에서 이데올로기 서적은 추락하기 시작했습니다. 1987년의 '6월 항쟁'으로 절차적 민주주의를 이룬 상황도 영향을 미쳤습니다. 1990년을 기점으로 이데올로기 서적이 퇴조했고 경제서와 과학서가 공백을 채우기 시작했습니다.

1990년에는 루이스 엡스타인의 《재미있는 물리여행》, 이태형의《재미있는 별자리 여행》(이상 김영사), 마틴 가드너의《이야기 파라독스》(사계절), 스티븐 호킹의《시간의 역사》(까치글방), 보슬로우의《스티븐 호킹의 우주》(책세상), 제임스 콜먼의《상대성이론의 세계》(다문) 등 과학서들이 우리 출판 역사상 처음으로 일시에 베스트셀러 순위에 진입했습니다.

이런 흐름을 주도한 책은 1988년부터 출간되기 시작한 김영사의 '재미있는 여행' 시리즈입니다. 이 시리즈는 일상생활에서 흔히 보고 접하는 낯익은 사물들을 주제로 설정한 뒤 코믹한 삽화를 곁들여 재미있고 쉽게 설명했습니다. 김영사는 처음부터 고급문화의 대중화, 대중문화의 고급화를 표방하며 전문가의 영역으로 치부되던 경제나 과학 분야의 교양서를 펴내면서 시장을 선도해나갔습니다. '재미있는 여행' 시리즈가 호평을 받으면서 1990년부터 대형 서점에는 교양과학서 특설 코너가 마련되기 시작했습니다.

교양과학서가 분명한 시장을 형성한 시기는 2000년대 이후입니다. 1990년대부터 활약한 사이언스북스, 지성사, 지호, 한승, 다른 세상, 승산, 양문 등의 출판사들이 전문적으로 교양과학서를 펴내기 시작했습니다. 교양과학서도 시장성이 있음을 보여준 최초의 저자는 최재천입니다. 지구 생태계를 지배하고 있는 개미 사회의 궁금증을 풀어준《개미제국의 발견》(사이언스북스)을 펴낸 이후 학자의 눈으로 동물의 생태를 관찰한 기록인《생명이 있는 것은 모두 아름답다》(효형출판), 사회생물학적 관점에서 바라본 여자와 남자를 설명하는《여성시대에는 남자도 화장을 한다》(궁리) 등의 베스트셀러를 연이어 내놓았습니다.

한국에서 교양과학서 최고의 베스트셀러는 정재승의 《과학 콘서트》(어크로스)입니다. 자유로운 사고의 소유자인 젊은 학자 정재승은 과학 지식을 문학, 사회학, 경제학, 의학, 심리학, 대중문화 등 다른 분야의 지식과 결합해 우리 삶에서 궁금하게 느껴졌던 과학 문제를 매우 쉽게 풀어썼습니다. 이 책은 MBC 텔레비전의 〈느낌표〉에도 소개되면서 대중에게 깊게 각인되었으며, 교과서에 수록되기도 했습니다. 또 대학입시 이과계 논술의 전범으로 인식되어 이른바 '과학 콘서트'형 논술 쓰기가 화제가 되기도 했습니다. 특히 과학이 단순히 테크닉을 다루는 기술이 아니라 인간 정신을 총체적으로 표현한다는 사실을 보여주어 21세기형 퓨전 교양서의 가능성을 활짝 연 책으로 평가받습니다.

정재승의 성공 이후 출판사들은 유망한 과학 저자를 발굴하기 시작했습니다. 생물학 분야에서 관심 높은 서른여섯 가지 주제를 뽑아 청소년의 눈높이에 맞도록 쉽고 재미있게 엮은 《하리하라의 생물학 카페》(궁리)의 이은희, 일상의 예를 통해 수학의 의미를 깨치게 하는 《수학의 유혹》(문학동네)의 강석진, 수에 얽힌 재미있는 이야기로 수학에 대한 두려움을 해소시켜주는 《수학비타민》(김영사)의 박경미, 뉴턴에서부터 인공지능까지 현대 과학을 명쾌하게 설명하는 《과학으로 생각한다》(동아시아)의 홍성욱 등을 유망한 교양과학 저자로 볼 수 있습니다.

하지만 한국을 대표하는 진정한 의미의 또 다른 교양과학 저술가는 1990년대부터 홀로 분투해온 '과학 전도사'이자 '개척자'인 이인식입니다. 대한민국 과학 칼럼니스트 1호이기도 한 이인식은 최신 과학·공학 지식을 누구나 이해할 수 있도록 독창적이고 흥미롭게 소개해왔습니다. 앞에서 예를 든 학자들이 자신의 전공을 중심으로 인접 학문과의 퓨전을 꾀하는 가운데 이인식은 이미 〈과학으로 무장한 인문주의자를 기다리며〉란 칼럼에서 "과학기술을 인문학적 상상력에 녹여 현실 적합성이 높은 연구 활동을 전개하는 인문주의자들이 나타나서 인문학 위기 타개에 일조하게 될 것임에 틀림없다"고 주장한 바 있습니다.

이인식뿐만 아니라 영국의 과학자이자 소설가인 찰스 퍼시 스노우 역시 자연과학과 인문학의 소통 단절이 세계 문제를 해결하는 데 가장 큰 걸림돌이라고 주장하고, 두 문화를 융합하는 제3의 문화가 필요함을 역설한 《두 문화》를 펴낸 바 있습니다. 이를 비롯해 '학제 간 연구'의 필요성을 역설한 책들이 국내에도 다양하게 소개되면서 인문학과 자연과학 융합의 필요성이 증대되었습니다.

이인식은 2008년에 인지과학, 뇌과학, 융합 학문, 진화론, 지식 융합 그리고 환경·생명공학 및 경제학과 융합 지식에 이르기까지 지식 융합의 거대한 흐름과 세세한 줄기를 모두 담아낸 단독 저작인 《지식의 대융합》을 펴냈습니다. 그리고 2010년에는 서른아홉 명의 전문가들이 융합 기술의 흐름과 전망을 소개하고 미래를 통찰한 《기술의 대융합》을 기획해 책으로 펴냈습니다. 2012년 3월에 출간된 《인문학자, 과학기술을 탐하다》(이상 고즈윈)는 《지식의 대융합》과

《기술의 대통합》에 이은 이인식 기획 '융합 3부작'의 완결편입니다.

융 합 이 창 조 적 파 괴 를 이 끈 다

《인문학자, 과학기술을 탐하다》는 문학, 언어학, 철학, 종교학, 사회학, 경제학, 행정학 등 일곱 분야 스물네 명의 인문학자들이 인문학과 과학기술을 융합해온 자신의 실제 경험을 담은 체험기입니다. 불문학과 철학에서 박사학위를 취득한 박이문, 소설가 복거일 등 스물네 명의 인문학자는 각자의 방법으로 이뤄낸 이종 분야의 융합에 대해 이야기합니다.

상상력과 테크놀로지의 조화를 통해서 지식의 대통합을 추구하는 실천적인 인문학인 '테크네 인문학'을 향한 기나긴 여정을 걸어온 임정택은 박테리아가 예술과 결합하는 데 그치지 않고 최첨단 로봇공학과 연결돼 있다는 흥미로운 사실을 제시하면서 "융합은 지식의 무한한 네트워크다. 나노 아트, 바이오 아트, 스페이스 아트 등 동시대 미디어 예술의 지평이 끊임없이 확장되고 있는 것처럼 우리 인문학도 나노 인문학, 바이오 인문학, 우주 인문학으로 팽창될 것이다. 상상하면서 무엇이든 연결하라. 그러면 새로운 창조의 세계가 열릴 것"이라고 단언합니다.

순전히 교양을 쌓겠다는 일념에서 쉽게 읽힐 만한 뇌에 대한 책을 몇 권 골라 읽다가 뇌과학을 문학자의 관점에서 탐구하게 된 석영중 고려대 노어노문학과 교수는 "소설이란 뭔가. 아름답게 쓴 글이 소설은 아니다. 재미있는 스토리가 꼭 소설인 것도 아니다. 소설가는 사람의 속내를 읽는 사람들이다. 소설은 궁극적으로 말해서 인간에 대한 탐구보고서나 마찬가지다. 그러므로 '인간이란 무엇인가?'에 대한 답에 더욱 가까이 가기 위해 문학 연구와 뇌 연구는 손을 잡을 수밖에 없다. (……) 결과적으로 문학적 사실과 자연과학적 사실이 서로를 비추어주는 가운데 삶의 지혜가 새롭게 드러나게 된다"고 정리했습니다.

대학에서 중문학을, 대학원 석사과정에서 신문방송학을 전공한 구본준은 건축 칼럼을 쓰는 《한겨레신문》 기자입니다. 그는 "건축은 인간 생활에 필요한 거의 모든 문화를 끌어모아 만든 문화 종합선물세트"라고 규정하면서 "건축을 읽어내는 것은 그 시대의 정신을 읽는 작업이다. (……) 건축 읽기는 온갖 문화와 사회를 오가며 추리해내는 고난도 퍼즐 풀이와도 같다. 그 재미는 인문계와 이공계의 구분을 넘어서는 것이었고, 내게도 무척이나 매력적으로 다가왔다"고 말합니다. 그는 '건축이 우리 사회를 어떻게 보여주는가'를 더욱 심도 있게 파헤치기 위해 현재 건축학 박사과정을 밟고 있습니다.

이 책에는 이밖에도 칸트 전공 철학박사이면서 '로봇 윤리'를 연구하는 이상헌 동국대 교수, 언론인 출신 최초의 비정치적 국무위원인 과학기술처 장관을 지낸 김진현, 불모의 영역이었던 환경법을 주 전공으로 일구어낸 이상돈 중앙대 법학전문대학원 교수, 사회학자이면서 도시공학의 패권주의를 연구한 전상인 서울대 환경대학원 교수 등의 다양한 융합 경험이 소개되고 있습니다.

안현실《한국경제신문》논설위원은 "미래학자들은 향후 20년을 융합의 시대라고 말한다. 50년 주기의 장기적 경기 사이클인 콘드라티예프 파동설로 보면 지금은 제5파에 해당하는 IT가 주도하는 후반부 융합이다. 그다음에 밀려올 제6파의 사이클은 IT를 넘어 또 다른 산업 융합의 시대가 될 것이다. 융합의 모멘텀이 될 플랫폼만 달라질 뿐 융합은 앞으로 창조적 파괴를 이끌 원동력이다. 지금 우리는 거대하게 밀려오는 산업 융합의 시대를 주도할 것인가, 아니면 따라가는 데 급급하다가 결국 주저앉고 말 것인가, 그 기로에 서 있다"고 말합니다.

미지의 세계로의 무한한 상상 여행

보통 예술(인문학)과 과학을 융합한 대표적 인물로 스티브 잡스와 백남준를 예로 듭니다. 잡스는 학생 시절에 문학작품을 많이 읽었고, 일본 교토의 한 절에 가서 얼마 동안 좌선(坐禪)한 경험이 있으며, 자신이 창업한 컴퓨터 회사 애플의 사과 로고를 직접 디자인할 만큼 예술 감각을 갖췄습니다. 그는 수학적, 기계공학적 재능의 기반 위에서 누구도 상상하지 못했던 창조적 발상을 마음껏 풀어내 세계적인 성공을 거두었습니다.

비디오 아트를 창시한 백남준은 "인터넷이 없던 시절에 이미 네트워크에 기반을 둔 인터랙티브 미디어 예술을 선구적으로 창조하면서 동양과 서양, 예술과 기술, 작가와 관객, 이미지와 문자, 주술과 미디어를 융합"해 융합과 창의의 아이콘으로 인정받았습니다.

기술과 예술 결합의 결정체인 〈터미네이터〉, 〈타이타닉〉, 〈아바타〉 등의 영화를 흥행시켰던 제임스 카메론 감독이 어릴 적부터 품어온 꿈은 기술과 예술을 결합해 최고의 영화를 제작하는 것이었습니다. 그는 이를 실현하고자 고등학교 시절 물리학에서 만점을 받는 등 과학 공부에 열심이었으며, SF와 같은 새로운 장르를 탐닉하며 자연 · 환경 · 기술 등 여러 분야를 섭렵했습니다. 심지어 트럭 운전사로 일하던 중에도 짬을 내 글쓰기를 멈추지 않았습니다.

이들의 경험을 보더라도 여기서 주저앉을 수 없는 우리가 선택할 길은 오직 하나입니다. 학계, 교육계, 언론계, 산업계, 문화계 등 어느 영역에서나 "미지의 세계로의 무한한 상상 여행이기에 재미있고 신바람 나는 작업"인 융합의 길을 묵묵히 걸어갈 수밖에 없습니다.《인문학자, 과학기술을 탐하다》는 그런 길을 걷고자 하는 이들에게 확실한 입문서가 될 것입니다.

저는 한국간행물윤리위원회의 '2009 우수 저작 및 출판지원 사업' 심사를 하면서 맹성렬의 《오시리스의 죽음과 부활》(르네상스)을 처음 접했습니다. 지은이의 대중적 글쓰기 솜씨가 만만치 않아 눈여겨보게 됐습니다. 하나의 콘셉트를 제시한 다음 관련 근거들을 하나하나 내보이며 따지는 솜씨도 훌륭했습니다.

그런데 시상식장에서 당선소감을 듣고는 깜짝 놀랐습니다. 자신은 이공계 출신인데 영국에서 실험 결과가 잘 나오지 않아 서점을 들락거리다가 이집트 신화에 빠져들었고, 결국 책까지 쓰게 됐다는 것이었습니다. 당연히 신화 관련 학문을 전공한 사람일 것이라고 생각하다가 뒤통수를 맞은 기분이었습니다. 맹성렬은 과학적 사유(실험)를 통해 인문학적 화두를 던진 것입니다. 스노우가 자연과학과 인문학의 소통 단절이 세계 문제를 해결하는 데 가장 큰 걸림돌이라고 밝혔듯이, 그는 '두 문화'의 문제를 어떻게 해소할 수 있는가를 실증적으로 보여주었습니다.

지금은 과학기술이 날마다 새로운 제품을 쏟아내는 시대입니다. '오목한 세계'란 말의 뜻을 아십니까? 우리는 공간적 거리감이 소멸된 온라인 세상과 아직 그렇지 못한 현실 세계 사이에서 괴리감을 느낍니다. 젊은이들은 3세대 이동통신, 소셜 네트워크 서비스, UCC, 온라인 게임, IP TV, 원어민 화상 교육 등에 빠져 하루 종일 네트워크에 접속해 지냅니다. 반면 모니터 밖에 실존하는 육체는 PC방이나 하숙집을 좀처럼 떠나지 못합니다. 사랑하는 가족을 외국에 보낸 기러기 아빠는 역시 온라인과 현실 세계의 괴리를 아침저녁으로 곱씹으며 사는 처지입니다.

놀랍게 발달한 정보통신 기술로 인해 현대인들은 '심리적 시공간의 압축'을 경험하게 됩니다. 눈에 보이는 세계와 실제 현실 간의 심리적 시공간의 압축이 심화되면서 변하지 않는 현실계와의 괴리는 점점 커지고 마침내 충돌하기 시작합니다. 이러한 욕망과 현실의 괴리를 극복해야만 미래 사회의 특성을 이해할 수 있습니다.

모순되는 두 시공간 개념의 충돌로 말미암아 현대인의 의식에 자리 잡은 시공간 세계는 하나의 점을 향해서 마치 블랙홀처럼 급속히 쪼그라들고 있습니다. 마치 사과 꼭지처럼 구멍이 움푹 파인 꼴입니다. 그래서 《오목한 미래》(갤리온)의 지은이 배일한은 '애플 월드(Apple World)'라는 새로운 세계상을 제시합니다. 지금 세계는 한 점으로 빨려 들어가고 있습니다. 그래서 세계는 둥글지만 오목합니다.

오목한 세계에서는 누구나 사과 구멍 주변을 관중처럼 빙 둘러싼 세계인을 상대로 숨겨진 끼와 실력을 발휘해 하루아침에 스타가 될 수 있습니다. 따라서 사과의 꼭지는 누구라도 스타를 꿈꿀 수 있는 환상적인 원형무대인 셈입니다. 영국의 평범한 휴대폰 외판원인 폴 포츠가 인터넷 동영상을 통해서 오페라 가수로 화려하게 등장했고 촌티 나는 아줌마 수잔 보일의 노래가 세계인의 열광을 받고 있지 않습니까.

일면식도 없는 수많은 개인들이 서로 공공연히 노출하고 구경하며 즐기는 트렌드 덕분에 유튜브나 트위터, 페이스북 같은 UCC, SNS 사이트가 상한가를 치고 있습니다. 이처럼 희한한 문화현상은 오목한 지구라는 초대형 공연 장치가 등장하지 않았다면 애당초 불가능한 일입니다. 그래서 지은이가 내거는 캐치프레이즈는 이렇습니다. "지금 세계는 한 점으로 빨려 들어가고 있다."

그 한 점이 바로 블루홀(Blue Hole)입니다. 블루오션(Blue Ocean)과 블랙홀(Black Hole)의 합성어인 블루홀은 심리적 시공간을 오목하게 만든 거대한 힘이 현실 세계와 마주치는 지점입니다. 세계가 하나의 점으로 응축되면서 사람들은 자아의 폭발적인 확장을 경험하게 됩니다. 이 점은 블랙홀보다 강력하고, 블루오션보다 달콤한 미래의 시장입니다. 여기에서는 세 가지 욕망이 지배한다고 합니다.

첫째, 전지성(全知性)입니다. 세상의 모든 이들과 접속하며 모든 지식을 알고 싶다는 욕망입니다. 사이버 세계의 지식 정보를 단 몇 초 안에 검색하는 구글 검색엔진은 세상의 모든 것을 이해한다는 신의 영역, 즉 전지성에 도전한 대표적인 서비스입니다.

둘째, 편재성(Ubiquity)입니다. 자신이 이 순간 다른 장소에도 존재하고 싶다는 욕망입니다. 인류는 오랫동안 여러 장소에 동시에 존재하는 편재성의 욕망을 꿈꿔왔습니다. 스카이프 같은 저렴한 인터넷 전화 서비스, 인터넷 메신저, 고화질 화상회의도 지구 차원의 편재성이라는 오묵한 세계의 코드와 딱 들어맞는 서비스입니다.

셋째, 시간의 정복입니다. 소중한 시간을 오직 자신의 행복을 위해 쓰고 싶다는 욕망입니다. 현대인은 짧은 시간에 욕망을 최대한 실현하기 위해 물불을 가리지 않습니다. 맥도널드에서 고급 커피를 팔고 편의점에서 DVD를 대여합니다. 아이들 놀이방과 성인용 카페를 결합한 키즈 카페가 있고, 텔레비전 기능이 내장된 내비게이션이 나왔습니다. 시장의 컨버전스와 아이템의 퓨전은 이렇게 단순한 편의성 추구를 넘어 시간의 정복이란 원대한 목표를 향하고 있습니다.

여러분은 왜 커피숍에 가십니까? 안락하게 네트워크를 이용하실 수 있어서 일하러 가신다구요. 그렇다면 당신은 코피스 족입니다.

커피(Coffee) 전문점과 오피스(Office)를 결합한 말이 바로 코피스입니다. 세계적 명성을 자랑하던 뉴욕의 메트로폴리탄(메트) 오페라단은 2006년부터 대중성 확보를 위해 미국과 영국, 캐나다, 일본 등지의 디지털 영화관으로 공연을 생중계하고 있습니다. 이것은 낯설지 않습니다. 2002년 월드컵 때 대한민국 국민은 붉은 악마와 함께 HD 화질로 경기를 생중계하는 거리의 전광판을 바라보며 열광했습니다. 극사실주의 가상현실을 지향하는 스크린 골프는, 현실세계에 3차원의 가상 물체를 겹쳐서 보여주는 기술을 활용해 현실과 가상환경을 융합하는 복합형 가상현실인 AR(Augmented Reality)을 이용해 사업적으로 성공한 대표적인 사례입니다.

피부로 느끼는 촉각 차원의 가상현실 기술, 즉 햅틱(haptic) 기술은 휴대폰, 게임기를 넘어 여타 산업 분야로 확산되고 있습니다. 머지않아 허공에 뜬 홀로그래픽 화면에 손을 대면 초음파 신호로 형태를 느끼는 '촉각 디스플레이'가 현실화될 전망입니다. 원격 서비스의 확대는 육체노동의 비용을 놀라운 속도로 떨어뜨립니다. 앞으로 온라인에서 인간의 지각 능력을 끌어와 현장의 생산기계와 접목해 노동력을 창출할 테니 말입니다. 압축된 시공간 속에는 아주 사소하고 대가가 보잘것없는 일이라도 기꺼이 하려는 잠재 노동력이 얼마든지 존재합니다. 따라서 오목한 시공간의 웹은 수많은 인간의 두뇌와 컴퓨터 서버로 구성된 하이브리드 인공 지능망이자 무한한 노동력의 공급원이 될 것입니다.

지은이는 "한국 사회를 관통하는 중요한 메가트렌드는 서로 다른 것들이 섞여서 새로운 가치를 창출하는 융합"이라고 합니다. 이 설명대로 방송과 통신이 하나가 되고 카메라와 휴대폰이 합쳐집니다. IT · BT · NT가 융합하면서 새로운 산업 수요를 만들어냅니다. 기술과 감성, 전통과 모더니티, 동양과 서양의 감각이 융합해야 히트 상품이 나옵니다. 서비스도 융합이 대세입니다. 맥도날드에서는 고급 커피가 팔려 나가고, 보험과 예금을 합친 금융 상품이 거래되고 있습니다. 이질적인 기술과 서비스가 서로 합쳐지는 융합 현상은 거의 모든 분야에서 나타나고 있습니다.

기술을 융합해 새로운 제품을 만들어낼 때 무엇에 중점을 두어야 할까요? 기술에 종속되어 인간을 배제해선 안 됩니다. 기술을 이용하되 사람을 제대로 이해하고 이런 바탕에서 사람을 위하는 제품을 만들어내는 것이 중요합니다. 인간을 파괴하는 원자폭탄처럼 태어나지 않았어야 할 물건들도 있습니다.

앨빈 토플러의《부의 미래》, 빌 게이츠의《생각의 속도》, 피터 드러커의《프로페셔널의 조건》(이상 청림출판) 등은 한때 우리가 열광적으로 읽었던 미래 예측서이자 경영학 이론서입니다. 그러나 한 출판 기획자는 드러커의 사후에 "책으로서의 경영학은 종말을 고했다"는 소회를 털어놓았습니다. 지난 3년간 이 분야 매출이 절반 이하로 폭락했다는 통계도 있습니다.

지금은 감성의 시대

20세기에는 그야말로 '글로벌 스탠더드'가 통했습니다. 기업들은 상품을 팔았습니다. 테크니컬한 방법론을 습득한 잘 훈련된 조직이 물건을 싸게 사들여 비싸게 팔아 차액만 챙기면 그만이었습니다. 그러나 9 · 11 테러 이후 합리적 이성은 무너지기 시작했습니다. 일본을 보십시오. 3 · 11 대지진이 터지고 난 뒤 일본 사람들은 우경화되면서 이성을 잃은 것 같지 않습니까? 글로벌 네트워크를 통해 실시간으로 가격의 차이를 확인하는 시대에는 소비자의 개성과 정서를 파악하고 상품에 담긴 이야기를 팔아야 합니다.

바야흐로 감성의 시대입니다. 컴퓨터의 등장 이후 관념이나 물질도 디지털 '정보'로 바꿀 수 있는 세상이 됐습니다. 이제 인간을 근본적으로 이해할 수 있는 지혜가 필요합니다. 이런 세상을 헤쳐 나가는 데는 인문 지식만으로는 한계가 명확합니다. 따라서 인문과학과 자연과학이라는 두 과학을 잘 결합해 독자 스스로 지혜를 찾아갈 수 있는 가능성을 열어놓아야 합니다.

데이비드 와인버거의 《지식의 미래》(리더스북)는 사람들의 생각을 묶어주는 네트워크가 지식의 형태와 본질을 어떻게 바꿀 것인가를 고찰합니다. 철학박사인 와인버거는 인터넷이 세상을 어떻게 바꾸는가를 집중적으로 연구해온 과학기술 전문가이기도 합니다.

다니엘 핑크의 《파는 것이 인간이다》(청림출판)는 인간에게는 세일즈맨이라는 본성이 있다는 전제하에 세일즈란 행위가 인간의 삶

172

과 얼마나 밀접하게 연결돼 있는지를 객관적으로 증명합니다. 핑크는 심리학과 과학, 경제학 등에 능통한 미래학자입니다.

찰스 두히그의 《습관의 힘》(갤리온)은 인간의 반복되는 행동인 습관이 우리 일상과 기업 경영에까지 미치는 영향을 명쾌하게 파헤칩니다. 예일 대학에서 역사학을 전공하고 하버드 경영대학원에서 석사학위를 받은 두히그는 신경과학과 뇌과학 지식을 바탕으로 이 책을 썼습니다.

《스틱!》(엘도라도)과 《스위치》(웅진지식하우스)의 저자인 칩 히스와 댄 히스 형제는 《자신 있게 결정하라》(웅진지식하우스)에서 성공과 실패, 옳고 그름이라는 프레임에서 벗어나 일련의 과정을 통해 보다 나은 결정을 내리는 방법을 제시합니다. 산업공학을 전공한 칩은 심리학 박사이며, 댄은 워크아웃 전문 컨설턴트로 일하고 있습니다.

경영학이 종말을 고했다고들 하는 시대에도 두 과학을 통합해 새로운 지혜를 안겨주는 '신사상'의 책들은 '똑똑한' 독자들의 선택을 받습니다. 다만 젊은 과학자 정재승과 커뮤니케이션 코치인 김호가 함께 쓴 《쿨하게 사과하라》(어크로스)를 제외하고는 '신사상'의 국내 저자 책을 찾아보기 어려워 아쉬울 따름입니다.

이제 인문 사회과학 서적뿐만 아니라 과학책도 열심히 읽어야 한다는 말을 하고 싶습니다. 우리 사회는 문사철을 중시해서 이공계를 낮춰 보는 경향이 있습니다. 하지만 앞으로는 과학 지식을 갖추어야만 세상을 잘 살아갈 수 있습니다. 그러니 교양과학 책부터 읽어서 이 세상이 어떻게 돌아갈지를 사유하는 능력을 키워야 합니다.

3부

어떻게 살 것인가

99퍼센트의
계란이 뭉치면……

저는 일본인들을 만나면서 이해할 수 없는 모습을 자주 목격했습니다. 단카이 세대(패전 직후인 1947~49년에 태어난 베이비붐 세대)와 그들의 자식뻘인 단카이 주니어 세대(1971~75년생)는 한 회사에 근무해도 거의 말도 하지 않고 지낸다고 합니다. 저와 따로 만나면 즐거이 이야기를 나누지만 저들이 함께 모이면 되도록 대화를 피한다고 합니다. 단카이 세대는 '총중류사회론'이나 '일본식 경영' 같은 이데올로기적인 메시지를 믿고 살아온 사람들입니다.

단 카 이 세 대 와 격 차 사 회

총중류사회란 1억 이상의 인구(사실상 모든 국민)가 중류(중산층) 이상의 생활을 하는 사회를 말합니다. 일본식 경영은 연공임금, 종신고용, 기업별 노조(개별 기업에 조직된 노동조합)라는 세 개의 기둥을 특징으로 하는, 세계적으로 인정받은 경영 기법을 말합니다. 연공임금은 젊은 시절에는 임금이 높지 않지만 중년 이후에는 크게 상승하는 방식으로, 연차가 쌓일수록 젊은 시절의 저임금을 만회하게 됩니다. 이 시스템은 종신고용 관행과 함께 노동자의 귀사 의식을 높여 회사에 헌신적인 '회사형 인간'을 낳는 기능을 수행해왔습니다.

하지만 이런 흐름은 거품경제가 무너지고 불황이 오랫동안 계속되자 무너지기 시작했습니다. 신자유주의 체제를 도입한 기업들이 경영 효율화를 꾀하면서 일본식 경영의 핵이었던 '정사원' 수를 줄이고 파트타임이나 프리터 같은 플렉시블 고용(노동 유연화, 즉 불안정 노동)을 늘렸습니다. 부시의 똘마니 노릇이나 하던 고이즈미의 개혁 이후 젊은 세대가 정사원이 되기는 더욱 힘들어졌습니다. 나이가 든 정사원들은 생존경쟁 속에서 입바른 소리를 할 수가 없었습니다.

'격차사회'라는 단어가 서점에 넘치고, '승리조'니 '패배조'니 하는 포퓰리즘 단어들이 미디어에 등장하면서 젊은 세대는 점차 수렁에 빠져 들었습니다. 배울 의욕도 없고 취직도 하려 들지 않는 니트족, 기생충처럼 부모에 붙어산다고 해서 패러사이트족, 부모의 둥지에서 기거한다고 해서 캥거루족, 비정규직인 아르바이트를 전전한다 해서 프리터족이라는 말이 널리 통용되고 대졸 임금의 10분의 1 밖에 벌지 못한다고 해서 '하류 사회'라고 합니다. 이런 부정적인 수사는 모두 젊은이들의 몫이었습니다.

하긴 일본 젊은이들만 고통스러운 것은 아닙니다. 한국의 '88만 원 세대'와 유럽의 '1000유로 세대'에 이은 '700유로 세대', 미국의 '빈털터리 세대'는 모두 20대 젊은이를 지칭합니다. '1000유로 세대'는 계약직으로 일하면서 월 1000유로로 궁핍하게 생활하는 25~35세 젊은이들을 지칭하는 단어입니다. 대학을 졸업하고도 안정된 직장을 구하지 못해 혼자서는 집세를 부담할 수 없고, 그렇다고 부모에게 기대는 캥거루족이 되기도 싫어 어려운 생활을 할 수밖에 없는 세대입니다. 이탈리아의 두 젊은이 안토니오 인코르바이아와 알레산드로 리마싸가 함께 쓴 포스트펑크 소설 《천유로 세대》(예담)로 세상에 널리 알려지게 됐습니다. 지금은 환율 때문에 가치가 더 올라갔지만 책이 출간될 때만 해도 1000유로는 우리 돈으로 100만 원이 조금 넘는 액수였습니다. 이후 상황이 더욱 악화되어 700유로 세대라는 말이 등장했습니다.

타마라 드라우스라는 30대 초반의 여성이 오늘날 미국 젊은이의 문제를 사회 구조적으로 살펴본 《빈털터리 세대》(오픈마인드)를 펴냈습니다. 미국에서 중산층에 진입하기 위해서는 어떻게든 대학을 졸업해야 합니다. 그러니 비싼 돈을 들여 대학을 다닐 수밖에 없습니다. 하지만 대학을 졸업해도 그럴싸한 일자리는 없습니다. 그나마 자리가 나도 저임금 비정규직이라 소득이 높지 않아 빚의 사슬에 얽매이게 됩니다. 게다가 주택 가격은 빠르게 뛰어오릅니다. 그러니 빈털터리가 될 수밖에 없습니다.

전 세계가 신자유주의의 온갖 모순을 젊은이들에게 떠넘기니 이런 일이 벌어지고 있습니다. 한국 사회에서는 1년에 1만 명의 박사, 7만 명의 석사가 배출되지만 그들을 기다리는 일자리는 대부분 비정규직입니다. 대학문을 나서지 못해 졸업을 늦추는 젊은이들은 얼마나 많습니까?

정계, 재계, 관계, 언론계를 장악한 상위 1퍼센트의 권력층은 '불멸의 카르텔'을 형성하여 자기네 입맛에 맞는 일은 염치불구하고 마구 벌여놓지만 젊은 세대는 눈곱만큼도 배려하지 않습니다. 그들은 지지층으로 여겨지는 노인들을 위한 취로사업에는 상대적으로 너그럽지만 젊은 세대를 위한 일자리 창출은 잔혹할 정도로 냉정하게 외면합니다.

신자유주의와 대학의 위기

일류 대학을 졸업해도 고통스럽기는 마찬가지니 대학은 몰락해가고 있습니다. 글로벌 신자유주의의 시장주의 경쟁 체제에 편입돼버린 대학이 제 한 몸 가누기에 급급해지면서 대학은 존재 가치를 크게 잃어가고 있습니다. 생산 효율만을 중시해 'CEO 총장' 모시기 경쟁에 여념이 없고, 간부들이 대기업이나 정부에 프로젝트나 운영

자금을 따내는 전문 로비꾼으로 전락하고, 비판적 지식인은 찾아보기 어려운 데다 권력과 자본에 영혼을 파는 지식인만이 득실거리는 대학은 더 이상 우리가 알던 대학이 아닙니다.

대학에는 이미 스승이 존재하지 않습니다. 오로지 매뉴얼화된 수업을 파워포인트를 이용해 성실히 수행해 자리보전하기에 급급한 교육 노동자만이 존재할 뿐입니다. 그들을 '프로페서리아트'라 부르기도 합니다. 프로페서에 프롤레타리아트를 합친 존재입니다. 수요보다 공급이 달리니 인기가 없는 대학의 교수들은 '잡상인과 대학교수 출입금지'라는 경고문이 나붙어 있는 고등학교에 학생을 모집하러 가거나 인연이 닿는 기업에 졸업생 일자리 알아보러 다니기에 급급해서 강의나 연구를 할 시간이 없습니다. 학생들 관리가 너무 힘들어 종종 졸업생 취업률을 조작하는 범죄를 저지르기도 합니다. 한마디로 인간성을 상실해가는 모습까지 보여주고 있습니다. 대학교수는 이제 더이상 사회에서 존경받는 존재도 아닙니다. 대학에는 비정규직이 넘칩니다. 강의교수, 연구교수, 특임교수, 겸임교수 등의 임시직 교수만 넘칩니다. 학령인구가 줄어드니 어쩔 수 없다고 변명하지만 교육이 목적이 아닌 자본 획득에만 혈안이 된 대학들이 악용하는 사례가 더 많습니다. 그런 '특별한' 교수들은 제 한 몸 건사하기도 힘듭니다. 게다가 최저임금 수준의 강사료를 받는 시간강사가 강의의 절반 이상을 해결하고 있습니다. 그러니 교육을 제대로 할 수 있을까요?

지금 젊은이들은 왜 대학에 갈까요? 진리를 탐구하러? 전문 지식이나 기술을 습득하려고? 오로지 학벌 사회에서 살아남기 위한 자격증을 획득하고 기업이 요구하는 스펙을 쌓기 위해 대학에 간다는 사실을 누가 부정할 수 있겠습니까. 하지만 이마저도 유효성을 잃어 가고 있습니다. 아무리 우수한 대학을 졸업해도 연봉 많고 정년이 보장되는 알토란 같은 일자리를 차지하기는 하늘의 별 따기만큼이나 어렵기 때문입니다. 어렵게 상장기업의 관문을 통과하더라도 1년 안에 둘 중 하나는 그만두게 마련입니다. 신입사원이 취업하자마자 그만둘까 말까를 고민하는 것을 '신입사원 사춘기'라 하고, 실제로 1년 안에 그만두는 것을 '신입사원 손절매'라고 합니다. 그리고 대다수는 최저임금을 겨우 웃도는 비정규직 노동자로 전락하고 있습니다.

이렇게 유효성이 사라진 대학을 가기 위한 정거장으로 전락한 초등학교와 중고등학교 또한 존재 가치를 잃어가고 있습니다. 3세 이상의 어린이 가운데 97퍼센트가 사교육 시장에 내몰리고 있지만 이 땅에서 바람직한 교육이 실행되리라 기대하는 사람은 없습니다. 카이스트 학생들의 잇따른 자살, 고려대학교 3학년 김예슬의 자퇴 선언, 반값 등록금 파동, 대학교수들의 인문학 위기 선언, '안녕들하십니까 대자보 파동' 등은 우리 교육이 총체적인 위기에 처했음을 웅변하고 있습니다.

멘토를 찾는 아픈 청춘들

그러면 20대의 정서를 가장 잘 표현한 김애란의 소설들을 통해 오늘날 20대의 모습을 살펴보겠습니다. 김애란의 첫 장편《두근두근 내 인생》(창비)이 출간된 때는 2011년 6월입니다. 작가가 문단에 데뷔한 지 9년 만입니다. 부모가 열일곱 철없는 나이에 낳은 아이 한 아름은 주변 사람들의 관심과 사랑을 받으며 자라 어느덧 열일곱 살이 되었지만 누구보다 빨리 늙어버리는 조로증으로 말미암아 여든의 몸을 지니게 되었습니다. 책 읽기와 글쓰기를 좋아하는 아름의 유일한 친구는 이웃의 예순 살 할아버지입니다.

죽음과 고통을 곁에 두고 사는 아름이지만 그에게서 비장미란 찾아볼 수 없습니다. 누구보다 힘겨운 인생을 살지만 언제나 삶의 찬란한 순간을 포착해냅니다. 아름은 어린 부모의 만남과 연애, 자신이 태어나기까지의 이야기를 소설로 써서 열여덟 번째 생일에 부모에게 선물하기로 마음먹습니다. 이 단편〈두근두근 그 여름〉은 소설의 마지막에 실려 있습니다. 이제 아름이 어떤 아이인지 살펴봅시다.

이서하 님께
보내주신 편지 잘 받았습니다.
힘내라고 하지 않고, 기운 내라고 하지 않고,
행운을 빈다고 해주셔서 고맙습니다.
그쪽도 건강하세요.

병원비를 감당하기 어려운 집안 형편을 잘 아는 아름은 성금 모금을 위한 다큐멘터리 프로그램에 자진해서 출연합니다. 이 프로그램을 본 동갑내기 여자아이 이서하가 메일을 보내오자 아름은 수없이 썼다 지웠다 하다가 겨우 답장을 보냅니다. 이 답장도 보내자마자 지우려 하지만 그럴 수 없다는 것을 알고 안도합니다.

'힘내라'와 '기운 내라', 그리고 '행운을 빈다'는 큰 차이가 없어 보입니다. 그러나 트위터나 페이스북 같은 소셜 네트워크 서비스(SNS)에서는 천차만별의 의미를 가질 수도 있습니다. 니콜라스 카는 《생각하지 않는 사람들》에서 "날로 진화하는 소셜미디어가 인간의 사고 능력을 매우 얄팍하고 가볍게 만든다. 인터넷은 관련 정보가 어디에 있는가를 정확하게 알려주지만, 인간의 자아를 구성하는 특별한 개인적 특성뿐만 아니라 우리가 공유하는 문화의 깊이와 특성까지 위협한다"고 경고했습니다. 하지만 지금 젊은이들에게 소셜미디어는 수단이나 목적의 단계를 뛰어넘어 자신의 삶을 온전히 드러내는 공간입니다.

이런 모습은 《두근두근 내 인생》에서 한아름과 이서하가 주고받는 메일에 확연하게 드러납니다. 두 사람은 한 번도 만난 적이 없지만 서로를 깊이 의지합니다. 어쩌면 인생의 전부라 할 수 있습니다. 어쨌든 서로에게 멘토가 되는 두 사람의 정서는 지금 우리 현실에서 자주 찾아볼 수 있습니다.

대표적인 것이 〈위대한 탄생〉입니다. 요즘 방송사의 오락 프로그램은 온통 '서바이벌'이라 해도 지나치지 않습니다. 21세기에 신자유주의 체제가 강화되어 냉혹한 정글자본주의가 지배하는 사회가 되면서 서바이벌 코드는 거의 유일하게 힘을 발휘하고 있다고 보아야 할 것입니다. 〈슈퍼스타 K〉, 〈무한도전〉, 〈1박 2일〉, 〈남자의 자격〉 등 서바이벌 방송 프로그램은 왜 이렇게 인기일까요? 남보다 잘 살겠다는 욕망은 사치스러워 보이고 오로지 살아남는 것만이 절박한 목표가 되는 세상이기 때문일까요? 이들 서바이벌 상품을 즐기는 청소년들은 이 프로그램으로 자기계발의 욕구를 해결했습니다.

처음에는 서바이벌 프로그램에서 1등만 살아남았습니다. 그러나 가끔은 '의외성'에 방점을 찍기도 했습니다. 가령 '최고의 능력'을 갖춘 출연자들의 '개인 차이'를 무시하고 동일한 잣대로 비교해 탈락시킨다는 점에서 가학성이 폭력 수준인 〈나는 가수다〉에서는 출연자들이 미션을 수행할 때마다 1등이 바뀌는 데서 시청자들은 쾌감을 느꼈습니다. 1등을 정하는 이들은 500명의 청중입니다. 그래서인지 이 방송에서 가수가 부른 노래는 인기 순위를 휩쓸어버리기도 했습니다. 탈락한 가수의 노래가 더 인기를 끌기도 했습니다.

〈위대한 탄생〉에서는 멘토들로 구성된 심사위원의 평가보다 시청자의 전화 투표가 의외의 결과를 만들어냈습니다. 〈위대한 탄생〉은 멘토들의 설교조 발언 때문에 젊은 세대가 외면하는 바람에 망했다는 이야기도 나옵니다. 하지만 '김태원 어록'의 효과는 눈부셨습니다. "3등은 괜찮다. 3류는 안 된다." "너희가 돼야 너희 같은 사람들이 힘을 얻을 거 아냐." "여기까지라는 말은 없습니다. 항상 지금부터입니다." "앞으로 살면서는 1, 2절을 만들어야 합니다. 진영 씨의 후렴은 그 누구보다 아름답습니다." "청춘에게 실패란 없다. 실수만이 있을 뿐이다." "긴장하는 사람은 지고, 설레는 사람은 이긴다."

"1등에 너무 치중하지 마. 난 개인적으로 그 대회가 끝난 다음에 너희의 삶이 더 중요해." 이런 김태원 멘토의 어록은 너무나 강력해 김태원의 멘티들을 끝까지 살리려는 시청자들의 움직임이 프로그램을 지배했고, 결국 김태원의 삶만 돋보였다는 지적이 나오기도 했습니다. 더구나 김태원이 암 수술 와중에도 멘티들을 지원했다는 이야기까지 나돌았으니 〈위대한 탄생〉이 낳은 최고의 스타는 김태원이라 할 것입니다.

2010년 12월 말에 출간된 《아프니까 청춘이다》의 저자 김난도 교수가 던져주는 어록도 만만치 않은 무게를 지닙니다. "시작하는 모든 존재는 늘 아프고 불안하다. 하지만 기억하라, 그대는 눈부시게 아름답다." "기억하라. 그대가 노려야 할 것은 신인상이 아니라, 그대 삶의 주연상이다." "청춘이 정녕 힘든 이유는 부단히 쌓아야 하는 스펙 때문이 아니라, 한 치 앞을 내다볼 수 없는 미래에 대한 불안 때문이다. 보이지 않는 것은 모두 무섭게 마련이니까." 이런 말들 역시 오랫동안 청춘들의 아픔을 보듬어온 저자의 이미지가 투영됐다고 여겨졌기에 권위를 지니게 됐습니다. 이 책은 200만 부 이상 팔려나갔습니다.

지금의 멘토들은 힘겨운 인생 역정을 걸어온 사람들입니다. 임재범, 김태원, 박칼린이 그렇습니다. 그들은 인생을 조금 더 산 선배나 친구로서, 가만히 손을 잡아주거나 어깨를 두드려주는 사람들입니다. 이후 어려운 현실을 살아가는 청춘들을 격려하고 응원하고 위로하고 위안하는 책들이 줄을 이어 출간됐습니다.

김난도 교수의 인기는 '영혼의 멘토, 청춘의 도반'으로 여겨지는 혜민 스님의 《멈추면, 비로소 보이는 것들》이 이어받았습니다. 휴식, 관계, 사랑, 미래, 인생, 사랑, 수행, 열정, 종교 등을 주제로 지혜롭게 살아가는 법을 알려주고 있는데 폼 잡지 않고 편하게 들려주는 위로와 성찰이 담긴 인생 잠언들이 담겨 있습니다.

"프라이팬에 붙은 음식 찌꺼기를 떼어내기 위해서는 물을 붓고 그냥 기다리면 됩니다. 그렇게 시간이 지나면 저절로 떨어져 나갑니다. 아픈 상처를 억지로 떼어내려고 몸부림치지 마십시오. 그냥 마음의 프라이팬에 시간이라는 물을 붓고 기다리면 자기가 알아서 어느덧 떨어져 나갑니다." "젊은 그대여, 잠깐의 뒤처짐에 열등감으로 가슴 아파하지 마세요. 삶은 당신 친구들과의 경쟁이 아닌, 나 자신과 벌이는 장기 레이스입니다. 친구들을 무조건 앞지르려고만 하지 말고 차라리 그 시간에 나만의 아름다운 색깔과 열정을 찾으세요." "세상의 모든 사람들이 나를 좋아해줄 수는 없습니다. 누군가 나를 싫어하면 싫어하든 말든 그냥 내버려두고 사십시오. 싫어하는 것은 엄격히 말하면 그 사람 문제지 내 문제는 아닙니다." 이처럼 '가장 영향력 있는 트위터리안'으로 손꼽히던 스님이 숨 가쁘게 돌아가는 트위터에서 들려주던 "힘들면 쉬었다 가자"는 점잖은 충고가 책으로 묶여 나와 사람들의 마음을 뒤흔들었습니다.

2012년 5월 28일과 6월 4일에 방영된 SBS 텔레비전 〈힐링캠프 기쁘지 아니한가〉에 출연한 법륜 스님은 어떠한 곤란한 질문에도 웃으면서 거침없이 답변했습니다. 이런 진솔한 모습에 반한 이들이 법륜 스님의 '즉문즉설'을 담은 책들에 빠져들었습니다. 《스님의 주례사》, 《엄마수업》, 《인생수업》(이상 휴), 《방황해도 괜찮아》(지식채널), 《깨달음》(정토출판), 《행복한 출근길》, 《날마다 웃는 집》(이상 김영사) 등 법륜 스님이 일상의 지혜를 알려주는 책들을 열렬히 찾았습니다.

고개 숙인 아버지들

2000년대 초반 출판시장에서 멘토는 성공하기 위해서는 변화하라거나 스펙을 갖추라면서 사회와 학교와 조직, 심지어 가족에서까지 살아남을 수 있는 매뉴얼을 제시했습니다. 당시 멘토들은 일방적으로 가르치려 들었습니다. 하지만 그런 가르침이 통했던가요? 언제나 '아이'는 '어른'에게서 배우려 합니다. 그러나 어느 순간부터 '어른'이 사라졌습니다. 그러니 '잘난 인간'들을 부정하기 시작했습니다. '어른'의 대명사는 '아버지'입니다. 2000년대 중반 어지간한 스펙으로는 '성공'하기 힘들다는 것을 자각할 때쯤 20대들이 '아버지'마저 부정하기 시작했습니다.

보통 아버지는 존경이나 증오의 대상이 됩니다. "미당의 아비는 종이었고, 이문열의 아버지는 남로당이었다. 조세희의 아버지는 난쟁이였으며, 김소진의 아버지는 개흘레꾼이었다. 아비는 한국문학사에서 극복되거나 화해해야 할 대상이었다. 한국문학에서 시원과 같은 존재"(손민호, 〈21세기 우리 문학의 징후〉, 《21세기 한국인은 무슨 책을 읽었나》》였습니다.

달리 말하면 아버지는 박정희라는 근대화를 상징하는 아버지이자 "1990년대 후반 한국 사회의 모순이 공개적으로 도출되면서 비판과 성찰의 대상이 되었던 한국 근대화의 이데올로기(남성/ 폭력/ 국가 중심의 담론)"이기도 합니다. 나아가 "1990년대의 '신세대'들이 산업화와 고루함에 '똥침'을 날리며 어른들을 충격과 경악"으로 몰아넣었던, '386세대'의 아버지였습니다.

'386세대'의 최대 업적은 기나긴 군사 독재 정권의 종말을 끌어냈을 뿐만 아니라 세계 유일의 분단국으로 남아 있는 한반도의 긴장 해소에도 앞장섰다는 점입니다. 하지만 그들은 세계화의 도도한 물결 아래 '먹고사는' 일만은 어쩌지 못했습니다. 본인 노후, 부모 간병, 자녀 교육 등 '트릴레마'(3대 인생 고충)에서 벗어나기는커녕 생존마저 버거워하는 존재였을 뿐입니다.

문화평론가 김종휘는 건국 이후의 세대를 셋으로 나누며 이렇게 설명합니다. "먼저 전쟁 뒤 지천에 널린 가난을 벗어나려고 '하면 된다'라는 자의식으로 '허리띠 졸라맨' 세대는 건국과 성장을 맛보았다. 그다음에는 뭐든 공부 좀 하면 성취하고 출세할 수 있었던 '머리띠 졸라맨' 세대가, 그 머리띠를 공부할 때도 데모할 때도 사용하며 '해야 할 것과 해선 안 될 것'을 구별하는 자의식을 만들었다. 그리고 '요새, 젊은, 것들'이다."

20대를 전후한 '요새, 젊은, 것들'은 "회사와 술집과 집의 쳇바퀴를 돌리며 주식과 부동산 또는 100분 토론을 소비"하는 '머리띠'

세대와 달리 "소위 스펙과 알바와 자기소개서의 쳇바퀴를 돌리며 아이돌이나 나가수를 소비"합니다. 따라서 우리가 눈여겨보아야 할 것은 "요새, 젊은, 것들이 저마다의 마음띠를 내보이면서 만들어가는 '공유되는 현실들(our shared realities)'"입니다. 이 공유되는 현실들이란 "이런저런 체험들이 누적되고 겹쳐지면서 내러티브를 만들어가는 마디들인데, 촛불로도 놀이로도 투표로도 모습을 달리해 종종 나타"납니다.

'요새, 젊은, 것들'의 모습을 핍진하게 그린 김애란의 첫 소설집 《달려라, 아비》의 표제작에 등장하는 아버지는 아내의 임신 사실을 알고 나서 집을 나간 뒤 죽을 때까지 돌아오지 않습니다. 자식은 아버지를 한 번도 본 적이 없습니다. 아버지는 공원에서 자식을 버리고 떠나는 등 늘 사라지고 말 뿐입니다. 아버지는 사라졌지만 자식은 언제나 아버지의 유령과 씨름합니다. 저성장 탈고용의 시대, 한 번 1등이 영원히 1등이 되어 나머지는 누구도 사다리 위로 올라갈 수 없는 시대, 최저임금을 받는 알바 시간에 쫓겨 연애할 시간조차 없는 20대는 '프레카리아트(precariat)'가 되었습니다. 프레카리아트는 '불안정한(precarious)'이라는 형용사와 '프롤레타리아트(proletariat)'를 합성하여 만든 조어로 신자유주의 경제체제에서 불안정 고용에 신음하는 비정규직 및 실업자를 총칭하는 말입니다. 이들은 경제적 프롤레타리아트일 뿐만 아니라 '성적(性的) 프롤레타리아트'이기도 합니다. 신자유주의 세상에서 돈은 권력입니다. 돈이 없는 경제적 프롤레타리아트는 결혼도 못하고 애인도 없으니 섹스마저 마음대로 할 수 없습니다. 그래서 그들은 연애와 결혼과 출산을 포기하는 '3포 세대'가 되었습니다.

나만의 방을 찾아

2007년에 우석훈과 박권일은 이들에게 '88만 원 세대'라는 문패를 붙여줬습니다. 1년에 1000만 원에 육박하는 등록금과 그에 버금가는 용돈과 생활비를 써가며 대학을 졸업해놓고도 비정규직 노동자가 되어 벌어들이는 돈이 '88만 원'에 불과하다는 사실을 명쾌하게 정리했기에 이 말은 단숨에 20대를 상징하는 용어가 됐습니다. 이후 대학을 졸업하고도 고시 공부를 하거나 공무원 시험을 준비하거나 대기업에 입사하기 위해 대학생들은 교양을 갖출 여유도 없이 학벌 · 학점 · 토익 · 어학연수 · 자격증 · 봉사활동 · 인턴 경험 · 공모전 수상 경력 등을 포함한 신종 '취업 8종 세트'라는 '스펙 쌓기'에 혈안이 되었습니다. 그런 경쟁에 승리해 안정된 직장인 상장기업의 관문을 어렵게 통과한 사람들도 늘 퇴출의 공포 속에서 살아야 했습니다. 지금은 상장기업에 입사한 사람의 둘 중 하나는 1년 안에 회사를 떠나고 있습니다. 안정된 미래에 청춘을 저당 잡히는 일에 목숨을 걸다시피 했지만 직장인의 실제 정년이 43세까지 낮춰지고 30대 초반에 인생을 땡친다는 '3초 땡'이라는 신조어까지 등장할 정도로 상황은 더욱 악화됐습니다. 앞서 말한 '3포 세대'는 취업마저 포기한

190

'4포 세대'가 되었습니다.

2007년에 김애란은 두 번째 소설집 《침이 고인다》(문학과지성사)를 펴냈습니다. 문학평론가 강경석이 "'자기만의 방(아마도 자신의 고유한 내면일)'을 찾아 도시의 이곳저곳을 떠도는 청춘의 생활기록부"라고 정리한 이 소설집에 등장하는 인물들은 하나같이 방을 찾아 나섭니다. 자신의 13평 원룸에 찾아온, 어머니에게서 버림받은 기억을 가진 후배와의 만남부터 헤어짐까지를 그린 〈침이 고인다〉의 원룸은 "샤워기 아래에 그것을 아주 사실적이고 감각적으로 깨달을 수 있"는 공간입니다. 〈도도한 생활〉의 반지하 방에 놓여 있는, 주인공이 집주인에게 결코 치지 않겠다는 맹세를 하고서야 갖고 있을 수 있었던 피아노는 자존심의 표상입니다. 〈성탄 특선〉에서 한 쌍의 연인은 경제적 이유로 사귄 지 이태 동안은 성탄 전야를 함께 지낼 수 없었지만, 정작 그 이유가 해소된 후에는 밤새 함께 지낼 '지상의 방 한 칸'을 찾아 헤매다가 결국 뜻을 이루지 못합니다.

〈자오선을 지날 때〉의 주인공은 책상 한 칸이 내 몫의 공간입니다. 그는 '모든 사람이 지나가는 곳'인 학원 근처 여성 전용 독서실에서 임용고시 재수생과 5급 공무원 시험을 준비하는 언니와 함께 지냅니다. 〈네모난 자리들〉에서 '나'가 그렇게 힘들여 찾아간 방은 늘 부재의 방입니다. 〈기도〉에서 '나'는 막내와 작은 원룸에서 함께 지내지만 9급 공무원 시험 준비를 하는 언니는 공동 욕실과 PC실이 있는 신림동의 월세 14만 원짜리 방으로까지 쫓겨 갑니다.

김애란의 작품에 등장하는 '방'은 아마도 '지구방'으로 불러도 무방할 것입니다. 손에 손을 맞잡고 사는 '지구촌'이 아니라, 반 평에 불과할지언정 자신의 공간이 있으면 어디나 연결할 수 있는 지구방 말입니다. 인터넷만 연결하면 그 방에는 시장과 도서관과 사교클럽이 모두 존재하니 누구나 최소한의 자존심을 지킬 수 있는 공간입니다. 반지하방에 놓여 있는 치지도 못하는 피아노는 어쩌면 사치로 비칩니다. 10대 시절에 IMF 금융위기를 겪은 '88만 원 세대'는 이렇게 '지상의 방 한 칸'을 유지하려고 몸부림쳤습니다.

분노하기 시작한 20대

《은퇴 대국의 빈곤 보고서》(맛있는책)의 지은이 전영수가 "상위 1퍼센트가 하위 99퍼센트를 쥐락펴락하며 그들의 푼돈조차 털어내려던 저질 범죄"에 가까웠다고 말한 '글로벌 금융위기'가 2008년에 터졌습니다. "고삐 풀린 자본에게 도덕은 없었고, 공동체는 없었으며, 공익은 없었"습니다. "오직 탐욕과 독점, 그리고 선민의식만 있었을 뿐"입니다. 신자유주의의 실체를 정확하게 깨달은 다음부터 20대는 항우울증 치료제에 불과했던 미국산 자기계발서를 버리기 시작했습니다. 성공했다고 자부하는 '잘난' 인간이 근엄하게 던져주는 매뉴얼들을 가차 없이 버리기 시작했습니다. 이렇게 '거대한 강'을 건넌 뒤 20대의 생각은 크게 바뀌었습니다. '스펙'보다 '자아'가 더 중요하다는 사실을 깨닫기 시작했습니다. 물론 자기계발의 욕구는 텔레비전 서바이벌 게임으로 일부 해결했습니다.

우석훈은 "토익책을 놓고 바리케이트를 치고 짱돌을 들라"고 소리쳤습니다. 그는 2009년에 일본 '프레카리아트 운동의 잔다르크'로 불리는 아마미야 카린과 함께 《성난 서울》(꾸리에)을 펴냈습니다. 스무 살 때 극우파 가수로 활동하던 카린은 어느 날 좌파 감독 쓰치야 유타카의 실험적인 다큐멘터리 영화 〈새로운 신〉에 비디오 카메라를 들고 직접 참여하면서 좌파로 변신합니다. 갈수록 빈부격차가 심각해지는 '격차사회'에서 절망적인 처지로 내몰린 젊은 세대운동에 뛰어든 카린은 "만국의 프레카리아트여, 공모하라!"고 외쳤습니다.

카린은 "세계화나 산업 구조의 변화, 경제위기 등으로 모든 나라가 부담을 짊어지게 된 상황에서 특히 젊은 세대가 '전가(轉嫁)된 피해'를 떠안게 된 것은 아닌가" 하는 의문을 품었습니다. 또 곤궁한 사람들을 더욱 벼랑으로 몰아세우는 인간 조건을 스스로 바꾸고 싶다는 의지와 새로운 세계의 모습을 자유롭게 그려보고 싶어 하는 사람들의 소망을 알아보고자 했습니다. 그리고 '한·일 프레카리아트 연대'를 위한 방법론을 구해 서울에 왔습니다. 그녀는 자신의 구호처럼 세계적인 연대를 꿈꿨습니다.

카린은 서울에서 문래동 철공소를 근거로 빈집 점거 예술운동을 벌이는 스쾃(Squat) 단체 '예술과 도시 사회연구소', 연구자들의 코뮌인 '연구공간 수유＋너머', 외국인 노동자, 한국판 니트족인 백수, 양심적 병역거부자 등을 만났습니다. 그러고는 "거리에서, 천막에서, 철공소 한쪽 구석에서, 자신들의 손으로 일자리 만들기에 열중인 20대들의 손의 온기에서, 연구실에서, 함께 부딪히는 소주잔 소리에서, 슬픈 눈에 담긴 그러나 뜨거운 연대의 눈빛에서 나는 감히희망의 씨앗을 보았다"고 말했습니다.

카린은 '자기 책임'이라는 문제에서 벗어날 것을 촉구했습니다. 빈곤이나 일자리 문제가 사회구조에서 비롯되는 것이 아니라 개인의 능력과 책임에 달려 있다는 언설의 배후에는 '무능력 담론'이 도사리고 있다고 외쳤습니다. 무능력 담론은 비주류, 실업자, 백수, 부랑자들, 주변부 청소년들에 대한 근대 자본주의의 전통적인 훈육 전략이었으나, 탈근대 자본주의사회에 이르면서 특정 계층이 아닌 사회 구성원 전체가 '무능력 담론'을 내면화하기 시작했습니다. 언제라도 추락할 수 있다는 공포 앞에서 사람들은 끊임없는(계속적인) '능력화'를 요구받는 것입니다.

그래서일까요? 2010년에 드디어 20대가 자기 목소리를 내기 시작했습니다. 고려대 경영대학 3학년 김예슬은 스스로 학교를 떠나며 대자보에 "오늘 나는 대학을 그만둔다, 아니 거부한다"라고 썼습니다.

김예슬은 자신의 선언이 '극단적 선택'이 아닌 '최소한의 저항'이라고 했습니다. 그러면서 선언을 하기까지 '명박산성'보다 더 무서운 '부모산성'을 뛰어넘기가 힘들었다고 고백했습니다. 하지만 김예슬은 살아 있다는 것은 무엇보다 저항하는 것이기에 기꺼이 억압받고, 상처받고, 저항하겠다고 자신이 나아갈 바를 확실히 했습니다.

'작은 돌맹이의 외침'이라는 제목의 에필로그에서 김예슬은 "길이 끝나면 거기 새로운 길이 열린다. 한쪽 문이 닫히면 거기 다른 쪽 문이 열린다. 내가 무너지면 거기 더 큰 내가 일어선다"며 누가 강한지는 두고 보자고 당당하게 자신의 포부를 밝혔습니다. 이렇게 스스로 나약한 존재라고 밝힌 김예슬의 선언은 완고한 한국 교육 시스템에 균열을 일으켰습니다. 이 작은 균열은 연이어 수많은 균열을 낳았습니다. 많은 젊은이가 에세이나 소설, 인문서로 연이어 자신들의 이야기를 했습니다. 드디어 20대 당사자 담론의 백화제방 시대가 열렸습니다.

20대들은 새로운 도덕(철학)을 알아보기 위해 마이클 샌델의 《정의란 무엇인가》를, 신자유주의의 대안을 찾아보기 위해 장하준의 《그들이 말하지 않는 23가지》(부키)를 열렬히 읽었습니다. 또 김난도의 《아프니까 청춘이다》를 읽으며 청춘을 위로받았습니다. 그리고 임재범, 박칼린, 김태원의 어록에 눈물을 흘렸습니다. 김애란의 《두근두근 내 인생》에 나오는 구절들을 트위터로 나르기 시작했습니다. 김어준의 《건투를 빈다》, 엄기호의 《이것은 왜 청춘이 아니란 말인가》(이상 푸른숲), 김남훈의 《청춘 매뉴얼 제작소》(해냄) 등 어른들의 말에도 귀를 기울였습니다.

책은 '탄광 속 카나리아'에 비유되기도 합니다. 유독가스를 탐지할 측정기가 없던 시절, 광부들은 일산화탄소에 노출되면 바로 목숨을 잃는 카나리아와 함께 탄광에 들어갔습니다. 카나리아가 노랫소리를 그치면 바로 탈출해야 했습니다. 제목이나 광고 문안이 대중이 무의식으로 느끼는 시대 흐름과 맞아떨어져 초베스트셀러가 된 책이 바로 우리 사회의 카나리아라 할 수 있습니다. 동서고금을 통틀어 책의 히트와 시대의 유행은 마주보는 거울입니다. 영화, 텔레비전 같은 엔터테인먼트 미디어나 트위터, 블로그, 페이스북 같은 소셜미디어의 위력이 아무리 커졌다고 해도 1년에 수만 종이나 출간된 책 가운데 특별히 많이 팔린 책만큼 위력을 발휘하기는 어렵습니다.

2008년 가을에 터진 글로벌 금융위기 직전의 최고 베스트셀러는《시크릿》입니다. 이 책에는 "수세기 동안 단 1퍼센트만이 알았던 부와 성공의 비밀"이란 부제가 달려 있었습니다. 당시 20대 청춘은 이 책도 하나의 '스펙'으로 여겼을 것입니다. 하지만 그들이 추구하던 성공이 신기루에 불과하다는 것을 인식한 위기 이후에는《아프니까 청춘이다》를 최단 시간에 밀리언셀러로 만들었습니다. 이 책의 부제는 "인생 앞에 홀로 선 젊은 그대에게"입니다. 젊은이들은 부와 성공이 아닌 자기 인생을 추구하기 시작했습니다. 그래서 가슴이 두근두근하는 '젊은 그대'들을 이해하는 것은 한국 사회를 이해하는 것이나 마찬가지입니다. 김애란은 그들의 성장과정을 정확하게 이해할 수 있는 아이콘입니다. 우리는 20대를 제대로 이해할 필요가 있습니다. 20대야말로 위기의 한국 사회를 이끌 최전선의 투사이니까요.

2013년 12월 10일 '안녕들 하십니까'라는 인사로 시작한 대자보 '열풍'으로 20대의 불만이 이미 우리 사회 곳곳에서 부글부글 끓고 있다는 사실이 확인되었습니다.

'88만 원 세대'로 출발한 이들이 자신을 '잉여'로 부르는 지경이 되도록 우리 사회는 그들에게 아무런 좌표도 제시해주지 않았습니다. 이케아 세대가 침묵으로 세상에 저항한다면 이들은 아날로그적인 감성으로 자신들의 진심을 드러내 보이기 시작했습니다.

이제 20대는 언제 터질지 모르는 화약고입니다. 앞으로 '안녕들 하십니까?'의 대자보 열풍이 어떤 불길로 다시 번져갈지 모릅니다. 교문 밖을 나가는 것이 두려워 6년씩이나 대학 안에 머물러 있기도 하는 그들입니다. 단군 이래 최고의 스펙을 쌓았다는 선배들이 절반은 무직으로 허송세월하고, 취업을 했다 해도 절반은 비정규직으로 지내면서 연애, 결혼, 육아를 포기하며 살고 있는 현실을 목도한 그들이 세상에 대한 불만을 어떤 방식으로든 쏟아내고 말 것입니다.

영화 〈변호인〉에서 국밥집 아들 진우(임시완 분)는 "계란으로 바위를 쳐도 바위는 꿈쩍하지 않지만 바위는 죽어 있는 것이고 계란은 살아 있는 것"이라고 송우석(송강호 분)에게 말합니다. 그때 동의하지 못했던 송우석은 결국 이 말을 진우에게 되돌려줍니다. 1퍼센트의 바위는 꿈쩍하지 않겠지만 99퍼센트의 계란이 뭉치면 1퍼센트의 바위를 부숴버릴 수도 있을 것이라고 말입니다. 1100만 명이 이 영화를 보았습니다. 이는 곧 20대뿐만 아니라 고통받는 모두가 계란을 들 수도 있음을 의미합니다. 계란을 책으로 바꿔도 무방할 것입니다.

'마케이누'와
'이케아 세대'

서른다섯 살의 미혼 에세이스트 사카이 준코가 《마케이누의 절
규》(한국어판 제목은 '결혼의 재발견')를 펴낸 때는 2003년이었습니다.
"결혼해 아이가 있는 여성에게 이기려는 생각 따위는 하지 않고 일
단 '네, 졌습니다'라며 자신의 약점을 인정하는 개처럼 속을 보여주
는 편이 살아가기 쉬운 것 아닐까요?"라며 여성에게 말을 건 준코는
'사람들은 입 밖에 내지는 않지만 마음속으로는 더욱 승패를 가르고
싶어 한다'는 생각으로 굳이 쇼킹한 단어를 선택했다고 합니다.

'싸움에서 이긴 개'와 '싸움에서 진 개'

'마케이누'(負け犬: 싸움에서 진 개)는 좁은 의미로 "미혼, 아이가 없는 30대 이상의 여성"을 뜻합니다. 넓은 의미로는 이혼한 뒤 독신으로 지내는 사람이나 결혼한 적이 없는 싱글도 여기에 포함됩니다. 즉 '보통 가정을 꾸리지 않는 사람'을 지칭하는 말입니다. 따라서 '어느 정도 일에서 능력을 발휘하거나 미인으로 인기가 있는 여성은 모두 마케이누'로 여깁니다.

이에 반대되는 말인 '가치이누'(勝ち犬: 싸움에서 이긴 개)는 '평범하게 결혼해 아이를 낳은 사람'입니다. 부자인 남편과 결혼했고 아이도 입시에 성공해 전업주부로서 여유 있게 생활하는 사람, 수입이 적은 남편을 아르바이트로 도와가며 말 안 듣는 아이들을 단속하는 주부 등을 '가치이누'라 합니다. 여기서 가정의 소득 수준이나 가족의 우애는 상관이 없습니다.

사람을 개에 비유한 것도 그렇지만 여성의 삶의 방식을 '승패'로 나누어버린 준코의 방식이 그리 탐탁해 보이지는 않았습니다. 하지만 제가 이 책을 일본의 서점에서 발견했을 때는 충격 그 자체였습니다. 하여튼 이 책은 일본의 여성들에게 복잡한 파문을 일으켰습니다. '마케이누'가 2004년 유행어 대상 톱 10에 선정되었을 뿐만 아니라 일본의 텔레비전 드라마나 토크쇼에 어떤 형태로든 등장하지 않은 날이 없을 정도로 현대 여성을 상징하는 열쇳말이 되었습니다. 유명 탤런트 스기다 카오루가 마흔 살에 한 결혼이 화제가 되고,

와이드쇼나 스포츠신문은 '카리스마 있는 마케이누의 역전 결혼'을 소개하는 가운데 이런 분위기에 편승해 '역전 결혼'이라는 캐치프레이즈를 내건 맞선 업자들이 고객 확보에 열을 올리기도 했습니다. 이런 분위기에는 '남자를 못 구해 결혼이 늦어진 여자들'이라는 극히 단순하고 얕은 시각이 깔려 있었습니다.

《주간 요미우리》 2005년 2월 20일자의 권두 특집은 '만혼 시대의 불안과 결단, 마케이누 100명의 결혼'이었습니다. 이 특집에서 여성 문제에 정통한 논픽션 작가 가와소에 게이는 "마케이누라는 말 자체가 굉장히 강렬하기 때문에 일반인에게 강한 인상을 남기며 받아들여진 것은 사실입니다. 이질적인 탤런트까지 마케이누로 끌어넣으면서 본래 의미가 달라졌습니다. 따라서 이제 본래 의미를 생각할 필요가 있습니다"라고 주장했습니다.

"주먹을 치켜 올려 소리 높여 외치는 게 아니라 일종의 트릭을 구사하며 소곤소곤 이야기하는 것이 매력입니다. 사실 준코는 가치이누가 부럽다는 말은 단 한마디도 하지 않습니다. 마케이누라는 말을 전략적으로 사용함으로써 자신만의 독특한 방식으로 사회를 통렬하게 비판하고 있습니다"는 독후감을 내놓은 도쿄 가정대학 인간문화연구소 조교수 후쿠자와 게이코는 이 책을 '다양성을 인정하지 않는 사회에 대한 고발'로 평가했습니다. 이 책은 '패배'를 인정하는 것이 처세술이라고 말하는 데서 결혼이나 출산을 하지 않고 서른을 넘긴 여성이 살기 힘든, 당시 일본 사회를 엿볼 수 있다는 평가를 받았습니다.

2004년 10월에 이 책으로 제4회 '후진코론(婦人公論) 문예상'을 수상했을 때 준코는 《후진코론》 지면에 "'우리는 이대로 괜찮다'고 강한 척하며 일상을 보내는 마케이누의 존재감, 마케이누를 둘러싼 세상의 시각에 대해 느끼던, 뭐라 말할 수 없는 불쾌함의 정체를 밝혀내고 싶었다. 이러니저러니 말해도 결혼하지 않으면 '패배'로 비치는 이유가 무엇인지 생각해보고 싶었다"라고 집필 동기를 밝히며 마케이누라는 호칭에 대해서도 "그게 재미있고 알기 쉽기 때문이다, 말하자면 수학 문제의 보조선 같은 것"이라고 했습니다.

후진코론 문예상 심사위원인 에세이스트 가시마 시게루는 "지금까지 일본 사회의 여성은 '문화'를 택할지, 결혼, 출산과 같은 '여성의 삶'을 택할지를 선택하도록 강요당해왔다. 즉 여성이 자아실현을 꿈꿀수록 결혼 상대인 남자들로부터 멀어지게 된다. 남자들이 문화의 담당자가 아닌 오늘날, 일본 문화를 지탱하는 것은 그야말로 준코 씨가 말하는 '마케이누'임을 새삼 통감했다"는 심사평을 내놓았습니다. '문화'와 '(문화가 아닌) 남자' 중에서 어느 쪽을 선택할 것인가를 고민하다가 '자신의 삶'이라는 문화를 택한 이가 마케이누라는 설명입니다.

《주간 요미우리》의 특집 기사는 마케이누라는 신조어가 등장한 배경에 대해 이런 분석을 내놓았습니다. "단순한 혼기(婚期)에 대한 이야기가 아니다. 이는 일본 사회의 문화와 연애, 결혼관, 그리고 소자녀화 문제와도 연관되는 심오한 주제이다. 그러나 누구나 아는 말인지라 예능 매체를 중심으로 '결혼하고 싶어도 할 수 없는, 그래서 자기 멋대로 살고 있는 불쌍한 여성'으로 잘못 받아들여져 왜소화되어 사회에 전파되었다."

이 책에는 노처녀가 일요일에 대청소를 하면서 '저 침대에 몇 놈이나 왔다 갔지' 하고 생각한다는 이야기가 나옵니다. '다녀간 놈' 들은 모두 유부남이었다고 합니다. 오타쿠로 살아가는 동년배는 결혼할 만한 남자가 없으니 유부남과 그리 즐긴다는 것이지요. 저는 이 책을 읽으면서 장기 불황 10년이 일본의 저출산을 낳았을 뿐만 아니라 개인 삶의 방식도 바꾸었다는 사실에 크게 공감했습니다.

'저출산 고령화'가 드러낸 한국의 민낯

우리 현실은 어떨까요? 2013년 말에 2014년의 트렌드를 예측한 책 10여 권을 읽으니 거의 모든 책이 한국이 처한 가장 심각한 문제로 '저출산 고령화'를 지적했습니다. 저는 《한국일보》 2013년 12월 28일자에 기고한 〈2014년, 안녕하지 못한 세상 보듬을 영웅들의 이야기가 뜬다〉는 글에서 "책으로 본 다가올 새해의 트렌드" 중의 첫 번째로 '저출산 고령화'를 제시했습니다.

한국은 2001년 이후 10년째 초저출산 기준인 1.3명을 밑돈다. 한 나라의 인구가 현상 유지되는 기준인 대체출산율 2.1명에 턱없이 모자라는 수치다. 세계 최고의 수준으로 고령화가 진행되는 한국은 2018년에 인구의 14퍼센트가 65세 이상인 고령 사회로 진입하고, 2026년에는 총인구의 20퍼센트가 고령인 초고령 사회로 진입한다. 지금은 부모, 조부모, 외조부모 등 여섯 명이 아이 하나를 키우는 셈이지만 이대로 20~30년이 지나면 아이 한 명이 거꾸로 그 여섯 명을 부양해야 하는 시대가 온다. 이미 65세 이상 노인의 40퍼센트가 연금을 받지 못할 정도로 노인 빈곤율이 심각하다.

'이케아 세대'(디자인은 좋지만 내구성이 약해 이사할 때 버려도 그만인 이케아 가구를 구입하고 있는 35세 전후의 사람들)는 앞날이 불투명해 결혼도 힘들고 아이 낳을 용기도 없다. 그들은 취업—연애—결혼—출산—양육이라는 정규 코스를 거부하고 그저 "지금 이 순간 잘 사는 것"을 선택했다. 그들이 기성 사회에 퍼부을 수 있는 가장 강력한 복수는 '결혼 포기'다.

인구경제학 전문가인 데이비드 콜먼 옥스퍼드 대학 교수는 "한국은 저출산으로 지구상에서 사라질 첫 번째 국가가 될 것"이라고 경고했다. 이 비극적인 사태를 막으려면 고용 안정을 통해 일과 가정이 양립되는 사회, 젊은이들이 맘껏 사랑하고, 결혼하고, 아이도 낳을 수 있는 세상을 만들어야 한다. 그러기 위해서는 '고용은 비용'이라는 금전 부담에 대한 인식부터 바꿔야 한다.

'이케아 세대'라는 조어가 처음 등장하는 책은 《이케아 세대 그들의 역습이 시작됐다》입니다. 저자는 스웨덴 조립식 가구인 이케아 가구와 ±35세대 삶의 공통된 특징으로 저렴한 가격(낮은 몸값),

빼어난 디자인(뛰어난 능력), 가격 대비 내구성(스펙 대비 단기 고용), 미완성 제품(삶의 중간 단계), 단기적 만족감(미래를 계획할 수 없는 삶) 등 다섯 가지를 제시합니다.

첫째, 값이 쌉니다. 이케아 가구는 일반 북유럽 제품과는 비교가 안 되는 저렴한 가격이 강점입니다. 대량 생산하는 조립 가구라 전통적인 수작업과 현대 기술의 조화로 명성이 높은 북유럽 고가 제품과는 가격 차이가 큽니다. ±35세대 대다수도 돈과 인연이 없습니다. 슬프게도 몸값이 저렴합니다. 더딘 성장에 일자리가 줄어들어 청년 구직자는 과잉 공급 상태입니다. 구직자는 많은데 뽑는 곳이 적으니 값싸게라도 내다 팔 수밖에 없습니다. 팔리면 다행이지만 팔려도 워낙 저임금인 까닭에 제 한 몸 건사하기 힘듭니다.

둘째, 매력적인 디자인입니다. 이케아 가구는 값은 저렴해도 고급 문화로 인식되는 북유럽 디자인을 그대로 표방하기에 디자인 쪽으로 명성이 높습니다. 금방 식상해지는 화려한 이미지보다 단순하고 조화로운 디자인에 집중했기에 가격 대비 세련됨을 뽐내는 대표 가구입니다. 디자인의 힘을 자랑하는 이케아 가구만으로 한국의 낡은 전셋집을 서양 어딘가의 빈티지풍 아파트처럼 꾸밀 수 있습니다. 안목이 코스모폴리탄인 ±35세대는 돈이 없어 속상할지언정 추구하는 문화 수준과 눈높이는 상당히 고급입니다. 돈 때문에 멋을 포기할 수 없는, 어쩌면 한국 최초의 세대에 가깝습니다. 이들은 취업 난관을 뚫고자 일찍부터 다양한 스펙을 완비했습니다.

셋째, '가격'(몸값) 대비 품질이 좋습니다. 품질을 내세워 일생에

한 번 사는 고가 이미지를 포기한 대신 싸고 가벼우며 버리기 쉽게 만든 이케아 가구는 반복 구매의 여지를 넓혀놓았습니다. ±35세대는 고스펙·고학력으로 두루 무장한 최초의 세대입니다. 인턴과 수습, 계약직으로 단기 고용하기 때문에 부려먹다 여차하면 버려도 됩니다.

넷째, 불안정·미완성을 추구합니다. 이케아 가구는 반제품을 소비자가 직접 구입·조립해 설치하는 것이 특징입니다. 젊음도 미완성입니다. 사회에 발을 내디뎠다지만 아직은 갈 길이 먼 30대 중반의 삶은 메워야 할 빈틈이 많습니다. 수많은 도전과 시련의 반복이 기본입니다. 이케아 가구가 'DIY'를 지향하듯 ±35세대의 미래도 'DIY'에 따라 결정될 수밖에 없습니다. 퍼즐 조각 맞추듯 인생 파편을 모아 자신의 삶을 완성하기 위한 시간을 보내야 합니다.

다섯째, 단기적 만족감만 누려야 합니다. 이케아 가구는 임대차보호법에 따라 2년마다 전세와 월세를 갈아타며 이사를 다녀야 하는 젊은이들이 선호하는 가구입니다. 2년 후 이사 갈 때 가져가도 그만, 버려도 그만입니다. ±35세대는 고용불안으로 오래 근속할 수 없는 세대입니다. 2년 기한의 부동산 계약 만기가 돌아오는 시점이면 가슴이 조마조마합니다. 1년 동안 회사에 다니며 돈을 모아봐야 치솟는 전셋값을 맞춰주기 어렵습니다. 집보다 못한 세대라 할 수 있습니다. 게다가 결혼이라도 했다 치면 앞은 더 캄캄합니다. 그러니 결혼을 꿈꾸기 어렵습니다.

전영수에 따르면 이런 이유로 ±35세대는 둘 중 한 명은 비정

구분	내용	특징
연령	20대 후반~40대 초반	1978년생(35세) 전후 7~8년
학력	높음	대졸, 석사 이상
연봉	낮음	정규직이면 다행이다
직위	사원~과장급	사라진 평생직장
결혼	미혼 및 기혼 초기	약속한 싱글 라이프
연애	현실 격차	연애를 원하지만 쉽지 않다
희망 배우자	맞벌이 능력	남녀 모두 경제적 능력 우선
소비 스타일	중저가 제품 선호	합리적 또는 절약 소비
부동산	불가능한 내집 마련	소유에서 소비로의 전환
정치 의식	패배감 및 무력감	정치 소외의 무력감 안착
문화 취미	높은 안목	본인을 위한 소비
음주 회합	잘 안 마심	돈도 없고 남 배려도 싫음
미래 지향	포기한 안정성	냉엄한 현실 상황 인식

규직이라 상시적인 구조조정의 압박에 시달립니다. 단군 이래 최고의 스펙을 쌓은 세대이건만 낮은 몸값에 팔려나가고, 해외여행이나 어학연수, 유학 등을 경험해 해외 문화에 익숙하고 높은 안목을 지니고 있으나 스펙 대비 단기 고용이 가능하고, 삶의 중간 단계에서 헤매고 있으며, 미래를 계획할 수 없는 삶을 살고 있는 이들이 가벼운 주머니 사정으로 인해 2년마다 거처를 옮기면서 디자인은 좋지만 내구성이 약해 이사할 때 버려도 그만인 이케아 가구를 구입하고 있다고 말하며, 이들에게 '이케아 세대'라는 문패를 달아줬습니다. 전

영수는 이케아 세대의 특징과 라이프스타일을 알기 쉽게 표로 정리했습니다.

이 세대는 결혼도 힘들고 아이 낳을 용기도 없습니다. 슬픔이 목까지 차오르고 이젠 슬픔을 넘어 포기 단계에 이르렀다고 합니다. '취업—연애—결혼—출산—양육'이라는 정규 코스를 거부하기 시작한 이들이 기성 사회에 할 수 있는 가장 강력한 복수가 '결혼 포기'라는 말에 전적으로 공감했습니다.

우리는 젊은이들이 맘껏 사랑하고, 결혼하고, 아이도 낳을 수 있는 세상을 만들어야 합니다. 하지만 이들 세대의 90퍼센트가 비정규직입니다. 미래를 예측하지 못하는 삶을 사는 그들이 '완벽한 싱글'을 꿈꿉니다. 김용섭은 《완벽한 싱글》(부키)에서 결혼을 해도 싱글라이프의 독립성이란 핵심 요소를 유지하며, 외벌이일지라도 아이를 낳지 않거나 수입과 지출을 나눠 '경제적 싱글'로 사는 등 자녀와 배우자보다 자신의 행복을 더 중요시하는 세태를 알렸습니다. 그는 "혼자 살든 결혼해서 살든 단순히 혼자라는 의미를 넘어 스스로 사회적 · 경제적 독립성을 유지하며 자유를 지향하는 이들", 결혼은 하되 완벽한 싱글의 라이프스타일을 유지하는 부부인 '코시스'(CoSis: Couple+Single)의 존재도 소개했습니다. 결혼한 이들마저 아이를 낳지 않으니 이 나라의 미래가 있을 리 없습니다. 이케아 세대의 좌절을 지켜본 그다음 세대는 세상에 진출하기도 전부터 흔들리고 있습니다.

《이케아 세대 그들의 역습이 시작됐다》는 프랑스의 출산 장려

책을 다음과 같이 소개하고 있습니다.

놀라운 건 프랑스 기업이 출산 장려에 적극적이라는 점이다. 자녀 출산·양육에 상상 이상의 지원을 실시해 정부 정책의 효과를 배가시킨다. 어지간한 중소기업도 사내에 탁아소·유치원 등을 설치해 여직원의 동기부여를 자극한다.

구체적으로 보면 당장 '임신·출산'까지 대부분의 의료비가 전액 무료다. 불임 치료도 국가 부담이다. 병원에 처음 방문하면 적잖은 육아용품까지 선물로 받는다. 임신이 확인되면 나라가 보낸 축하편지까지 받아보게 된다. 병원 검진 때 산모의 고민을 의사가 직접 나서 외부기관과 협조·중재하기도 한다.

명확하고 구체적인 출산 장려는 역시 돈이다. 낳으면 일단 격려금으로 출산 보너스 855유로(약 120만 원)가 주어진다. 전업주부에게도 매달 500유로(약 75만 원)의 격려금이 나온다. 두 명 이상이면 별도의 자녀수당이 있다. 세 명 이상이면 그 혜택은 대폭 늘어난다. 쇼핑은 물론 대중교통 요금까지 할인 대상이다. 세 명째를 낳은 후 출산휴가를 쓰면 1년간 매달 750유로(약 110만 원)의 자녀수당도 받는다. 어떤 이유에서든 아예 회사를 관두게 되면 자녀수당은 1000유로(약 150만 원)까지 오른다.

양육 환경도 좋다. 세 살부터 대학까지는 공교육일 경우 무상 지원이다. 이케아 세대가 출산을 거부할 수밖에 없고, 혹은 낳는다면 생활고를 감당하도록 선택받는 한국과는 천양지차다. 시청 등 공공기관은 탁아소·유치원·초등학교 등의 방과 후 학습까지 맡는다. 전담 공무원과 체계적으로 고급 교육을 받은 선생님이 따로 있다.

기업도 적극적으로 출산 장려에 나선다. 출산휴가는 총 16주가 주어지는데 세 번째 자녀이면 무려 26주에 달한다. 완성은 사회 인식이다. 모든 곳에서 산모(엄마)는 우선적으로 배려된다. 대중교통은 물론 할인점에서도 전용 계산대가 있을 정도다. 상황이 이 정도니 출산은 경사일 수밖에 없다. 임신·출산을 해고 카드로 만지작거리는 한국과는 다르다.

프랑스는 이런 출산 장려 정책 덕분에 2012년에 출산율이 2.01명을 기록해 유럽 최고로 돌아섰다고 합니다. 그 정책이 외국인에게도 동일하게 적용된다고 합니다. "애를 낳는 것이 횡재로도 비유"되고 "출산하지 않는 게 손해일 정도로 막강한 정책적 지원이 마련된 결과"라니 정말 부러운 나라입니다. 우리도 빨리 프랑스에 버금가는 정책을 세워야 마땅할 것입니다.

저자는 고용안정의 활로는 기업에 달렸다고 말합니다. "문제 해결의 황금 열쇠는 순전히 기업이 쥔 형국이다. 이케아 세대를 비롯해 고용불안의 절벽에 선 청년 세대를 품에 안고 불필요한 갈등을 야기하고 온갖 사회비용으로 전가되는 청구서를 줄이기 위해서는 기업의 전향적인 자세 변화가 필수"라는 것입니다. 기업은 '고용은 비용'이라는 금전 부담에 대한 인식 전환부터 이룬 다음 일할 맛 나는 회사를 만들어야 한다고 역설합니다. 저자가 말하는 일할 맛 나는 회사의 성공 조건 열 가지는 다음과 같습니다.

1. 일과 가정 모두를 지키려는 회사 의지가 발현된 양립 조화

2. 누구나 할 말 하는 시원시원한 사내 공기(횡적인 커뮤니케이션)

3. CEO가 직접 실천하는 명문화된 직원 복지

4. 숙련된 베테랑을 존중하며 일자리를 제공하는 정년 연장

5. 사회문제로 부각된 비정규직 차별 금지

6. 튀는 아이디어의 제도화

7. 기업의 성공 DNA가 직원 개개인에게 유산이 되는 사내 문화

8. 생사고락을 함께하는 공동체적 가족주의 경영

9. 행복의 원천은 돈보다 마음이 먼저인 월급 초월마인드

10. 종신고용의 경제학으로 일컬어지는 해고 금지

아라포와
'어른 아이'

2008년 일본에서 가장 히트한 신조어는 '아라포'였습니다. 아라포는 '어라운드(around) 40'의 일본식 조어입니다. 그해 4월 11일부터 TBS 계열에서 방영한 〈Around 40—주문이 많은 여자들〉(아마미 유키 주연)은 40세 안팎 여성들의 일과 결혼, 출산을 주제로 한 드라마인데, 이 드라마가 인기를 끄는 바람에 아라포는 더욱 널리 알려지게 되었습니다. 아라포는 당시 반올림하면 마흔이 되는 사람을 일컬었습니다.

아라포가 과연 누구인지부터 알아봅시다. 신조어 전문가인 모리 히로시가 정리한 글에 따르면, 2008년에 반올림을 했을 때 40대가 되는 여성으로 1964~1973년에 태어난 사람들을 가리킵니다. 이들은 남녀고용기회균등법이 제정된 이후에 사회에 진출했고, 일과 결혼을 비교적 자유롭게 선택할 수 있었습니다. 하지만 이는 인생의 전기(轉機)를 늦춤과 동시에 장래에 대한 막연한 불안감을 안겨주었습니다.

아라포는 '아라사'라는 개념에서 파생한 단어입니다. 아라사는 'around 30'을 축약한 단어로 '30세 전후의 여성'을 가리키는 말입니다. 2005년 말에 창간한 여성지《지젤》에서 처음 사용했고, 주로 의류업계로 퍼져나갔습니다. 이 세대 여성은 90년대 중반에 고갸루 문화를 체험했으며 독특한 유행을 발신해내는 능력을 갖고 있습니다. 그래서 의류업계는 단카이 주니어를 잇는 세대 구분의 개념으로 '아라사'라는 말을 사용하게 되었습니다.

2008년에 40세인 여성은 남녀고용기회균등법 시행 당시인 1986년에 18세였습니다. 각 기업에서는 종합직 제도와 육아휴업 제도 등을 도입했고 덕분에 여성들은 속속 사회에 진출하게 되었습니다. 당시의 버블 경기도 뒷받침해주었습니다. 해마다 내용이 업그레이드되는《현대 용어의 기초 지식》1991년판에 '바리캬리'(바쁘게 일하는 커리어 우먼)라는 단어가 처음으로 등장했습니다. 이 때문인지 아라포 세대 중에는 '서둘러서 결혼할 필요는 없다'고 생각하는 사람들도 늘어났습니다. 한 통계에 따르면 여성의 초혼 연령은 1990년에 26.9세였지만, 2005년에는 32.0세로 상승했습니다.

아라포 세대가 결혼을 미루는 요인의 하나로 의학 기술의 발전으로 고령 출산이 이전만큼 위험하지 않게 되었다는 점을 꼽습니다.

앞의 통계에 따르면 여성의 초산 평균 연령은 1990년에는 27.0세였으나 2005년에는 29.1세로 높아졌습니다. 또한 35~44세 여성이 낳은 자녀의 수는 1990년에는 약 10만 명이었으나 2005년에는 약 17만 명으로 증가했습니다.

아라포와 강남 아줌마, 축복받은 여성들?

아라포 세대는 독자 문화를 탄생시켰습니다. 이와시타 구미코가 제창한 '오히토리사마'(취미와 여가를 즐기는 일본 싱글 여성)가 대표적인데, 이는 자아를 확립한 성인 여성을 가리키는 말입니다. 구미코는 '오히토리사마'의 행동 특성으로 혼자 레스토랑에 가거나 여행을 즐기는 스타일 등을 제시했습니다. 의존심을 없애고 자아를 확립함으로써 역으로 타인과 공존하고 좋은 관계를 맺으려 하는 것입니다. 훗날 아라포 세대는 값비싼 물건을 살 때도 "나는 열심히 일했기 때문에 이 정도는 나에 대한 포상이라고 생각하면 된다. 결코 낭비가 아니야"라고 자신을 위로하게 됩니다. 그리하여 물건뿐만 아니라 에스테틱, 여행, 문화생활 전반에 걸쳐 포상 소비 등의 '오히토리사마' 적인 소비 습관이 정착하기도 했습니다.

이러한 시대 배경에서 아라포 세대가 일, 결혼, 출산, 취미 등 인생의 선택지를 비교적 자유롭게 선택해왔음을 알 수 있습니다. 바꿔 말하자면 아라포 세대는 일과 결혼이라는 양자택일 상황에서 벗어날 수 있었던 최초의 세대인 셈입니다. 하지만 자유를 얻은 대신 막연한 고민 또한 떠안게 되었습니다.

우선 이 세대 커리어 우먼은 '유리 천장'이라는 문제를 안고 있습니다. 이는 관리직 여성이 어느 선 이상의 요직으로 올라갈 수 없는 상황을 말합니다. 문서로 명기되어 있지 않지만 운용상 차별을 당하고 있기 때문에 '유리 천장'이라고 표현한 것입니다. 또한 아라포 세대는 결혼과 출산에 대한 고민이 많습니다. 예를 들어 미혼 여성은 출산 제한 연령에 쫓기며 어느 시점에서 결혼이나 출산을 결단해야 한다는 이야기입니다. 막상 출산을 결심했다 해도 주위에 같은 세대의 엄마들이 없다는 점도 고민거리가 됩니다. 한편 미혼을 선택한 사람은 노후 생활에 막연한 불안감을 느끼게 됩니다.

두 고민의 공통점은 '여성의 인생에서 전환기가 늦어지고 있다'는 점입니다. 단호하게 말하자면 전환기가 10년 정도 늦어지고 있습니다. 게다가 자신과 비슷한 삶의 방식을 택한 선배가 적기 때문에, 역할 모델을 찾을 수가 없습니다. 오히려 자신이 다음 세대의 모델이 되어야 하는데 특히 커리어 우먼의 경우 이러한 사실에 중압감을 느끼기 십상입니다.

적극적으로 일을 하려는 여성을 응원하려는 의도에서 탄생한, 아이가 없는 30대 미혼 여성을 가리키는 '마케이누'(2003년 탄생한 조어)는 아라포 세대에 속하는 미혼 여성의 모습 자체라고 할 수 있습니다. 준코가 '마케이누'라는 단어를 처음 사용한 지 5년이 지나 '아라포'가 등장했는데 마케이누의 문제가 고스란히 '아라포'의 문제가 되었습니다. 어쨌든 이전 세대가 안고 있던 문제가 현재까지 넘어온 셈입니다. 아라포는 여성의 새로운 삶의 방식을 보여주는 '최첨단 세대'인 한편, 새로운 삶의 방식 속에서 버둥거리는 '고뇌하는 세대'이기도 합니다.

열렬한 연애를 즐기는 이들은 일본에서 소비 욕구가 가장 왕성한 세대였습니다. 아라포는 저축은 별로 하지 않으면서 쇼핑과 여행, 자기 투자라는 명목으로 자신이 모은 돈이나 남편의 돈을 아끼지 않고 사용했습니다. 그러다 보니 저축해둔 돈이 없는 아라포의 노후가 화두가 되기도 했습니다. 바로 이런 배경에서 우에노 지쓰코의 《혼자 맞는 노후》(한국어판 제목이 '화려한 싱글, 돌아온 싱글, 언젠간 싱글'이었다가 다시 '싱글 행복하면 그만이다'로 바뀌었습니다)가 베스트셀러에 오르면서 10개월 만에 75만 부나 팔려나갔습니다.

심각한 글로벌 금융위기 국면에 접어들면서 아라포도 위기를 맞이했습니다. 하지만 어느 전문가에 따르면, 아라포는 어떤 세상에서 살아도 마음만은 아라포 그대로라고 합니다. "쓸모없어 보이는 것을 사거나 밀접한 인간관계를 맺는 데 실패하거나, 40대에도 연애와 결혼, 출산에 뛰어들거나……. 쓸데없어 보이는 것에 큰 에너지를 쏟는 마음의 여유는 효율을 중시하는 세상에서는 매우 귀중한 일이다. 쓸데없는 것을 배제한 사회의 풍경은 살벌해진다. 아라포는 사회의 원기(元氣)의 지표이다. 아라포가 원기를 잃을 때면 일본 사회도 원기를 잃으리라고 생각하기 때문에."

IMF사태 직전 세상이 점점 힘들어갈 즈음에 세계에서 축복받은 세 부류의 여성이 있다는 말이 우스개로 회자됐습니다. 신으로부터 아름다움을 물려받은 러시아 여성, 남녀고용기회균등법으로 직장에서 자신 있게 일하면서 버블 경기에 따른 엔고에 힘입어 세계를 마음껏 여행하며 명품 소비를 일삼던 일본의 오피스 레이디, 경제활동은 하지 않으면서 명품 소비를 일삼는 서울 강남의 부잣집 전업주부들입니다. 이중 일본의 오피스 레이디가 바로 아라포입니다. 2008년 이후 일본 서점가에는 이들을 대상으로 한 여성 잡지 트리오《프레셔스(Precious)》,《마리솔(marisol)》,《스토리(STORY)》가 인기를 끌고 있습니다. 물론 이들을 대상으로 한 단행본은 이미 차고 넘칩니다.

한국에서 '마흔 즈음' 여성은 어떻게 살아왔나

그렇다면 한국에서 '마흔 즈음'의 여성의 삶은 어떨까요? 우리 나이로 2009년에 마흔이 되는 사람은 마케팅에서 '58년 개띠'에 버금간다는 '70년 개띠'였습니다. 그들은 급격한 산업화가 진행될 때 물질적 혜택을 누리며 어린 시절을 보냈습니다. 초등학교 시절에 1980년의 광주민주화운동을 경험하긴 했으나 그리 큰 영향을 받지는 않았습니다. 교복자율화로 평생 단 한 번도 교복을 입어보지 않았습니다. 따라서 다른 세대보다 자기표현이 확실하고 '나이키' 같은 유명 브랜드에 대한 인지도가 남달랐으며, 이후 '명품'에 대한 선호가 높아지게 되었습니다.

고등학생 시절에는 86 아시안게임과 87년 6월 항쟁과 88 올림픽의 빛나는 경험을 했습니다. 또 하이틴 로맨스에 빠져들어 꿈이나 환상을 제대로 키웠습니다. 사춘기 시절의 이런 '성공적' 경험을 통해 그들은 매우 진취적이고 긍정적인 사고의 소유자가 되었습니다. 대학에 입학했을 때는 해외여행 완전 자유화 조치로 관심사를 전 세계로 확대할 수 있었습니다. 본격적으로 배낭여행을 즐기기 시작한 것도 바로 이들 세대입니다. 이런 경험으로 말미암아 늘 억압받았던 시절의 후일담에 머문 이전 세대와 달리 그런 고민에 머물러 있을 겨를이 없었습니다.

사회에 진출할 무렵인 1990년에는 베를린 장벽이 무너지고 레닌 동상이 철거되는 등 현실사회주의가 몰락하면서 자신감을 얻은 자본주의 진영이 사상 억압을 완전히 해제한 시절이었습니다. 이때부터 이들은 국가나 민족 등 '거대한' 이야기가 아니라 바로 자기 자신에게 관심을 쏟았습니다. 국가와 민족을 이야기하는 진지한 '구라'는 가고 개인적인 삶을 가볍게 이야기하는 '수다'의 전성시대가 온 것입니다. 또 서구식 개인주의 정서가 본격적으로 확산되기 시작했습니다. 이에 대한 첫 체험이 '공격적 페미니즘' 세례였습니다. 작가의 이혼 경력이 연상되는 공지영의 《무소의 뿔처럼 혼자서 가라》(오픈하우스), 여성에 대한 일상적인 학대가 자연스럽게 은폐되고 이해되는 남성 중심 사회를 공격하는 여성 테러리스트가 주인공인 양귀자의 《나는 소망한다, 내게 금지된 것을》(살림), "나는 더 이상 남편을 위해 밥상을 차려드릴 수가 없습니다"라는 광고 카피를 들고 나온

이경자의《혼자 눈뜨는 아침》(푸른숲) 등은 이들의 전통적인 가족 중심적 사고를 뒤흔들어 놓았습니다.

1995년에는 양귀자의《천년의 사랑》(쓰다)이나 하병무의《남자의 향기》(밝은세상), 김상옥의《하얀 기억 속의 너》(창해) 등 한없이 사랑받기만 하는 여자들이 주인공인 소설들이 주로 팔려나갔습니다. 그즈음 코드가 비슷한 〈편지〉, 〈동감〉, 〈애인〉 등의 영화들이 줄줄이 인기를 끌었고 김자옥이 나는 완벽한 여자라는 내용의 〈공주는 외로워〉라는 노래를 불러 한때 가수로도 인기를 모으기도 했습니다. 당시 그들은 타인에 대한 존중과 배려를 포기하고 급격하게 자기애(自己愛)로 무장해갔습니다.

소비 시장의 주역 '마흔 즈음'의 여성들

IMF 위기 국면에서 그들은 남자 고르기에 열중합니다. 양귀자의 소설《모순》(쓰다)의 주인공인 스물다섯 살 안진진은 '현실'과 '몽상'을 상징하는 두 남성 중에서 누구를 선택할까를 고민합니다. 은희경의《마지막 춤은 나와 함께》(문학동네)에서 이혼녀인 여주인공 진희는 배 속의 아기 아빠가 누군지 모를 정도로 동시에 여러 명의 남자와 복잡한 사랑을 나누면서 애인이 적어도 세 명은 되어야 안심이 된다고 주장합니다. 전경린의《내 생에 꼭 하루뿐일 특별한 날》(문학동네)은 남편의 외도 때문에 유폐의 나날을 보내던 여주인공 미흔이 남편이 아닌 다른 남자와의 섹스를 통해 생애 처음으로 자신의 정체성을 발견하는 아주 특별한 날입니다.

1990년대를 관통하면서 출판시장에서 남자와 여자의 역할은 바뀌었습니다. 2000년 밀리언셀러에 오른 조창인의 《가시고기》(밝은세상)나 김하인의 《국화꽃 향기》(더스타일)의 남자 주인공들은 아이에게 헌신하는 모습을 보여주는 등 과거 여성의 역할을 떠맡은 반면, 여자 주인공은 일을 위해 가정을 버리고 유학을 갈 정도로 매우 '적극적'인 성격의 소유자로 거듭났습니다. 오만한 남자들은 온데간데없고 고개 숙인 남자들이 넘쳐난 반면 여성들은 정말로 잘나갔습니다. 그렇다고 여성 억압적인 사회 구조가 바뀐 것은 아니었지만 21세기에 들어서자 이 땅의 여성들은 재테크와 자기계발에도 열을 올리며 '성공'을 꿈꾸기 시작했습니다.

《나는 나를 경영한다》(다우)에서 '자기 경영'의 필요성을 역설한 바 있는 이혼녀 백지연은 《자기 설득 파워》(랜덤하우스코리아)에서 당당하게 "최고의 멘토는 바로 나"라고 역설했습니다. 이런 주장은 여성의 신념이 되기 시작했습니다. 그 후 여성들은 일과 결혼(자식)의 양자택일에서 벗어나 쇼핑과 여행 등의 취미 활동과 자기 투자 등으로 선택지를 넓혀갔습니다. 남녀 관계도 마찬가지입니다. 2000년에 출간된 이만교의 《결혼은, 미친 짓이다》(민음사/ 영화는 2002년)에서는 여주인공이 남편과 애인 사이를 자유롭게 오가며 죄책감 없이 조금 분주하게 살았다면 2006년에 출간된 박현욱의 《아내가 결혼했다》(문학동네/ 영화는 2008년)에서 아내는 남편에게 당당하게 새 남자와의 결혼을 발표합니다. 드라마의 주인공도 의지 하나로 남의 도움을 받아 역경을 개척하는 〈대장금〉의 '비주류' 장금이가 아니라 자신의 기반과 주변 인물과 환경을 M&A하여 거대한 꿈을 실현해나가는 진취적인 여성인 '주류' 〈천추태후〉로 바뀐 것과 같은 맥락입니다.

2009년 무렵 소비 시장에서 가장 주목해야 할 세대는 바로 '마흔 즈음'의 여성들이었습니다. 그들은 자기 돈이든, 남편 돈이든 구매력을 갖고 있었습니다. 일본처럼 새로운 삶의 방식을 가장 앞서서 선도해온 '최첨단 세대'인 것입니다. 저는 영업 일선에서 일하던 1994년 최영미의 《서른, 잔치는 끝났다》(창비)가 선풍을 일으키는 것을 보면서 여성에게 '서른'이라는 나이가 얼마나 큰 폭발력을 갖는가를 절감했습니다. 하지만 이 나이는 정확하게 10년 뒤로 늦춰졌습니다. 이제 여자는 '마흔'이라는 나이에 근접할수록 미래에 대한 불안 해소, 자기 확신, 위로받을 대상의 선택 같은 인생의 중요한 결정을 내려야 하기 때문에 이들의 관심을 끌 수 있는 상품들이 주목받을 개연성이 높았습니다. 구매력이 있는 40대 여성들은 자신을 위해서 가치 있는 투자라는 판단이 들면 무조건 돈을 썼습니다.

백화점 문화센터에서 서성이고, 새로운 직업을 찾아나서기도 합니다. 그들의 절반쯤은 싱글이거나 정서적으로는 이미 싱글이나 마찬가지인 예비 싱글입니다. 결혼한 이들도 주목의 대상입니다. 자신을 위해서는 모두 버릴 수 있지만 결코 포기하지 못하는 것이 하나 있습니다. 바로 자식입니다. 그런데 이들의 자식들은 유치원에 다닐 때부터 온갖 교육 문제로 엄청난 고통을 받았습니다. 하지만 그들이 1인 미디어에 빠진 자식과 소통할 수 있는 마땅한 방법이 없었습니다. 소자녀화, 맞벌이, 핵가족 등으로 자식들은 자신의 고민을 털어놓을 대상이 없어 한없이 방황했습니다. 보다 못한 40대 여성들은 자식과 진정으로 소통하기 위해 돈과 시간을 아끼지 않았습니다.

특히나 80년대 말 학번 세대들은 선배 세대인 386세대에 대한 부채의식마저 갖고 있습니다. 그들은 사회문제에도 관심이 많아 인문 사회 서적을 탐독하기도 했습니다. 아이를 데리고 촛불집회에 참여해본 경험도 있어서 아이와 함께 읽을 수 있는 책들을 먼저 사서 읽은 다음 아이에게도 권했습니다.

그로부터 5년이 지났습니다. 70년 개띠는 40대의 한가운데 자리를 차지했습니다. 우리가 2차 베이비붐 세대(1966~1974년생)라 부르는 이들은 모두 마흔 줄에 접어들었습니다. 1990년대 한국 사회에 젊은 에너지를 불어넣었으나 20대 후반의 결정적 시기에는 '외환위기', 30대 후반에는 '글로벌 금융위기'로 정말 힘겨운 세월을 보냈습니다. '70년 개띠'는 제2차 베이비붐 세대를 상징하는 나이로 40대를 대표한다고 볼 수 있습니다. 이 세대는 권위주의와 민주주의, 빈곤과 경제적 풍요 사이에 단층이 존재한다는 사실을 실제로 체감하지 못한 세대입니다.

인생의 하프라인을 넘으며

이의수의《아플 수도 없는 마흔이다》(한국경제신문)에는 40대 모습이 잘 정리되어 있습니다. 1977년 이후부터 "베트남 특수를 거쳐 중동 특수를 누리기 시작하면서 집집마다 냉장고와 가스레인지가 보급되기 시작한" 풍족함을 누리기 시작한 이 세대는 "레슬링의 황제 김일, 조용필과 이선희의 노래들, 거리마다 숱하게 많았던 다방과 음악감상실, 통기타와 DJ, 통금과 88 올림픽, 우리의 청춘을 지배했던 3김씨, 영원한 라이벌 남진과 나훈아, 검은 교복과 빠이롯트 만년필, 이문열과 최인호의 소설들, 〈수사반장〉과 〈전원일기〉, 포니 자동차와 IMF……"의 추억이 물러난 자리에 "스마트폰과 인터폰, 아이패드와 카카오톡, 에쿠스와 주식투자, 인턴과 비정규직, 3D와 외국인 노동자, 베트남 신부들, 농촌의 몰락, 신도시와 타워팰리스, 벤처기업, 메이드 인 차이나와 미국산 쇠고기, 로또와 촛불시위, 스타벅스와 아이들……"이라는 새 기억들을 채워 넣어야 했습니다.

하지만 그들은 이런 문제를 생각할 겨를이 없습니다. 지금 40대의 "머릿속에 오롯이 자리 잡고 있는 것은 자녀들의 교육과 불안한 미래 그리고 돈입니다. 또 수시로 찾아드는 외로움과 쓸쓸함"입니다. "겨우 마련한 내 집, 힘들게 부양해야 하는 가족들, 몸 바쳐서 일하는 직장, 아침부터 밤까지 혼신을 다하는 장사에서 소외되지 않을까, 폭락하지 않을까, 망하지 않을까, 쫓겨나지 않을까 불안한 마음으로 살아가는 마흔"입니다. 그들은 "늙어가는 아버지와 어머니의 주름살을 바라보며 자신의 얼굴에도 주름살이 늘어나는 것을 바라보며 세월의 무게를 힘겹게 이겨내고" 있는 중입니다.

그들이 후반생을 재미있는 인생으로 바꾸기 위해서《중년수업》(가와기타 요시노리, 위즈덤하우스)을 받기 시작했습니다. 한평생을 80으로 바라봤을 때 '마흔'은 단지 인생의 전환점일 뿐입니다. 하지만 세월이 달라졌으니 후반생을 제대로 살아내기 위해서는 도약을 위한 지혜와 삶의 전략을 다시 습득해야만 합니다. 노년을 목전에 두고 인생 후반을 적극적으로 설계해야 할 때입니다. 2000년대 초반 일본에서는《40대이기 때문에 할 수 있는 모든 것: 연령별 자기계발 시리즈》,《마흔부터 현명한 삶》,《마흔부터의 인생 설계 가이드》,《40세부터의 새로운 노년학》 등 고령화 시대에 풍요로운 노년을 맞이하기 위해 준비할 것들을 다룬 책들이 창업, 재테크, 건강관리 등 다방면에 걸쳐 출간되었습니다.

우리는 일본보다 한참 뒤처졌지요. 강상구의《마흔에 읽는 손자병법》(흐름출판)과 신정근의《마흔, 논어를 읽어야 할 시간》(21세기북스) 등 마흔에 동양 고전을 읽자고 이야기하는 책이 장기간 베스트셀러 행진을 벌이기 시작한 것은 2011년부터입니다.

요시노리는 중년 이후가 "남 눈치 볼 것 없이 그저 '자신이 주인공'이 되는 시기"라고 말합니다. "누구의 간섭도 없이 마음이 시키는 대로, 오랫동안 내면에서 잠자고 있던 자신만의 재미를 위해 시간을 보낼 수 있는" 시기랍니다. 그의 책은 나이를 즐기고, 멋있게 나이 들고, 돈을 벌어야 한다는 생각에서 벗어나고, 기대지 않고 스스로 살고, 오랫동안 남의 것이었던 시간을 찾아오고, 집착을 버리는 방법을 알려줍니다.

인생의 하프라인을 넘기 전까지는 목표가 보였지만, 절반이 지나고 나서는 목적이 보입니다. '늙는다는 것'은 생물학적 노화에 불과하지만 '나이가 든다는 것'은 "사람을 다루는 법이나 관계를 보는 눈, 풍부하고 다채로운 경험, 세월이 가르쳐준 직감, 그리고 욕망을 컨트롤할 수 있는 지혜" 등 "나이를 먹을수록 빛나는 인생의 전리품"을 챙기는 것을 뜻합니다.

한데 말처럼 쉽지는 않습니다. 앞으로는 40~45세에 이르는 '인생의 전이점'부터 잘 통과해야 합니다. "민주화에 대한 요구와, 경제적 호황과, 사회적 변화와 성취의 시기인 1980~90년대에 청년기를 보내고, 21세기에 중년기에 들어선" 지금의 40대는 어느 세대보다 자신 있게 중년기에 들어섰지만 모래시계의 딱 중간인 목 부분에 갇힌 '삶의 교착 상태'에 빠져 있습니다. 그 고비만 잘 넘기면 모래시계 아래쪽이 다시 넓어지듯이 후반기 인생의 선택과 기회의 폭이 다시금 넓어지기 때문에 새로운 인생을 맘껏 펼칠 수 있습니다.

《나이 방랑—마흔 이후, 나이에 파묻힌 나를 다시 꺼내기》(사이)의 공동 저자인 제프 존슨과 파울라 포먼은 모래시계의 목 부분에 갇혀 있는 것처럼 인생의 어느 한 지점에 꼼짝없이 갇혀 이제는 삶에 대한 어떤 선택권도 남아 있지 않다고 느끼는 무기력한 증상을 해소할 '모래시계 해법'을 제시합니다. 이 책의 원제가 바로 '모래시계 해법(The Hourglass Solution)'입니다.

지금의 '중년 세대'는 "상상할 수 없을 정도로 길어진 수명의 '불운한 상속자'이지만, 그 어느 때보다 '행복한 수혜자'가 될 수 있는 잠재력을 지닌" 세대이기도 합니다. "그들은 행복에 대한 본능이 강하고, 자신의 삶에 대한 자부심이 강하고, 자유를 열렬히 맛본 세대"로 이전 세대와는 달리 "삶에 대한 전례 없는 접근방법과 다양한 선택의 가능성들을 가지고 성인기에" 접어들었습니다.

하지만 2008년 글로벌 금융위기 이후 이들 세대는 "더 이상 인생에 대한 그 어떤 '선택권'도 남아 있지 않은 지점에 도달했다는 사실"을 절감하고는 심각한 무력감에 빠져 있습니다. 자신에게는 아무힘도 없다는 느낌과 더 이상 인생에 대한 선택권이 없다는 자괴감은 이들을 자살과 같은 극단의 선택으로 몰아넣고 있습니다. 우울증은 마흔네 살에 절정을 이루며, 45~54세 중년이 자살을 감행할 가능성은 청소년에 비해 두 배나 된다는 통계도 있습니다. 중년의 약물 및 알코올 중독, 질병, 자살 등 육체적 외상도 심각한 수준으로 높아지고 있습니다.

《나이 방랑―마흔 이후, 나이에 파묻힌 나를 다시 꺼내기》의 저자들은 당신의 삶을 헝클어뜨려도 된다, 나를 나에게 집중시킬 것을 허락하라, 가족에게 절대적으로 헌신하지 말라, 당신의 몸과 뇌를 기쁘게 하라, 일에 대한 접근방식에 변화를 주어라, 돈에 대한 생각을 진화시켜라, 마음속에 빈자리를 남겨놓아라 등 '모래시계 해법' 일곱 가지를 알려줍니다.

6월 항쟁을 전후로 고등학교를 다닌 이들은 우리 사회가 어느 정도 민주화를 이룬 다음에 대학에 입학해 과외로 용돈을 벌어 생활했던 세대로, 이전 세대와 달리 물질적으로 부족함을 별로 느끼지 못했습니다. 그래서인지 유난히 싱글이 많습니다. 민주화와 경제적 호황의 혜택을 받으며 성장하고 IT 기술과 디지털 문화가 쇄도해 들어온 격변기를 거친 40대는 한국 사회에서 누구보다 변화에 잘 적응해왔습니다. 그들은 아파트 한 채 겨우 마련했는데 실상은 '하우스 푸어'의 늪에 빠져 있어 '하우스 푸어 세대'로 일컬어집니다.

양극화의 사회 구조가 고착화하면서 계층의 상하 이동은 물론 재정적 장애물을 넘는 것조차 힘들어지자 40대는 '사회적 성공'이나 '거창한 꿈'은 일찌감치 포기하고 '소소한 일상'에서 즐거움을 추구하게 되었습니다. 이런 과정에서 진정한 자아를 발견하기 시작한 이들은 강하고 책임감 있고 능력 있는 남성이나 가장이라는 삶의 무게를 내려놓고 있습니다. 그들이 가장 소중하게 생각하는 것은 거대한 포부와 보상이 아니라 일상에서 실현 가능한 '작은 행복'입니다.

《트렌드 코리아 2014》(김난도 외, 미래의창)에서는 어른이자 아버지(Daddy)면서 동시에 아이(Kid)와 비슷한 감수성을 갖고 있는 40대를 '어른아이(Kiddie)'로 불렀습니다. 그들은 소녀시대와 아이유의 음원을 다운로드하고 수지에게 열광하는 '삼촌팬'이 되기도 합니다. 딱지치기와 구슬치기 등 아날로그적 놀이문화에도 익숙하지만 디지털 게임의 시초 격인 오락실 게임과 PC 게임을 시작한 원조 세대라 '놀 줄 아는' 세대입니다. 워커홀릭에서 취미에 열정적인 하비홀릭(hobby-holic)으로 변신하고 있는 40대는 아웃도어, 명품 시계, 패션 잡지, 스키니한 패션, 몸매 다이어트, 탱고, 록페스티벌의 주소비자가 되었습니다. 작은 것에서나마 '사소한 사치'를 즐기고 있기에 40대는 한국을 먹여 살리는 소비 시장의 주역입니다. 가요, 영화, 뮤지컬, 출판 시장에서도 40대의 힘이 커지고 있습니다.

그들은 정보 기술 혁명의 태풍을 맨 앞에서 맞았고 경제위기의 최대 피해자였습니다. 하지만 40대는 언제나 사회의 중추였습니다. 그들이 이렇게 거침없이 '집'을 나가서 노는 데에만 열중하면 이 나라는 어떻게 될까요? 저는 묻고 싶습니다. "이제 소는 누가 키우나요?"

일본의 단카이 세대와
한국의 1차 베이비부머

일본의 단카이 세대는 1945년 패전 후에 태어난 베이비붐 세대입니다. 1947~1949년에 태어난 좁은 의미의 단카이 세대는 약 680만 명에 불과하지만, 한 해 출생자 수가 200만 명을 넘던 1951년까지의 5년간(넓은 의미의 단카이 세대)으로 폭을 넓힌다면 약 1085만 명으로 전체 인구의 9퍼센트에 이릅니다. '단카이'란 광업 용어로 퇴적층 중에서 주위와는 성분이 다른 요소의 덩어리를 가리킵니다. 단카이 세대는 수가 많을 뿐만 아니라, 문화적으로나 경제적으로도 다른 세대와 구별되는 특성을 가지고 있습니다.

1947년에 태어난 단카이 세대가 2002년에 55세가 되었습니다. 정년을 5년 앞둔 것이지요. 덩어리가 크다 해서 단카이(團塊)라 불린

이들은 그즈음 정치적 힘을 발휘하기 시작했습니다. 정년 연장을 시도한 것입니다. 이들의 표를 의식한 정치권은 이들의 요구를 받아들일 수밖에 없었습니다. 결국 2004년에 고령자의 고용안정법을 개정해 정년을 65세까지 연장하거나, 계속 고용 제도를 도입하거나, 아예 정년을 폐지해버렸습니다.

당시 일본의 가장 큰 관심사는 '격차사회'였습니다. 1억이 중산층인 사회를 추구하던 일본에서 중산층이 붕괴되면서 경제와 사회의 양극화가 심각해졌습니다. 버블 붕괴에 따른 장기 경기침체와 함께 고령화의 급속한 진전에 따른 세대 간 소득 분배 악화가 원인이었습니다. 법의 개정으로 이들 세대는 촉탁과 파트타임의 형태였지만 계속 일할 수 있었으며, 깎인 임금은 연금으로 벌충할 수 있었습니다. 2012년 대통령선거에서 우리나라의 50대와 60대가 자신들의 미래만 생각하고 노령연금을 늘리겠다는 박근혜 후보를 선택한 것처럼 이들은 젊은이들이 일자리를 찾지 못해 안달인데도 자기 앞길을 잘 닦아놓는 데만 열중했습니다. 격차사회의 최대 희생양은 젊은이들이었습니다. 일자리를 찾지 못한 젊은이들은 편의점이나 패스트푸드점 같은 단순 서비스 노동 현장에서 형편없는 임금을 받으며 살아남기에 급급했습니다. "단카이 세대의 뒤에는 풀 한 포기도 살아남을 수 없다"는 말이 있을 정도입니다.

사카이야 다이치가 분석한 바에 따르면,

첫째, 단카이 세대는 전쟁과 물건 부족을 모르고 자란 최초의 세대입니다. 그들이 철이 들었을 때 일본에는 전쟁도, 군대도 사라져 있었습니다. 심각한 식량난은 해소되었고, 의복도 주택도 공공시설도 좋아져 있었습니다. 이 때문에 단카이 세대는 무인적(武人的) 미덕을 버렸습니다. 남성들의 용맹스러움은 기피되고 부드러움이 요구되었습니다. 여성들은 정숙함보다 화려함을 선호했습니다. 단카이 세대는 긴급 비상사태를 생각할 수 없었으며 인생은 언제나 예정된 대로 나아가는 것이라고 생각하게 되었습니다.

둘째, 단카이 세대는 새로운 기기와 생활환경에서 자란 최초의 세대입니다. 철이 들었을 때부터 텔레비전이 있었고, 성인이 된 다음에는 승용차가 보급되었고, 현역에 있는 동안에 컴퓨터에 익숙해졌습니다. 교외형 주택에 살며 슈퍼마켓에서 말없이 쇼핑하는 데 익숙해졌습니다. 단카이 세대는 늘 새로운 소비생활의 첨단을 달리고 있었습니다.

셋째, 단카이 세대는 '며느리가 시어머니를 이겼다'는 세대입니다. 이들로부터 핵가족 체제가 시작됐습니다. 전후의 고도성장기에 단카이 세대의 다수가 고향을 떠나 도시로 옮겨가 관공서와 기업에서 근무하는 회사원이 되었습니다. 거기서는 친척이나 이웃과 교제를 하지 않았습니다. 부모 세대로부터 생활의 지혜를 배울 필요도 없었습니다. 게다가 회사원은 부모에게 직업상의 지식을 배울 수도, 이어가야만 할 인맥을 얻을 수도 없었습니다. 이런 상황에서는 부모 세대가 가정에서의 권위와 권한을 잃을 수밖에 없을 것입니다. 단카이 세대는 아들과 며느리였던 젊은 시기에 부모 세대와의 권한 다툼에서 이겼습니다. 그러나 단카이 세대가 부모의 나이가 된 지금에는 승

부를 겨룰 상대조차 없습니다.

넷째, 단카이 세대는 '자녀에게 남길 것은 돈(물적 재산)뿐'이라고 생각했습니다. 자녀가 사회에 진출한 후에도 돈을 계속해서 지원하는 부모가 많았습니다. 특히 지방에 사는 고령자는 도쿄 등의 대도시에 있는 아들과 손자에게 주택구입비와 결혼 비용 등을 대주었습니다. 이를 악용한 '오레오레 사기'(전화를 걸어 "나야 나"라고 하며 사고가 일어났으므로 당장 입금을 요구하는 등의 사기 수법)까지 빈번히 발생했습니다. 단카이 세대는 그렇게 해주는 것을 당연시했습니다. 그것이 연금과 저축에 불안을 느끼는 이유의 하나가 되었습니다. 결국 자식은 부모를 떠났지만 부모는 자식에게서 떠나지 못했습니다.

다섯째, 무엇보다 중요한 단카이 세대의 특색은 종신고용과 집단주의에 물든 '사회적(회사형) 인간'이라는 것입니다. 고향을 버리고 도시에 나와 회사에 근무한 단카이 세대가 몸 담은 곳은 혈연 사회도 지연 사회도 아니었습니다. 그들은 오로지 직장에 귀속되었습니다. 단카이 세대가 취직한 시기에 이미 일본 경제는 고도성장의 외길을 걷고 있었습니다. 종신고용과 연공 임금과 집단주의의 일본식 경영이 확립되어 있었습니다. 변화의 첨단을 걷는다는 풍압(風壓)을 느끼던 단카이 세대는 직장에서 안주할 곳을 찾고 있었습니다. '회사를 위해서', '일이니까'라고 하면 어떤 경우에도 통한다는 발상에 빠져들게 되었습니다. 1990년대의 장기불황으로 인해 구조조정과 기업 정리가 있었다고는 하나 이 나라에서는 종신고용이 건재하다고 믿었고 이는 사람들의 심리와 행동을 계속해서 사로잡고 있었습니다.

이런 사람들이니 정년 연장에 목숨을 걸었을 것입니다. 단카이 세대로 인해 모든 예측이 어긋났습니다. 이 세대가 고등학교와 대학을 졸업하고 사회에 쏟아져나온 60년대 말 관료들은 취직난을 예측했지만 대단한 호경기가 찾아오는 바람에 오히려 일손이 부족한 상태였습니다. 단카이 세대 덕분에 수요가 늘어 설비투자가 촉진되었기 때문입니다.

이 세대가 뉴 패밀리가 되어 육아에 힘쓰던 70년대에 관료들은 주택 부족을 예측하고 주택공단과 자치단체의 주택 공급 회사에 몇 조 엔이나 되는 자금을 투입했습니다. 그러나 민간의 조립식 주택과 맨션 건설이 활성화되어 공단 주택단지는 오히려 텅 비고 말았습니다. 이 세대가 40대를 맞이했을 무렵에는 연공에 의해서 높은 급여를 받게 된 단카이 세대가 일도 하지 않고 창가에 늘어서 회사를 거덜낸다는 '창가족'이라는 담론이 널리 유포됐습니다. 그러나 창가에 늘어선 단카이 세대는 맹렬히 일해 많은 프로젝트를 완수해냈고 사상 최고의 기업 이익을 안겨주었습니다.

상황이 이렇게 돌아가자 관료들도 생각을 바꿨습니다. 중년 사원의 기업에 대한 충성심으로 지탱되어온 일본식 경영은 무적이기에 일본 경제는 끝없이 성장한다고 말하기 시작했습니다. 그 순간 버블 경기가 붕괴되어 일본 경제는 급속히 추락하게 되었고 기업들은 어쩔 수 없이 고용을 줄이고 사업을 축소하게 되었습니다.

단카이 세대가 60대에 접어들기 시작한 2007년부터 다수가 직장을 떠나게 되었습니다. 이른바 '큰 덩어리'인 단카이 세대가 직장을 그만두고 연금 생활에 들어가면 재정도 연금 회계도 파탄이 날 뿐만 아니라 생산현장은 일손 부족에 시달리고 기술 기능과 경영 노하우의 계승도 어렵게 된다고들 했습니다. 단카이 세대는 60대에 접어들어서도 거의 대부분 재취업을 하거나 재고용되거나 자영업을 하는 식으로 계속해서 일했습니다. 정년으로 인해 일이 끝난 게 아니었습니다. 오히려 종신고용에 얽매이지 않는 '자유로운 노동'이 시작되었습니다.

정말 대단하지 않습니까? 세계 최초의 '호로(好老) 문화'의 나라라지만 노인의 삶마저 긍정적으로 바라보는 자세가 놀랍기만 합니다. 대학을 졸업할 무렵의 취직난을 구인난으로 바꾸고, 가정을 꾸리기 시작하던 1970년대의 주택난을 조립식 주택과 맨션 건설로 해결하고, 정년을 맞이하던 2007년의 연금 파탄 우려마저 종신고용에 얽매이지 않는 자유로운 노동으로 불식시켰습니다. 그렇기에 2007년, 단카이 세대의 새로운 황금시대가 다시 시작된다고 생각했겠지요.

단카이 세대는 무엇보다 언제나 거대한 시장이었습니다. 자본주의 경제 사회에서 다수파인 그들은 천성적인 절대 선인 것입니다. 그렇기 때문에 단카이 세대의 정치적 지향과 문화적 기호는 언제 어디서나 인정받았습니다. 그들은 노동력이란 면에서도 압도적인 다수였고, 선거의 표밭이나 출판시장에서도 주류였습니다. 그들이 걸어가는 곳에는 항상 붐이 일어났습니다.

록 뮤직, 모터사이클, 청바지에 티셔츠, 녹색혁명, 선구적인 유니클로(일본의 캐주얼 브랜드로 다섯 명 중의 한 명이 입는다는 패션 브랜드) 문명, 유니(단일, 병렬, 무리 지향적)에서 클로(동시대적, 공진적)인 민영 인민복, 세대의 표지였던 장발, 문화적 도발, 다코짱(일본 타카라사의 비닐 인형으로 1960년에 발매, 240만 개가 팔렸다), 훌라후프를 비롯해서 80년대 〈금요일의 아내들〉(83년 TBS에서 방송된 대히트 드라마), 그리고 '욘사마' 관련 수요에 이르기까지 모두 단카이세대의 구매력과 행동력의 결과물이었습니다. 출판시장 또한 다르지 않습니다. '문고'와 '신서'를 읽으며 자란 그들은 최근의 출판시장에서도 여전히 '큰손'으로 여겨지고 있습니다. 그러니 그들을 대상으로 늘 새로운 기획을 하는 것입니다.

법 개정으로 정년이 65세로 늦춰졌지만 이런 혜택을 받은 이들은 일부 대기업이나 공기업 직원, 공무원에 한정된다고 보아야 옳을 것입니다. 그러니 2007년에 이미 대량 퇴직이 시작되었습니다. 일본의 출판 기획자들은 2007년을 출판 기획의 터닝 포인트로 여기고 이들 세대를 타깃으로 다양한 책을 기획했습니다.《편집회의》2007년 5월호의 특집 '단카이 시니어의 마음을 사로잡는 편집술!'에서 이에 대한 흐름을 살펴볼 수 있는데 기획 의도는 이러합니다. "단카이 세대의 퇴직이 시작되는 2007년을 맞이한 지금, 출판계에서도 단카이 시니어에게 뜨거운 시선을 보내고 있습니다. 이 세대에게 접근할 수 있는 콘텐츠를 개발하고 싶습니다. 그렇게 생각했을 때, 그러한 프로젝트에 관여하게 될 이들은 아마도 단카이 세대보다도 그

다음 세대일 터입니다. 어떻게 하든 스테레오타입의 가공의 시니어 상을 대상으로 한 컨텐츠를 만들기가 쉬울 것입니다."

100세 인생, 준비와 계획이 필요하다

단카이 시니어 세대는 50세 이상을 말합니다. 우리는 55세 정년이니 사오정으로 불리는 45세 이상으로 보면 옳을 것입니다. 따라서 우리는 이들의 기획을 타산지석으로 삼아도 될 것입니다. 지금은 '인생 100세' 마케팅이 벌어지고 있는 시대입니다. 본격적으로 '엔조이 에이징(Enjoy Aging)'을 이야기하고 있습니다. 그렇다면 우리는 그들을 어떻게 대해야 할까요. 《편집회의》의 특집에서 인터뷰어로 등장한 월간《하쿠라쿠》의 니시무라 편집장의 입을 빌려 정리해 보겠습니다.

정년 후의 인생. '시니어'라는 말을 들으면 당신은 어떠한 이미지를 떠올리게 되나요. 노인, 만년, 나머지 인생, 혹은 일식, 엔카, 잠방이…… 시니어 ═ 노인이라는 종래의 이미지에 사로잡혀 시니어지는 이러해야 한다는 발상을 갖고 만들기 때문에 팔리지 않는 것입니다. 중장년층보다 위의 세대를 타깃으로 한 잡지는 '시니어지'라고 불리지만 그들은 육체적, 정신적으로도 예전의 시니어와 비교해서 매우 젊습니다. 록 밴드도 결성하고 다도의 요리보다 프랑스 레스토랑의 풀코스를 좋아하는 사람도 있습니다. 일상에서는 유니클로의 옷과 청바지를 즐겨 입습니다. 예전의 '시니어'라고 하는 분류를 통해서는 이해하기 힘든 존재입니다. 이 세대의 의식과 라이프스타일의 변화는 일본인의 평균수명 연장과 관련이 있습니다.

전쟁 직후에는 인생 50년이라고 이야기하곤 했습니다. 그러나 지금은 인생 80년의 시대입니다. 인생 100년의 시대도 곧 도래할 것입니다. 대학을 졸업하고 정년까지 38년이라고 생각하면, 남은 인생도 그에 필적할 정도입니다. 이제 정년 후의 인생을 야구에서 말하는 '소화 시합'(우승팀이 가려진 이후 시즌 종료까지의 시합)처럼 생각해서는 안 될 것입니다. 그렇다면 지금부터 시니어지는 어떻게 꾸려야 할까요. 만년을 어떻게 살 것인지가 아니라, 대학을 졸업하고 막 사회에 진출했을 때처럼 지금부터 사회에서 어떻게 살아야 할 것인가, 사회에 어떻게 공헌해야 할 것인가를 고민하는 긍정적이고 적극적인 삶의 방식을 제시하는 잡지여야 하지 않을까요. 결국 리타이어가 아닌 리셋인 셈입니다. 시니어지의 테마로 많이 다뤄지는 '안티 에이징'조차도 이제는 시니어지의 메인 테마가 되지 않을 것입니다.

확실히 '건강'과 '나이를 먹지 않는 것'이 이들의 주된 관심사지만 지금부터 약 30년 동안을 어떻게 살아갈 것인가 하는 문제를 생각하면, 신체에만 신경을 쓰고 있을 수 없습니다. 지금부터의 시니어지는 안티 에이징이 아니라 '엔조이 에이징', 결국 나이가 들어가는 자신을 올바로 이해하고 어떻게 인생을 즐길 것인가를 중요한 테마로 삼아야 하지 않을까요.

엔조이 에이징 시점에서의 발상을 통해 기획 방법, 타이틀을 붙이는 법, 레이아웃과 디자인, 사진을 보여주는 법을 비롯한 모든 면에서 변화를 꾀할 수 있을 것입니다. '사람은 몇 살까지 연애할 수 있을까?'는 최근 가장 잘 팔린 기획 중 하나입니다. 지금까지 금기시했던 시니어 세대의 연애와 섹스를 정면에서 다루었고, 이 세대의 실상에 보다 가깝게 접근할 수 있었습니다.

여행을 다룬 기획에서는 창간 당시부터 제안해온 '부부의 여행'을 '소중한 사람과 가는 여행'이라고 표현을 바꾸었습니다. 아내도 친구도 모두 소중한 사람이 될 수 있겠지만, 소중한 사람이라고 표현함으로써 여행의 뉘앙스가 바뀌게 됩니다. 시니어라고 해도 부부끼리 여유롭게 즐기는 여행뿐 아니라, 가슴 뛰는 즐거운 여행을 누릴 수 있다면 좋지 않겠어요?

또한 일류 레스토랑을 소개하는 맛집 기획에서는 가게에서 가장 인기 있는 요리의 레시피를 곁들여서 소개합니다. 이러한 기획과 접근방식은 물론, 비주얼과 레이아웃도 시니어 독자를 끌어들일 수 있는 중요한 요소입니다. 《하쿠라쿠》에서는 원근감 있는 사진을 효과적으로 사용해서 지면에 입체감을 부여하거나 한 페이지에 적어도 두 곳에 소제목을 넣어서 읽기 쉽게 만드는 등, 독자의 눈에 들어오는 레이아웃을 시도하고 있습니다.

'시니어지는 글자를 잘 읽을 수 있으면 되겠지'라고 생각하면 곤란합니다. 단카이 세대는 텔레비전이 처음 등장했을 당시 아이들이었습니다. 어릴 때부터 텔레비전을 보고 자라서 비주얼 감각이 발달했습니다. 게다가 이 세대가 되면 노안이 진행되어 활자만 있는 지면을 읽으면 눈이 피곤해집니다. 《하쿠라쿠》에서는 문자와 비주얼의 비율을 반반으로 구성했습니다. 시니어지이기 때문에 이러해야 한다는 고정관념이 시니어지를 만드는 데 큰 함정으로 작용하게 됩니다. 오히려, 시니어와 주니어 사이의 벽이 사라지고 있다고 느껴집니다. 지금까지 시니어지들에게 금기시되었던 기획도 점점 시도되리라 생각합니다.

2012년은 단카이 세대가 65세 정년을 맞이한 해입니다. 그래서 일본의 출판 기획자들은 이들이 60세를 맞이했던 2007년에 이어 2012년을 출판 기획의 터닝 포인트로 여기고 출판시장의 큰손인 이들을 타깃으로 맹렬하게 책을 기획했습니다. 그런 일본에서 2012년 가장 주목을 받은 열쇳말 중 하나가 홀로 쓸쓸하게 죽어가는 '고독사(무연사)'였습니다.

고령화 문제를 입체적으로 조망한 테드 C 피시먼의 《회색 쇼크》(반비)는 "전체 인구의 40퍼센트가 65세 이상 노인이 된다. 가게, 거리, 자동차 안은 두 종류의 은퇴자 세대로 가득 차게 된다. 젊은 세대는 60~80대 초반일 것이며, 나이 많은 세대는 100세가 다 된 사람들로서 이들의 수는 급격하게 많아진다. 이들은 주말에도 거리를 가득 채우고, 그 숫자는 젊은이의 수를 훨씬 능가할 것"이라는 2050년의 일본 사회를 그리고 있습니다. 여러 통계들이 기준 연도로 삼기에 2050년은 인구학 사상 가장 중요한 해가 될 것이라고 합니다. 초고령 사회 일본은 2050년에 100세 이상인 사람만도 100만 명에 이를 것이랍니다. 참고로 UN은 2050년 한국에서 65세 이상 고령 인구가 전체 인구의 절반이 넘으리라는 전망을 내놓았습니다.

일본은 높은 이혼율, 핵가족화, 체면, 길어진 수명 등으로 노인 고독 문제가 심각합니다. 혼자 살고 있는 400만 명의 노인은 가정과 사회로부터 극심하게 소외되고 있습니다. 고독사(무연사)한 사람의 시체가 몇 달 동안 방치된 채로 썩어가면서 뿜어내는 독성을 차단하기 위해 시체를 찾는 팀이 가동되고 있기도 합니다. 2017년은 단카이 세대가 70세에 도달하는 첫 해입니다. 이를 대비해 일본의 기획자들은 벌써부터 많은 아이디어를 떠올리고 있을 것입니다.

단 카 이 세 대 와 3 8 6 세 대 의 영 광 과 몰 락

일본의 단카이 세대에 비견되는 것은 우리의 '386'세대입니다. '386세대'란 용어가 처음 등장할 때만 해도 1960년대에 태어나 1980년대에 대학을 다닌 30대를 의미했습니다. 386은 이제 486으로 바뀌었지만 몇 년 지나면 586이라고 해야 할 것입니다. 이 세대는 1차 베이비부머와는 절반 정도 겹칩니다. 1차 베이비부머는 1955년생부터 1963년생까지로 760만 명에 이릅니다. 1차 베이비부머가 이미 은퇴를 시작했습니다. 그들은 "현실 은퇴 시점(57세)과 희망 은퇴 시점(63세)이 달라 소득 공백이 예상되고, 노후 준비가 상대적으로 덜 되어 있어 구매력이 낮을 것"으로 보여 소비가 둔화될 것으로 예측됩니다.

386세대는 일본의 단카이 세대와 닮았습니다. 단카이 세대가 타고난 근면성으로 일본의 근대화를 이끌었다면 386세대는 '할 수 있다'는 자신감으로 산업화를 주도했습니다. 단카이 세대가 적군파와 68 혁명을 경험했다면 386세대는 격렬한 학생운동과 민주화를 경험했습니다. 단카이 세대가 이와나미문고와 이와나미신서를 열심히 읽었다면 386세대는 인문 사회과학 서적을 열렬히 읽었습니다.

	단카이 세대	386세대
성품	타고난 근면성	'할 수 있다'는 자신감
20대 경험	68 혁명의 경험	6월 항쟁의 경험
한계	1억 총중류사회의 좌절	민주화 기여, 먹고사는 문제 미해결
독서	문고, 신서 세대	인문 사회과학 세대
사회적 위치	고령 사회의 핵	은퇴 시작
고용	일본식 경영(회사형 인간)의 몰락	IMF와 카드 대란, 글로벌 금융 위기

단카이 세대가 자신의 노력으로 고령 사회의 핵이 된 반면 386세대는 아무 준비 없이 몰락해가고 있습니다. 45세 정년을 일컫는 '사오정'에 이어, 56세까지 회사에서 버티면 도둑이란 '오륙도'가 회

자되기 시작한 때는 카드 대란이 일어났던 2003년 무렵이었습니다. 두 신조어는 1998년 IMF 사태 직후에 대규모 조기 퇴직을 겪은 이들의 심리를 뒤흔들었습니다. 5년 만에 다시 대형 위기를 맞이하자 기업들은 시도 때도 없이 '구조조정'을 자행했습니다. 이런 칼날이 당시 40대의 가슴에 비수처럼 파고들었습니다. 당시 언론은 이들을 '사오정 세대'로 부르기 시작했습니다.

본격적인 글로벌화로 영어 실력과 해외 경험이 중시되고, 벤처 열풍에 힘입어 나이 어린 사람들의 성공 신화가 줄을 이으면서 기업 내부의 연공서열 문화는 급격하게 무너졌습니다. 더구나 사회의 급속한 변화로 제품 수명 주기가 단축되면서 기업들은 창의적인 아이디어를 가진 젊은 인재를 찾는 데 혈안이 되었습니다. 이것은 말이 좋아 구조조정이고 혁신이지 언제고 자유롭게 해고하는 것에 불과했습니다. 월급 동결 땐 '가족'이지만, 내쳐질 땐 영락없는 '가축' 신세였습니다. 갑자기 들이닥친 직장인 '조로 현상'은 사회에 큰 위기감을 불러왔습니다. 언론 매체는 위기의 40대를 분석하는 데 열을 올렸습니다. 2003년에 만 45세가 되는 사람들은 '58년 개띠'였습니다. 앞뒤 나이인 57년생과 59년생을 합하면 240만 명으로 1차 베이비부머 중에서도 다수를 차지했습니다. 1970~80년대의 권위주의 체제를 경험한 이들은 10월 유신, 10·26과 12·12 사태 이후의 80년 서울의 봄, 광주민주화운동, 87년 6월 항쟁, 89년의 현실사회주의의 몰락, 문민정부와 국민의 정부라는 양김 시대, IMF 사태 등의 격변기를 살아왔습니다.

이 과정에서 '민주주의의 실현'과 '물질적 풍요'가 이루어졌습니다. 이 두 가지는 사오정 세대와 이전 세대가 열망한 최고의 가치였습니다. 그들은 생존을 위해 두 가지 가치를 유보한 적도 있으며 일부에서는 이를 쟁취하기 위해 지난한 투쟁을 거듭했습니다. 사오정 세대가 사회의 분위기를 주도하며 안정된 생활을 유지할 수 있었던 까닭은 우리 경제가 고도성장을 거듭했기 때문입니다. 고도성장기에는 기업에서 간부직이 계속해서 늘어나 많은 사람이 간부 사원이 될 수 있었고, 일부는 장년기에 안정된 생활을 누릴 수 있었습니다. 버블 경제의 혜택이라 할 수 있습니다.

IMF 사태 이후 40대 이상의 장년층은 하루아침에 정리해고의 대상이 되었습니다. 해고자가 속출함으로써 수많은 가족이 해체되고 말았습니다. 가정과 사회와 직장에서 버림받은 사람이 늘어나 노숙자가 속출하고 자살하는 사람이 급증하자 대중의 관심은 '경제, 생활 문제'로 집중되기 시작했습니다. 따라서 이들 40대는 정치적으로는 진보를, 경제적으로는 시장주의로 상징되는 보수를 지향하는 이중성을 보이게 된 것입니다. 이런 성향이 결국 '이명박 정권' 탄생이라는 역주행 사태를 낳았습니다.

다른 측면에서 이들이 몰락하는 과정을 한번 살펴보겠습니다. 한국 사회에서 중산층 하면 제일 먼저 아파트가 떠오릅니다. "번듯한 직장과 30평대 아파트와 중형차를 배경으로 삼아 행복한 미소를 짓고 있는 4인 가족의 사진은 고도성장이 가져다준 물질적 풍요의 실체를 가감 없이 보여주는 KS 마크 같은 이미지"(박해천, 《아파트 게임》, 휴머니스트)였습니다. 그러나 1997년 IMF 외환위기가 엄습하면서 이 이미지에 균열이 생기기 시작했습니다.

이런 위기에 직면해 역대 어떤 정부도 제대로 대처하지 못했습니다. "1997년 외환위기 이후 정부는 소비자 물가상승을 볼모로 원화 가치를 하락시켜 대기업의 수출을 증가시키고, 근로소득의 상실을 카드빚과 부동산 담보대출 등 빚잔치를 통한 왜곡된 소비를 조장해서 넘어갔다. 그리고 미래를 위한 R&D 투자나 건강한 경제성장을 위한 설비투자와 부의 불균형 분배를 해결하기 위한 정부 정책 등을 철저히 희생시켰다"(최윤식,《2030 대담한 미래》, 지식노마드).

부동산으로 중산층이 성장한 역사는 1960년대부터 시작됐습니다. "내 인생에서만 버블을 다섯 번 정도 경험했다. 제2차 경제개발계획이 성공적으로 제 궤도에 올랐던 1960년대 후반, 제2차 유류파동이 오고 박정희 대통령이 죽기 직전인 1970년대 중후반, 3저호황의 1980년대 중반, 국민소득 1만 달러를 돌파한 1990년대 중반, 그리고 다섯 번째가 IMF 외환위기 이후 찾아온 바이 코리아 열풍, 카드 대란, 아파트 버블로 이어지던 2000년대 초중반이다"(《아파트 게임》).

역대 정권이 경기를 살린다면서 부동산 대책을 남발하는 사이에 수출을 독식했던 재벌들은 국내의 건설업도 독식하면서 아파트 한 채를 지어 한 채 값을 남기는 엄청난 폭리를 취했습니다. 10년 주기로 찾아온 "1970년대 이후 세 번의 버블은 각각 강남의 아파트, 과천 · 목동 · 상계 · 중계의 아파트, 수도권 5개 신도시의 아파트"

《아파트 게임》 건설 시기와 맞물려 있습니다. 고도성장의 성과급이 중산층을 거쳐 아파트 분양 대금으로 흘러들어 갔다가 부동산 시장의 상승세를 견인해낸 것입니다.

2008년 4월 제18대 국회의원 선거에서는 뉴타운 열풍이 불었습니다. 제17대 대통령선거에서 우리 국민은 경제와 부동산 시장을 살려줄 메시아로 이명박을 선택했는데, 18대 국회의원 선거에서는 여야 후보 모두가 당선을 위해 대안도 없이 '뉴타운' 기치를 내걸었습니다. 이념을 떠나 아파트로 노후자금을 마련할 수 있다는 기대감에 모든 것을 걸었습니다. 덕분에 여당이 압승했습니다. 2001~2008년에 전국 아파트 가격이 두 배(서울은 2.6배) 가까이 오른 것을 지켜본 국민들은 부동산 경기를 살려줄 듯한 정치세력에 표를 몰아주었습니다. 하지만 그해 가을 글로벌 금융위기가 온 나라를 뒤덮었습니다.

이후 부동산 경기는 바닥으로 내려 앉기시작했습니다. 《2030 대담한 미래》의 저자인 최윤식이 정리한 바에 따르면, 2010년 10억 원까지 올랐던 대형 아파트 로열층이 4억 4000만 원까지 폭락하는 사태가 발생했습니다. 부의 상징인 타워팰리스도 10억 원씩 가격이 하락했습니다. 지방에서는 분양가의 40~50퍼센트를 할인 판매하는 아파트도 속출했습니다. 2013년에 용인, 성남, 일산 등의 20~30평대 아파트는 2007년 고점 대비 실거래가가 30퍼센트 이상 하락한 상태이며, 불패 신화의 진원지인 강남의 아파트 가격도 하락했습니다. 특히, 용인의 50평이 넘는 대형 아파트는 55~60퍼센트 이상 폭락했습니다.

'747' 공약(연평균 경제성장률 7퍼센트 달성, 10년 이내에 1인당 국민소득 4만 달러 돌파, 세계 7대 경제 국가 진입)을 내걸었던 이명박 정권은 '비즈니스 프렌들리'를 천명했지만 어디까지나 대기업에 한정된 슬로건이었습니다. 이명박 정권은 대기업이 이익을 내면 투자가 활성화되고 경기가 부양되고 고용이 촉진되어 저소득층의 소득 증대로 이어진다는 낙수효과를 기대하고 법인세 인하를 비롯해 규제 완화를 확대했으나, 실제 상황은 정반대로 돌아갔습니다. 게다가 '삽질'밖에 몰랐던 이명박 정권은 4대강에 올인하여 환경 파괴와 더불어 정부, 공기업의 재정적자를 크게 심화시켰습니다. 오로지 대기업만이 법인세 인하의 혜택을 봤습니다. 중소기업이나 자영업자는 몰락해갔으며 고용이 늘지 않았을 뿐만 아니라 비정규직이 절반을 넘어섰습니다. 고용 없는 성장이 장기간 이어지면서 절망에 빠져든 사람이 늘어났고, 사회 전체가 희망을 잃어버리게 되었습니다.

이명박 정부의 실정에 대한 비판의 목소리가 높아지자 박근혜를 대선주자로 내세운 새누리당은 경제민주화와 각종 복지 공약을 들고 나왔습니다. 대선 공약으로 65세 이상 모든 노인들에게 20만 원씩 기초노령연금을 지급하기로 했던 새누리당은 국가 재정과 미래 세대 부담 등을 이유로 65세 이상 소득 하위 70~75퍼센트 노인을 대상으로 국민연금 가입 기간에 따라 최고 10만 원에서 최대 20만 원의 기초연금을 차등 지급하는 방안을 대안으로 제시했습니다. 사실상 공약을 파기했습니다. 그러나 신빈곤층으로 전락하는 1차 베이부머와 60대 이상 노인들은 박근혜를 압도적으로 밀어줬습니다. 그만큼 미래가 불안했던 것입니다.

박근혜 대통령은 취임 1주년이 지나기도 전에 자기가 내걸었던 경제민주화와 복지 정책을 상당수 폐기하거나 후퇴시켰습니다. 박근혜 정부의 진보정당 탄압, 전교조 법외노조화, 철조노조 파업 대응에서 우리는 노동자를 비롯해 마음에 들지 않는 국민을 적대시하는 분위기를 읽을 수 있었습니다. 이렇게 민주주의는 크게 후퇴했습니다. 박근혜 대통령은 어떤 일에 대해서든 제대로 된 사과 한 번 없이 일방적인 견해 표명만 하다 보니 '불통 정권'이라는 낙인이 찍혔습니다.

이러는 사이에 국민의 삶은 어떻게 변했을까요. 이명박 정권 내내 '셀프 힐링'에 여념이 없었던 대중은 박근혜 정부 역시 출범 초기부터 스스로 내건 약속을 파기하는 모습에 기대감을 접기 시작했습니다. 아무리 부동산 경기를 살리려고 해봐야 한국의 부동산은 처참하게 무너질 일만 남았다고 분석하는 이들도 있습니다.

세 번의 큰 위기를 겪었음에도 다시 글로벌 경제위기가 닥칠지 모른다는 우려가 현실화되고 있습니다. 전문가들은 몇 년 안에 위기가 찾아올 수 있으며, 그게 바로 2014년일 개연성이 높다고 경고했습니다. 중국이나 인도 같은 신흥국의 급격한 성장으로 수출 주도형 경제의 한계가 드러나기 시작했습니다. 무엇보다 G2로 올라선 중국의 급격한 성장이 큰 부담으로 작용하고 있습니다. 이를 절감한 박근혜 정부가 '창조경제'를 내세워 미래의 밥줄을 찾으려 하지만, 경제

민주화를 바탕으로 한 공정 경쟁의 룰 없이는 창조적 기업은 제대로 뿌리내리기 어렵습니다. 따라서 투자와 고용을 빌미로 협박을 일삼는 재벌의 손아귀에 들어간 박근혜 정부에 경제를 회복시킬 재주란 없어 보입니다.

이미 은퇴를 시작한 1차 베이비부머(50대)와 '하우스 푸어'로 전락한 2차 베이비부머(40대)는 몰락하고 있습니다. 단군 이래 최고의 스펙을 쌓았다는 이케아 세대(30대)가 겪는 좌절감은 심각한 수준입니다. 그다음 세대인 88만 원 세대(20대)와 '대자보 세대'는 세상에 나서는 것을 두려워합니다. 청소년 시절을 힘들게 보내며 최고의 스펙을 쌓았던 윗세대 선배들이 '석박사 백수' 혹은 '대졸 백수'가 되는 모습을 목격한 지금의 청소년들이 첫걸음을 내디디기도 전에 절망하고 있습니다. 그리하여 교실이 붕괴된 '교육 불가능의 시대'가 왔습니다. 이렇게 온 세대가 위기감에 빠져 있는 현실입니다.

이 세대들 중에서 가장 다급한 세대는 1차 베이비부머입니다. 760만 명에 이르는 1차 베이비부머는 셋 중 한 사람만이 국민연금 혜택을 받게 돼 있어 대거 신빈곤층으로 전락할 우려가 있습니다. 은퇴하며 받은 퇴직금은 자녀를 졸업시키고 결혼시키면 전부 고갈됩니다. 남는 거라고는 집 한 채뿐인데 이들 세대의 자녀들은 실업자이거나 비정규직 노동자라 자식에게 기댈 수도 없는 형편입니다. 20대를 행복하게 보낸 그들은 미래를 생각하지 않고 인생을 마음껏 즐겼지만 지금은 절망과 불행과 공포에 빠져 퇴로를 찾지 못해 우왕좌왕하고 있습니다. 모든 세대가 좌절감에 빠져 있지만, 그들은 특히 자식들이 날개를 펴보지도 못하고 방황하고 있다는 사실에 고통스러워하고 있습니다. 따라서 1차 베이비부머는 고통이 두 배로 가중되고 있습니다. 자식들이 실업자이거나 비정규직이라 "부자(父子) 공멸의 함정이자 중산층의 덫"에 빠져 있습니다.

'3포'나 '6무' 세대로 불리는, 그들의 자식들은 '먹고사는' 문제를 여전히 해결하지 못한 부모 세대를 원망합니다. 50대와 20대의 '사상 최대의 부자대첩'이라는 세대 전쟁이 여전히 상존합니다. 18대 대통령선거 결과를 보고 20대는 '멘붕'에 빠져들었지만 50대 이상은 환호했습니다. 〈내 딸 서영이〉의 서영처럼 부모 세대도 '꿈'이 있음을 깨닫기 시작한 자식이 없진 않지만 세대의 화해는 쉽지 않아 보입니다.

정보 기술 혁명은 '고용 없는 성장'을 낳고 있습니다. 모든 세대가 '로맨스 판타지'에 깊게 빠져들고 있습니다. 현실에서 만족하지 못하는 사람들이 게임, 드라마, 영화, 책 등에서 로맨스 판타지를 열렬히 찾습니다.

지금은 비연속적 변화가 우리 삶을 뿌리째 뒤흔드는 시대입니다. 9·11 테러, 3·11 일본 후쿠시마 원전 사태 같은 비연속적인 변화가 언제 다시 일어날지 모릅니다. 조르조 아감벤은 이런 변화를 《예외상태》(새물결)로 규정했습니다. 우리는 예외상태에서 이뤄지는 '합리적인 결정'(사실상 합리의 외피를 두른 초법적 결정)을 통해 법적 권리나 자유를 침해당합니다. 이런 시대에 대중은 새로운 리더십을 발휘할 인물을 갈구합니다.

미국은 셋 중 한 명이 빈곤층으로 전락할 정도로 양극화가 극심합니다. 국내에서 출간된 미국 관련 책도 대부분 미래를 매우 암담하게 바라봅니다. 글로벌 금융위기를 불러온 나라도 미국입니다. 미국은 9·11 테러 이후 최근 10년 동안 동시다발적으로 발생한 테러, 리먼 사태, 최초의 흑인 대통령 등장 등을 겪으며 격변의 세월을 보냈습니다.

어려운 시절을 보내는 미국 교양인들의 지적 관심은 '예외주의(exceptionalism)'에 쏠려 있습니다. 예외주의는 건국 경위부터 특별한 나라인 미국이 세계의 리더로서 모든 부문에서 다른 나라들을 원조하고 계몽해나가야 한다는 이념으로, 1830년대 미국을 면밀히 관찰한 프랑스 사회학자 알렉시스 드 토크빌이 처음 사용했습니다.

조지 부시 전 대통령 시절 공화당 네오콘(신보수주의자)이 신봉하며 대외 정책에 활용하기도 한 예외주의는 미국인에게는 민족적 자부심을 나타내는 말이지만, 다른 나라 사람들은 이를 '미국 우월주의'로 받아들일 수밖에 없습니다. 예외주의는 '미국 편이 아니면 적'이라는 이분법적 시각으로 드러나기도 했습니다.

예외주의를 엿볼 수 있는 책은 "세계화의 전도사" 토머스 프리드먼과 외교 정책 전문가인 존스홉킨스 대학 석좌교수 마이클 만델바움이 함께 쓴 《미국 쇠망론》(21세기북스, 원제 'That Used Be to Us')과 공화당 보수파 논객인 뉴트 깅그리치의 《어디에도 없는 유일한 나라(A Nation Like No Other)》입니다.

《미국 쇠망론》의 Us는 '우리'와 '미국'을 함께 의미합니다. 과거 모든 면에서 세계를 이끌었지만 지금은 많은 분야에서 뒤떨어져 쇠퇴해가는 미국 현실을 지적하는 이 책은 교육과 비즈니스 등 다방면에서 쇠퇴의 원인을 찾습니다. 깅그리치는 미국은 다른 나라와는 전적으로 다른 존재로, 정치·외교·비즈니스 분야에서 앞으로도 압도적인 리더 역할을 해야 한다고 주장합니다. 그런 미국에서는 건국과 제2차 세계대전의 영웅을 다룬 전기와 영화가 인기를 끕니다.

3·11사태로 리더십이 통째로 흔들린 일본에서는 전국시대나 막부(幕府) 말기의 지사(志士)들의 리더십이 다시 주목받고 있습니다. 급격한 보수주의 물결이 불고 있습니다. 극우 분위기가 심각한 양상으로 전개되기도 합니다. 오사카 시장 '하시모토 현상'도 같은 맥락입니다.

우리나라의 1차 베이비부머는 대학 시절에 인문 사회과학 서적을 읽으며 세상에 대한 자기인식을 뚜렷이 했으며 민족 분단과 군사정권의 압제에 맞서 통일과 민주화를 지향했던 사람들입니다. 그들은 1987년의 6월 항쟁을 통해 군사정권의 항복을 받아내고 미완성이나마 민주화를 이룬 경험이 있습니다. 이와 같은 '성공'의 경험은 그들의 인생을 지배했습니다. 그들은 모든 일에 자신감을 갖고 매사에 매우 진취적인 태도를 보였습니다.

386세대는 1990년대 이후 출판시장에서 가장 중요한 독자층이었습니다. 문자와 책에 대한 애정과 안목, 구매력 등을 동시에 갖추고 있는 세대이기에 고급한 인문서를 즐겨 읽었고 1990년대 인문서 르네상스 시대를 열기도 했습니다. 대중 인문교양서가 수십만 부씩 팔리곤 했습니다. 이들은 자식들에게 책을 읽히려는 열의가 대단했고 그리하여 아동서와 청소년 도서가 질적으로 크게 성장했습니다. 이들은 40대에 문화의 소비자이자 생산자였습니다. 아동도서를 열심히 읽히다가 자녀들이 자라자 '청소년 소설'이란 장르를 만들었습니다. '청소년 소설'이라는 이름이 처음 붙은 국내 소설은 박상률의 《봄바람》(사계절)입니다. 이 소설이 등장한 때가 1997년 12월이었으니 이 땅의 청소년 소설의 역사는 이제 17년을 넘어섰습니다. 이 세대와 함께 성장하고 있는 청소년 소설은 초창기의 성장소설 일변도에서 벗어나 이제는 고전적 의미의 성장담을 비롯해 학교생활의 고달픔, 역사 앞에 선 청춘, 아이와 부모가 이루는 가정, 몸과 죽음, 가축과 짐승의 시간, 장르로서의 가능성 등 다루지 않은 영역이 없을 만큼 다양해졌습니다. 이런 세대임에도 불구하고 그들은 미국이나 일본의 기성세대처럼 극히 보수적인 태도를 보입니다.

"일본은 유사 이래 처음으로 맞는 고령 사회의 한복판에 있다. 후생노동성의 통계에 의하면 2012년 일본인 평균수명은 남성이 79.94세, 여성이 86.41세였다. 남성은 세계 8위에서 5위로 순위가 올라 최고 기록을 갱신했고, 여성은 변함없이 세계 1위 자리를 굳건히 지켰다." 일본의 문예춘추가 발간한 《2014년의 논점 100》에 나오는 이야기입니다. '평균수명'이 아닌, 병에 걸려 일상생활을 할 수 없거나 보살핌이 필요한 기간을 빼고 건강하게 살 수 있는 기간을 가리키는 '건강수명'은 다릅니다. 같은 자료에 따르면 남성은 70.42세, 여성은 73.62세입니다. 그렇다면 남성은 6.32년, 여성은 12.79

년을 죽기 전에 골골거리며 살아야 합니다.

우리라고 다를까요? '단카이 세대'와 한국의 제1차 베이비부머는 가장 빠른 나이가 8세 차이가 나지만 일본은 고령화 시대를 많이 대비해왔으나 우리는 그러지 못했습니다. 당연히 한국의 은퇴자가 일본보다 더 고통받을 것입니다. 그러니 급격하게 보수적인 입장으로 돌아서는 것으로 보입니다.

《2014년의 논점 100》은 단카이 세대가 일제히 간병을 기다리는 예비 집단인 까닭에 머잖아 일본은 간병 대란을 맞이하리라고 예상했습니다. 단카이 세대는 2017년이면 70세가 됩니다. 60대와 70대로 가는 길목에서 간병이 필요한 대상은 급증합니다. 하지만 여성들의 결혼과 출산 연령이 늦어져 육아와 간병이 동시에 진행될 수밖에 없습니다. 더구나 아이를 낳지 않거나 한두 명만 낳는 사람이 많습니다. 그러니 간병할 사람이 없어 고독사(무연사)할 확률이 높아집니다.

인생 100세 시대입니다. '100세'를 모티프로 한 다양한 상품이 나오기 시작했습니다. 예컨대 100세가 아닌 80세까지만 산다고 가정해봅시다. 1차 베이비부머의 대표격인 '58년 개띠'가 올해(2014년)만 56세입니다. 이들은 거의 모든 업종에서 정년을 맞이합니다. 교사는 62세, 교수는 65세가 정년이지만 이런 기준과는 상관없이 이 나이 또래는 세상에서 '쫓겨나는' 경우가 많습니다. 따라서 50대의 자살률이 점증하고 사고사 발생률이 놀라울 정도로 높습니다.

2003년만 해도 우리나라 출판은 일본보다 약 10년 쯤 뒤처져서 따라가고 있다고들 말했습니다. 일본 출판시장에서 가장 큰 위력을 발휘했던 단카이 세대와 우리나라 386세대의 나이 차이와 비슷했습니다. 그러나 지금은 심정적인 나이는 비슷하게 닮아가고 있습니다. 1990~2002년에 일본에서 출간된 실버 출판물 589종에 자주 등장하는 열쇳말을 보니 건강 장수, 노년의 남성과 여성, 불량 노인, 성(性), 노부부의 인생 설계, 재혼, 자립, 생애(평생) 현역, 창업 및 전업, 평생학습과 지적 호기심, 동아리 활동, 취미활동의 구체화, 자원봉사 활동, 전원생활, 재테크, 인간관계 등의 실용 정보 등이었습니다. 우리나라에서도 이런 열쇳말이 더욱더 주목받고 있습니다.

100세 시대, 100권의 책

100세 시대라지만 인생을 80세라고 상정하고 60세에 새로이 제2의 인생을 시작하려면 준비 기간이 필요합니다. 그래서 젊은 시절 회사에 근무할 때 40세를 정년으로 생각하고 마흔 이후 30년, 혹은 40년을 준비합니다. 이른바 '서드 에이지'를 제대로 살려는 것이지요. 실제로 실버 출판물을 주로 소비하는 나이층은 40대나 30대였습니다. 그래서 '40대' 혹은 '마흔'이라는 단어가 들어간 책이 많이 출간되었던 것입니다.

많은 이들이 100세 시대라는 것을 마음으로 받아들이기 시작했습니다. 그리스 철학자인 피타고라스는 "수는 만물의 근원"이라고 말했습니다. 마이클 슈나이더의 《자연, 예술, 과학의 수학적 원형》(경문북스)에 따르면 수의 부모는 1(모나드)과 2(디아드)입니다. 10(데

카드)은 전체의 반복을 의미합니다. 10은 수들의 두 부모(1과 2)와 일곱 자식(3에서 9까지)을 포함하고 있습니다. 10까지 가는 중간 지점인 5(펜타드)는 재생을 의미합니다. 신플라톤학파 철학자 이암블리코스는 "전체 우주는 데카드에 의해 분명하게 완성되고 둘러싸이며, 모나드에 의해 씨를 맺고, 디아드 덕분에 움직임을 얻고, 펜타드 덕분에 생명을 얻는다고 흔히 이야기한다"고 정리했습니다.

10은 피타고라스학파에서 완성과 새로운 시작을 상징하는 '완전수'로 취급되었습니다. 데카드는 자신을 넘어 무한을 향한 수들을 만들어내는 힘을 나타냅니다. 어떤 수에 10을 곱해도 그 수의 본성은 변하지 않으며 힘이 확대될 뿐입니다. 전 세계의 기수법에서 열번째 수는 새로운 단계로 접어들면서 전체를 반복합니다. 수 체계는 우주에 대한 그 문화의 밑그림을 드러냅니다.

시험 점수의 최고점은 10에 10을 곱한 100점입니다. 우리는 흔히 10년 단위로 역사를 정리하는데 100년은 한 세기라고 합니다. 이렇게 '완전수'가 열 번 더해진 100은 완성을 뜻합니다. 드디어 인간도 100세 시대를 꿈꾸게 되었습니다. 그러니 '100세 마케팅'이 일반화되고 있습니다.

출판시장에서도 100은 특별하게 인식됩니다. 《우리가 정말 알아야 할 우리 꽃 100가지》(현암사)의 '100가지'는 꽃의 모든 것을 의미합니다. '우리가 정말 알아야 할 100가지' 시리즈의 어떤 책은 150가지가 넘게 소개하기도 합니다. 그러나 100보다 숫자가 크다 해서 더 많다는 느낌을 주지는 못합니다.

《일본 100대 명산》 시리즈는 일본의 100대 명산(名山)을 다룬 100권의 시리즈입니다. 일본을 대표하는 산들을 찍은 대형 컬러 화보 위주로 만든 책입니다. 일본의 대표적 베이비붐 세대인 '단카이 세대'를 중심으로 100대 산 완등을 인생의 엄청난 기쁨으로 생각하게 되면서 한때 큰 붐을 이뤘습니다. 50~60대 여성들이 열풍을 주도했지만, 초등학교 6학년 여학생이 완등했다는 사실이 알려져 등산 열기가 뜨겁게 고조되기도 했습니다.

우리 사회에도 베이비붐 세대가 본격적으로 은퇴를 하고 있습니다. 50대인 1차 베이비부머와 40대인 2차 베이비부머들이 급격하게 사회로 밀려나올 것입니다. 그저 가족만 생각하며 앞만 보고 달려온 세대입니다. 이 세대는 평생을 쉬지 않고 달리느라 가슴에 맺힌 응어리를 풀어본 적이 없습니다. 그런데 100세 시대에 벌써 은퇴라니요?

이들에게 100권의 책 읽기를 권합니다. 자신이 평생 하고 싶었고, 가장 잘할 수 있고, 가장 즐겁게 할 수 있는 분야의 책 100권을. 100권이면 입문서부터 전문서까지 모두 포함할 수 있어 이 책들만 잘 읽으면 전문가 수준이 될 것입니다. 일주일에 2권씩 읽으면 1년이면 족합니다. 1차 베이비붐 세대라 해도, 나이가 아무리 많아도 환갑까지는 몇 년 남았습니다. 100세까지는 무려 40년 넘게 남았습니다. 그러니 인생을 새로 시작해보는 겁니다.

이런 일은 일자리를 찾지 못해 방황하고 있는 젊은 세대가 한다 해도 누가 타박하지 않을 것입니다. 젊은 세대가 한다면 그들이 평생 걸을 수 있는 '나만의 오솔길'이 저절로 열릴 것입니다. 젊은 세대는 인생의 경험이 부족하므로 문학, 역사, 철학, 과학 등 다양한 분야의 고전 100권을 더 읽는 것이 좋습니다. 그러면 존재감이 상승할 뿐만 아니라 타인의 삶을 이해할 수 있고 나아가 우리라는 공동체를 바로 볼 수 있는 혜안이 열릴 것입니다.

일을 하다가 일에 질려 직업을 바꾸려 할 때는 새로운 분야의 책을 100권 읽는 겁니다. 그러면 새로운 길이 열릴 것입니다. 인간은 극단적인 상황에 내몰리면 자신에게 '앎'과 '삶'의 좌표를 제시해줄 스승을 갈구합니다. 멘토의 한마디는 잠시 위안을 줄 수 있습니다. 하지만 이 시대에 우리는 진정한 스승을 찾을 수 없습니다. 현재로서는 책보다 소중한 스승이 없습니다. 미래학자들은 120세까지 일하는 날이 도래하고 일생에 여덟 번 직업을 바꾸는 시대가 올 것이라고 예견합니다. 이제 직업 선택이 중요한 게 아니라 어떤 직업을 선택해도 성공할 수 있는 역량을 갖춘 '준비된 나'가 필요합니다. 그런 사람들은 자신에게 필요한 분야의 책을 읽어낼 수 있는 역량과 용기를 갖추어야 합니다.

50대 후반의 사내가 있었습니다. 2000년부터 주말을 빼고 하루에 한 권씩 책을 읽고 날마다 그에 관한 장문의 글을 웹에 올렸습니다. 그러기 위해 새벽 3시까지 잠을 자지 않았습니다. 한 저자의 책은 한 권만 다루고 같은 출판사와 같은 장르의 책은 연거푸 다루지 않았습니다. 환갑을 맞은 2004년에 4년 5개월 만에 1000회를 돌파한, 장르와 분야를 넘나드는 이런 기괴한 독서의 결과물은《센

야센사쓰(千夜千冊)》란 일곱 권의 대형 전집을 탄생시켰습니다. 위암 치료로 인해 잠시 중단된 적은 있지만 지금도 이 프로젝트는 계속되고 있습니다.

이런 '미친' 짓을 하고 있는 이는 '편집 공학'의 창시자이자 전 생애에 걸쳐 독창적인 독서 세계를 펼쳐온 다독술의 대가 마쓰오카 세이고입니다. 그는 6만 권이 넘는 책을 갖고 있습니다. 대형 서점 체인 마루젠과 손잡고, 오피니언 리더가 추천하는 맥락이 연결된 세 권의 책을 하나로 묶어서 한꺼번에 판매하는 '산사쓰야(三冊屋)' 프로젝트를 서점 책장 배치에 반영해 화제를 몰고 오기도 했습니다. 더욱 놀라운 것은 전 세계 도서 800만 권이 소장될 21세기형 알렉산드리아 프로젝트인 웹 도서관 '도서가(圖書街)'를 구축하고 있다는 점입니다.

그런 독서의 대가가 말하는 독서법은 무엇일까요? 《창조적 책 읽기, 다독술이 답이다》(추수밭)에서 세이고는 자신의 노하우를 밝힙니다. 이 책에서 말하는 독서법의 핵심은 '링크를 늘리는 편집적 독서법'입니다. 책을 가까이 두고 읽되 비슷한 종류의 책은 가능한 한 함께 읽거나 비슷한 시기에 읽습니다. 이 세상 모든 책은 '책의 바다'나 '텍스트의 숲'을 이루며 서로 연결되어 있기에 책에서 책으로 문어발식 확장을 해가면서 책을 읽다 보면 빛을 발하는 한 권의 책을 만나게 됩니다. 이것이 바로 '열쇠 책'(키 북)입니다. 이 열쇠 책을 토대로 최대공약수나 최소공배수를 만들어가야 합니다. 그것이 바로 '복합독서법'입니다.

이 책에는 이 밖에도 물리학이나 민속학이라는 전혀 다른 분야를 넘나드는 대각선 편집 독서법, 첫 3분에 독서의 운명을 결정짓는 차례 독서법, 책을 노트로 활용하는 '표시 독서법', 저자의 글쓰기 모델과 독자의 읽기 모델을 통한 독해력 단련법, 연대기 노트와 인용 노트를 활용한 매핑 독서법 등 다양한 독서법이 소개됩니다. 편집자의 질문에 대답하는 형식으로 글이 전개되는 이 책에는 A부터 Z까지 모든 독서 정보가 녹아 있어 올바른 독서법을 찾는 사람들에게는 최고의 책이 될 것입니다.

세이고가 말하는 '편집 공학'은 뇌, 미디어, 컴퓨터, 말, 몸짓, 이미지, 음악, 오락, 광고 등의 커뮤니케이션 과정에서 정보 편집이 어떻게 일어나는가를 '형식적인 정보 처리'가 아닌 '의미에 기반한 정보 편집 과정'을 통해 연구하고, 더 나아가 사람들의 세계관이 커뮤니케이션을 통해 어떻게 형성되고 변화되는지를 전망하는 학문입니다.

세이고는 앞의 책에서 정보를 교환하는 과정에서 찰지(察知: 두루 살펴서 앎) 능력이나 세렌디피티(serendipity: 우연히 발견하는 능력)를 활용하면, 서로 비슷하다고 생각되는 '편집 구조의 단편'이나 편집 모델이 될 법한 것들을 탐색하면서 교환하는 '편집적 상호작용'이 일어난다고 말합니다.

특히 저자가 무엇인가를 쓰고, 편집자가 책을 만들고, 책이 서점에 진열되고, 독자가 책을 구입해서 읽는 과정에서 공히 '의미의 작용'이 흐르게 되며 책을 만들어내는 과정에서는 이른바 '의미의 시장'이 확립돼 있다고 말합니다. 이 의미의 시장은 출판사, 인쇄소, 출판 물류 회사, 서점이라는 영역을 뛰어넘어 아이들이 와자지껄하게 떠들 수 있는 '장소'라는 '이해의 커뮤니티'가 확립되어 있어야 제대로 작동합니다.

그래서 세이고는 북클럽 같은 독서 공동체의 복원이 필요하다고 말합니다. 그는 일본에서 공동체가 발달하지 못하는 이유로 사회 경제적인 이유 외에 세 가지가 있다고 봤습니다.

첫째, 커뮤니티와 의미의 시장이 도막도막 단절되었다는 것입니다. 활기 넘치는 지역 도서관이나 대형 서점이 있다 해도 의미의 시장과 연결되어 있지 못하다고 말합니다.

둘째, 책은 혼자서 읽는 것이라고 단정하는 경향이 있다고 지적합니다. 서양에서는 어린이 교육의 중심을 '다독'과 '토의'에 두는데 일본에서는 독서 체험을 개인의 수면이나 휴식처럼 여기고 있어 '북 코뮌'이 성립하지 못한다는 것입니다. 따라서 앞으로는 이런 리터러시 교육과 함께 '공독(共讀)'의 새로운 재미를 먼저 느껴야 한다는 것입니다.

셋째, 책을 추천하는 구조가 발달해 있지 않다고 말합니다. 에도 시대에는 인연이 강조되고, 취향을 공유하기 위해서 다양한 표현 문화를 권장했는데 어느 순간 그런 문화가 쇠퇴해버렸다는 것입니다.

한국 사회라고 다를까요? 공교육 시스템은 고등학생을 하루에 16시간이나 형틀(책상)에 묶어놓고 단순 암기만을 강요하고 있습니다. 하지만 이제 개인에게는 대학 졸업장이나 석박사 학위보다도 어떤 역량을 갖췄는가가 더 중요합니다. 인간에게는 한 번의 직업 선택이 중요한 것이 아니라 어떤 직업을 선택해도 성공할 수 있는 능력이 중요합니다. 정보에 대한 접근 능력이 아무런 경쟁력이 되지 않는 시대에는 컴퓨터에 저장돼 있는 정보를 끄집어내 주관적인 의미를 부여해 가치를 발생시키는 능력의 소유자만이 시대를 주도할 수 있습니다. 이런 능력 또한 어려서부터 책을 많이 읽으며 중요한 부분만 남겨놓고 나머지는 망각하는 능력, 즉 콘셉트를 제대로 뽑아내는 훈련을 제대로 한 사람만이 갖출 수 있습니다.

세상을 잘 살아갈 유용한 지식, 즉 역량을 갖추기 위해서는 책 읽는 환경이 매우 중요합니다. 웹에서 검색을 통해 얻을 수 있는 정보는 이미 누군가 상상력을 발휘한 결과물일 뿐만 아니라 질을 보장하기도 어렵습니다. 책의 가치는 '편집력'에 있습니다. 행간과 여백까지 배려한 책을 읽어야만 역량을 확실히 갖출 수 있습니다. 그것도 불규칙하게 놓여 있는 수많은 책을 함께 읽으며 자신만의 차이를 만드는 글쓰기를 어려서부터 해야만 비로소 갖출 수 있는 능력입니다.

그러기 위해서는 무엇보다 언제라도 수많은 정보에 접근할 수 있는 환경을 갖추어야 하고 그래서 도서관이 중요합니다. 특히 학교 도서관은 다양한 신간을 제대로 구비해서 학생들이 언제나 필요한 자료에 접근할 수 있는 시설로 거듭나야 합니다. 하지만 우리나라의 학교 도서관 환경은 매우 열악합니다. 학생들에게 자신이 무엇이 부족한지를 깨닫게 하고 그런 결핍을 채우는 이정표를 안내해줄 사서 교사 또한 너무 적습니다. 이런 현실은 하루빨리 개선되어야 합니다. 그러기 위해서는 무엇보다 이해의 커뮤니티로서의 학교 도서관을 제대로 운영할 수 있어야 할 것입니다.

학교 도서관을 이용한 공독이 중요하기에 책모임을 꾸려야 합니다. '가정 독서'(집에서 아이들 친구 5~6명이 함께 책을 읽는 모임)로 두 아들을 잘 키워낸 경험을 담은《책으로 크는 아이들》(우리교육)과 학교 안의 책모임을 꾸린 경험담을 중심으로 책모임의 운영 노하우를 담은《도란도란 책모임》(학교도서관저널)을 펴낸 백화현 국사봉중학교 교사는 다섯 명 단위의 책모임 10만 개를 꾸릴 수 있다면 학교 교육은 달라질 것이라고 말합니다.《학교도서관저널》2012년 3월호의 특집 "이제 '책모임'이다"에 쓴 글〈'함께 읽기'가 사람다운 사람을 만든다〉에서 책모임 운동을 펼치게 된 이유를 다음과 같이 밝혔습니다.

인간에게 가장 중요한 것은 무엇일까? 성적과 돈. 어렸을 때는 성적, 어른이 되어서는 돈. 성적은 돈을 잘 벌기 위한 수단이었을 테니 궁극적 가치는 '돈'이라 하겠다. 이것을 비웃을 생각은 없다. 자본주의사회에서 '돈'은 생명줄이자 품위이고 자유라는 걸 누군들 부정할 수 있겠는가. 또 그러한 돈을 잘 벌기 위해 '공부'를 잘할 필요가 있다는 걸 누군들 부정하겠는가.

그러나 그보다 더 근원적인 것, 그것은 '존재함, 그 자체'이다. 내가 없다면, 내 아이의 존재가 사라져버린다면…… 그것은 공부나 돈과는 비교도 할 수 없을 만큼 중대한 일이지 않은가? 인간의 근원은 '존재함'으로부터 시작된다. 그렇기에 인간에게 가장 본질적이고 가장 중요한 것은 '존재의 소중함'을 깨닫고 인정하는 것이다. 그러나 하늘의 해가 너무도 당연한 것이듯 자신의 존재함, 혹은 내 아이의 존재함은 너무도 당연한 것이어서 그 소중함을 모르고 전혀 가르칠 생각도 하지 않는다. 존재의 소중함을 모르는 사람은 자신과 타인에게 함부로 하기 십상이다. 갈수록 심해지는 집단 따돌림, 집단 폭력, 자살 등은 결코 우연이 아니다.

혼자 하는 독서가 아니라 친구들과 함께 하는 '책모임'을 활성화시켜야겠다고 마음먹게 된 것은 이런 근원적인 질문 때문이었다. 성적보다 더 중요하고 진로 지도보다 더 근본적인 것, 그것은 '존재에 대한 성찰과 만남'이라 생각했다. 인간이 인간인 이상 '존재'에 대한 고민이 없을 수 없음에도, 아무도 더 이상 '존재'에 대한 질문을 던지는 일이 없고, 행여 누군가 그 비슷한 얘기라도 꺼낼라치면 "아~ 썰렁!" 하며 바로 말끝을 잘라버리는 바람에 모두 벙어리 냉가슴을 앓아야 한다. 아이들 대화 내용을 가만 들어보면 연예인과 드라마, 게임과 스포츠, 공부와 연애, 그리고 남 욕하는 것이 전부다. 그러나 '책모임'은 다르다. '책 속 인물들'을 빌미 삼아 자신의 내면 깊숙한 고민과 생각들을 굽이굽이 풀어놓을 수 있고, '책 속 사건들'을 핑계 삼아 마음껏 웃고 울 수 있다. 또한 내가 아닌 '너'의 마음과 생각 속을 처음으로 깊이 들여다보며 그가 물건이 아닌 사람, 많은 사연과 생각과 아픔과 고뇌와 꿈을 지닌 나와 같은 '사람'임을 비로소 깨닫게 된다.

존재에 대한 관심과 성찰은 사람의 내면을 깊게 만들어준다. 이런 사람은 중심이 단단하여 웬만한 바람이 불어와도 쓰러지지 않는다. 더구나 이런 존재에 대한 질문과 답을 맘 편히 나눌 친구가 여럿 있다는 것, 정서적으로 참으로 큰 위로와 격려가 된다. 공부도 중요하고 돈도 필요한 것이지만, 이것들은 '존재 그 자체'에 대한 관심보다 더 앞선 것일 수 없고 '존재에 대한 성찰과 만남'보다 더 중요한 것일 수 없다. 사람은 무엇으로 사는가? 자신의 존재에 대한 인정과 격려로 산다. 책모임은 왜 필요한가? 이러한 존재 하나하나를 깊이 만나며 서로 인정하고 격려할 수 있기에 필요한 것이다.

아예 책모임으로 책 100권을 읽는 학교를 세워보는 것은 어떨까요? 그래서 제 꿈은 '독서 모델' 학교를 세우는 것입니다. 30만 권의 장서를 갖춘 도서관을 세우고 그 옆에 학교를 세워 하루에 한 권의 책을 함께 읽는 것입니다. 책을 읽을 뿐만 아니라 함께 여행도 하고 연극도 하는 등 다양한 활동을 하면서 스스로 '존재의 소중함'을 깨닫고 세상을 이겨낼 지혜를 얻는 것입니다. 저는 월간 《학교도서관저널》 창간 작업을 주도할 때부터 이 꿈을 그렸습니다. 이 꿈을 빠른 시간 안에 반드시 이루도록 최선을 다할 것입니다. 그것이 이 책을 쓰게 된 이유입니다. 제 꿈을 반드시 이룰 수 있도록 많이 격려해 주시길 간절히 부탁드립니다.

책명

《가시고기》 219

《강신주의 감정수업》 124, 126

《강신주의 다상담》 124~126

《강신주의 맨얼굴의 철학, 당당한 인문학》 124

《거대한 사기극》 23, 93, 101

《거대한 침체》 54

《결혼은, 미친 짓이다》 219

《고전서당》 106

《공부란 무엇인가?》 23, 98, 101, 102

《과학 콘서트》 161

《국화꽃 향기》 219

《그 남자 그 여자》 61

《그놈은 멋있었다》 62

《그레이의 50가지 그림자》 49

《깊은 슬픔》 108

《나는 나를 경영한다》 219

《나는 소망한다, 내게 금지된 모든 것을》 217

《나도 때론 포르노그라피의 주인공이고 싶다》 58

《나이 방랑-마흔 이후, 나이에 파묻힌 나를 다시 꺼내기》 224~225

《내 생애 꼭 하루뿐일 특별한 날》 59, 218

《다이버전트》 51~52

《단속사회》 99~100, 129

《달려라, 아비》 100, 189

《더 많이 공부하면 더 많이 벌게 될까》 37, 40, 127

《도란도란 책모임》 262

《동물화하는 포스트모던》 129

《두 문화》 162

《두근두근 내 인생》 183

《레 미제라블》 66, 78

《렉서스와 올리브나무》 111

《로마인 이야기》 22, 132

《로마제국 쇠망사》 22

《리딩으로 리드하라》 23

《마지막 춤은 나와 함께》 218

《마케이누의 절규》 198

《마흔, 논어를 읽어야 할 시간》 223

《마흔에 읽는 손자병법》 223

《멈추면 비로소 보이는 것들》 66, 97, 122, 186

《모순》 218

《무기로서의 결단사고》 19, 69, 79, 83

《무소의 뿔처럼 혼자서 가라》 217

《미국 쇠망론》 249

《미쳐야 미친다》 134, 136

《봄바람》 251

《불평등의 대가》 41

《빅 스위치》 30, 53

《빈곤을 보는 눈》 42

《사기(史記)》 103, 115, 129, 144

《사회를 바꾸려면》 9

《살아야 하는 이유》 65

《생각하지 않는 사람들》 29~30, 183

《서른, 잔치는 끝났다》 220

《성공하는 사람들의 7가지 습관》 96

《성난 서울》 193

《세계는 평평하다》 35

《세대를 가로지르는 반역의 정신 cool》 61

《세상물정의 사회학》 99

《수학비타민》 161

《수학의 유혹》 161

《슈퍼자본주의》33
《습관의 힘》173
《시크릿》57, 63, 93, 96, 121, 196
《아내가 결혼했다》219
《아파트 게임》242~244
《아프니까 청춘이다》63, 97, 122, 185, 195
《아플 수도 없는 마흔이다》222
《안나 카레니나》78
《어디에도 없는 유일한 나라》249
《엄마를 부탁해》57, 64
《역사란 무엇인가》144
《역사평설 병자호란》143
《열하일기》133~134
《열하일기, 웃음과 역설의 유쾌한 시공간》132, 134
《예외상태》11, 248
《오목한 미래》168
《오시리스의 죽음과 부활》166
《완벽한 싱글》207
《우리들의 행복한 시간》96
《위대한 개츠비》78
《유신》138
《은퇴 대국의 빈곤 보고서》192
《2030 대담한 미래》243~244
《20대, 컨셉력에 목숨 걸어라》13~14, 20
《이케아 세대 그들의 역습이 시작됐다》21, 120, 207
《인문학으로 자기계발서 읽기》98
《인문학은 밥이다》12
《인문학자, 과학기술을 탐하다》162~163, 166
《인생론》98
《잉여사회》46
《자기 설득 파워》219
《자신 있게 결정하라》173
《자연, 예술, 과학의 수학적 원형》254
《장자, 차이를 횡단하는 즐거운 모험》125
《재미있는 물리여행》159

《절망의 시대를 건너는 법》9~10
《접시꽃 당신》159
《정약용과 그의 형제들》132, 135
《정의란 무엇인가》122, 195
《정치의 몰락》116
《조선의 뒷골목 풍경》57, 132, 135
《중년 수업》223
《지금 시작하는 인문학》57, 66, 77
《지식의 미래》172
《창조적 책읽기, 다독술이 답이다》258
《책으로 크는 아이들》262
《철학에세이》121, 158
《철학콘서트》123
《철학이 필요한 시간》122, 124, 125
《침이 고인다》191
《칼의 노래》108
《쿨하게 사과하라》173
《트렌드 코리아 2013》47
《파는 것이 인간이다》172
《88만 원 세대》62
《하리하라의 생물학 카페》161
《한국현대문학대사전》146
《한시의 품격》115
《해방전후사의 인식》158
《헝거 게임》50, 52
《혁명, 광활한 인간 정도전》142
《현산어보》135
《현자들의 평생 공부법》103~104
《혼자 눈뜨는 아침》218
《홀로서기》159
《홍어》57, 64
《화성에서 온 남자 금성에서 온 여자》60
《회색 쇼크》238

인명 및 용어
가상현실 49, 170
가치이누 199

간병 대란 252
감성의 시대 172
강만길 131, 144
강신주 122~126, 128
검색형 독서 108
격차사회 177, 193, 229
경제민주화 8, 44, 142, 245~246
경제성장 22, 32, 34, 44~45, 143, 243
계급 법칙 99
고독사(무연사) 238~239, 252
고령 사회 203, 240, 251
고염무 103, 105~107, 115
고용 없는 성장 12, 20, 53, 245, 248
고용불안 22, 205, 209
고진, 가라타니 88
공독(共讀) 24, 26, 106, 117, 260, 262
공병호 36, 94
공부하는 주부(공주) 78, 128
공조 사회 13, 23, 98
교양 11, 18, 24, 73, 80, 81, 84, 86, 87, 110
구어 시대 150, 153
구어체 148, 151~152, 156
9 · 11 테러 172, 248~249
글로벌 스탠더드 172
글로벌 옥션 38, 127
금융위기 56, 58, 63, 64, 93, 97, 121~122,
192, 196, 215, 221, 225, 244, 249
기회의 바겐 37
김미경 125, 129
김영수 103, 129
김예슬 25, 119, 181, 194~195
김용규 123
(나만의) 오솔길 12~13, 20, 57, 257
나만의 행복 57, 67, 96
낙수효과 245
남녀고용기회균등법 212, 216
냉정 56~57, 60~62
노동 유연화 45, 177

노마드 65~66
노예의 학문 79~80, 100
단카이 세대 176, 212, 228~235, 237~240,
252~253, 256
대낮의 글쓰기 113~114
대면성 151, 156
대중 저널리즘 108, 110, 155
데쓰후미, 다키모토 19, 20, 69~70, 75, 79,
80~81, 83~85
독서 공동체 260
독서 모델 학교 264
독서법 107, 115, 149, 258~259
드러커, 피터 171
디지털 독서 108, 155~156
디지털 시대 70, 137, 150
디지털 테일러리즘 10, 41, 127
디지털 혁명 148, 154
라이시, 로버트 33~34
러다이트운동 34
렌트 푸어 43
로맨스 판타지 52~53, 57, 248
리버럴 아트 11~12, 18, 80~81
마케이누 198~201, 214
멘붕 47~49, 55~58, 65~67, 248
멘토 109, 121, 183~187, 219, 257
멜라민의 함정 93
모래시계 해법 224~225
무능력 담론 194
바우만, 지그문트 100
박정희 131, 137, 139, 188, 243
백남준 165
100세 시대 13, 21, 252, 254~256
1000유로 세대 178
법륜 스님 129, 186~187
본 디지털 155~156
북 코뮌 26, 260
분산형 독서 107~108
불안 사회 94~95

브리콜라주 73, 114
블루홀 168
블룩(Blook) 114
빈곤율 40, 43, 203
빈곤층 39~40, 42~43, 45, 53, 249
40대 120, 211, 215, 220~224, 226~227, 247
사오정 21, 61, 235, 240~242
4포 세대 46, 191
사회 양극화 40, 140, 229
사회적(회사형) 인간 177, 231, 240
386세대 188, 221, 239~240, 250, 253
3포 세대 46, 66, 102, 190, 248
샤르티에, 로저 148
섀도우 헌터스 시리즈 51~52
성장소설 57, 63~64, 251
세계화 33, 35~36, 188, 193
세대 전쟁 248
세이고, 마쓰오카 27, 258~260
셀프 힐링 57, 65, 67, 97, 122, 246
소로, 헨리 데이비드 101
소셜미디어 29~30, 34, 48, 110, 113, 126, 129, 183, 196
수사학 11, 80~81, 146, 148
수유너머 123, 128
스몰 토크 109
스쾃(squat) 193
스티글리츠, 조지프 41
스펙 11, 22~23, 69, 74, 79, 81, 83, 100~102, 120, 126~127, 181, 187, 189~192, 196~197, 204~206, 247
승자 독식 사회 53, 87
신구어 150, 153
신명호 42, 44
신비적 패러다임 95~96
신빈곤층 45, 97, 245, 247
신사상 173
심리적 시공간의 압축 167~168

심리적 패러다임 97
아감벤, 조르조 11, 248
아라포 211~216
아랍의 봄 39
아리스토텔레스 81, 146
아버지 100, 187~189
아웃소싱 10, 35~36, 38
IMF 사태(구제금융) 56, 60, 64, 122, 132, 192, 215~218, 240~243
IT 혁명 27~28, 151
안광복 123
"안녕들 하십니까" 119, 181, 196~197
애플 월드 168
야시오, 우에무라 155
어른아이(Kiddie) 226
엑스퍼트 69~70, 74~75
엔조이 에이징 235~237
역경매 38, 127
열쇠 책 258
영상 시대 115, 151~154
영정조 시대 135~136
예외주의 249
오류도 21, 240
58년 개띠 61, 216, 241, 252
오히토리사마 213
워킹 푸어 25
월마트 33~34
위너, 노버트 88
유신 시대 138~140
유튜브 32, 168
유틸리티 30~31
6무 세대 66, 248
윤리적 패러다임 95~96
융합 162~163, 165~166, 170~171
의미의 시장 259~260
이덕무 133~134, 136
이덕일 132, 135~136, 140~141
이원석 23~24, 93~95, 97, 101~102

이인식 162~163
이지성 23, 94
이케아 세대 21~23, 101, 120, 197, 203, 206~209, 247
이해영 36
이해의 커뮤니티 260~261
인터넷 소설 57~62
1차 베이비부머 61, 119, 239, 241, 245, 247~248, 250, 252, 256
임정택 163
잉여 인간 46
자유무역주의 37
자조 사회 23, 98
잡스, 스티브 165
저출산 고령화 120, 202
전기 기술 53
정도전 140~142
정보 기술 12~13, 20, 27, 29~30, 35, 53, 69, 151, 227, 248
정보의 알츠하이머 111
존재 46, 102, 138, 262~264
종신고용 9, 177, 210, 231, 233
종이책 49, 149~150, 156
준코, 사카이 198~201, 214
지구방 191, 192
지대 추구 41, 42
지식 · 판단 · 행동 84~85
집중형 독서 107
찰스 퍼시 스노우 162, 167
책모임 262~264
청소년 소설 251
총중류사회 176~177, 240
출산 장려 207~209
70년 개띠 216, 221
카, 니콜라스 29~32, 34~35, 53, 183
카드 대란 56, 60, 63, 122, 132, 240~241, 243
카린, 아마미야 193~194

카머더티 인재 84~85
카메론, 제임스 166
컨셉력 13~14, 20, 75
코시스 207
코웬, 타일러 54
코피스 족 169
콘드라티예프 파동설 165
콜먼, 데이비드 203
크로스 미디어 73
클라우드 소싱 31
탁석산 123
탄광 속 카나리아 195
토크빌, 알렉시스 드 249
트와일라잇 시리즈 50
88만 원 세대 62, 120, 190, 192, 197, 247
퍼블리싱 113~114
퍼블리킹 113, 117
퍼블리터 73~74
페뎀 74
편집 공학 258~259
편집력 75, 261
포스트만, 닐 149
프레카리아트 189, 193
프로페서리아트 180
프로페셔널 69, 74~75
프리드먼, 토머스 35~38, 111
플루토노미 32
하우스 푸어 43, 56, 120, 226, 247
하지메, 하세가와 113
한국형 자기계발서 97
합리적 행복 57, 67
햅틱 170
허무 개그 47~49
현실사회주의 159, 217, 241
혜민 스님 66, 122, 186
호모스마트쿠스 111, 128~129, 154~155
휴이트, 폴 22

독서 100권으로 찾는

마흔 이후, 인생길

초판 1쇄 발행 2014년 7월 18일
초판 2쇄 발행 2014년 8월 12일

지은이 한기호
펴낸이 김선식

경영총괄 김은영
마케팅총괄 최창규
책임편집 변민아 **디자인** 황정민 **크로스교정** 박기효
콘텐츠개발4팀장 김선준 **콘텐츠개발4팀** 황정민, 이호빈, 변민아, 임보윤
마케팅본부 이주화, 박현미, 윤병선, 반여진, 이소연
경영관리팀 송현주, 권송이, 윤이경, 김민아, 한선미

펴낸곳 (주)다산북스 **출판등록** 2005년 12월 23일 제313-2005-00277호
주소 경기도 파주시 회동길 37-14 3, 4층
전화 02-702-1724(기획편집) 02-6217-1726(마케팅) 02-704-1724(경영관리)
팩스 02-703-2219 **이메일** dasanbooks@dasanbooks.com
홈페이지 www.dasanbooks.com **블로그** blog.naver.com/dasan_books
종이 월드페이퍼(주) **출력 · 제본** 현문 **후가공** 이지앤비 **특허** 제10-1081185호

© 2014, 한기호

ISBN 979-11-306-0331-5 (03300)

다산북스(DASANBOOKS)는 독자 여러분의 책에 관한 아이디어와 원고 투고를 기쁜 마음으로 기다리고 있습니다.
책 출간을 원하는 아이디어가 있으신 분은 이메일 dasanbooks@dasanbooks.com 또는 다산북스 홈페이지 '투고
원고'란으로 간단한 개요와 취지, 연락처 등을 보내주세요. 머뭇거리지 말고 문을 두드리세요.